国家社科基金
后期资助项目

误译发生研究

A Study of Translation Errors

顾俊玲　著

上海交通大学出版社
SHANGHAI JIAO TONG UNIVERSITY PRESS

内容提要

本书基于核心概念"误译",与主体概念和一般概念组合,搭建术语体系,试建误译研究体系。全书共四章,第一章确定误译的内涵、外延及判定标准;第二章从符号学角度给误译分类,分别从语形、语义、语用三维角度分析误译存在的特征;第三章从发生学视角追溯误译发生的心理认知因素、语言本体因素、社会文化因素等,论证过程中用到哲学、翻译学、语言学、文化学、社会学、心理认知科学等学科理论;第四章结合翻译活动的不同阶段确立译前、译中、译后消误机制。

本书适合翻译研究人员参考使用。

图书在版编目(CIP)数据

误译发生研究 / 顾俊玲著. — 上海:上海交通大学出版社,2025.7. — ISBN 978-7-313-32936-3

Ⅰ. H059

中国国家版本馆 CIP 数据核字第 2025M5H608 号

误译发生研究
WUYI FASHENG YANJIU

著　　者:	顾俊玲		
出版发行:	上海交通大学出版社	地　　址:	上海市番禺路 951 号
邮政编码:	200030	电　　话:	021-64071208
印　　刷:	上海新华印刷有限公司	经　　销:	全国新华书店
开　　本:	710mm×1000mm　1/16	印　　张:	17.25
字　　数:	298 千字		
版　　次:	2025 年 7 月第 1 版	印　　次:	2025 年 7 月第 1 次印刷
书　　号:	ISBN 978-7-313-32936-3		
定　　价:	78.00 元		

版权所有　侵权必究
告　读　者:如发现本书有印装质量问题请与印刷厂质量科联系
联系电话:021-56324200

国家社科基金后期资助项目
出版说明

　　后期资助项目是国家社科基金设立的一类重要项目,旨在鼓励广大社科研究者潜心治学,支持基础研究多出优秀成果。它是经过严格评审,从接近完成的科研成果中遴选立项的。为扩大后期资助项目的影响,更好地推动学术发展,促进成果转化,全国哲学社会科学工作办公室按照"统一设计、统一标识、统一版式、形成系列"的总体要求,组织出版国家社科基金后期资助项目成果。

全国哲学社会科学工作办公室

论误译与误译论
（代序）

2024年7月13—14日，中国英汉语比较研究会应用翻译研究专业委员会、中国译学协同研究中心在河南省郑州市召开了第八届"'理论翻译学及译学方法论'高层论坛暨'误译'专题研讨会"，会议总负责人是承办方郑州大学外国语与国际关系学院的顾俊玲博士，也正是本书的作者。

会议相当成功，仿佛是办了一场正大综艺，全国译学同仁在郑州大学众议"误译"。大会主旨发言与分论坛汇报可归为六大议题：

误译溯因及消误研究　溯因视角涉及社会学、生态翻译学、伦理学、文化学等；消误研究涉及纠偏、失范、守范、规范化等。

误译批评及机制研究　误译批评的对象涉及文学翻译（如小说外译、诗歌翻译等）、应用翻译（如政治翻译、学术著作等）、词的误译、指称义、风格、误译的行为机制、误译链或误译区间（异、差、偏、误、错、讹等），等等。

误译触悟与教学研究　误译触误对象更是广泛，包括人名、欧化、方言、情感、双关语、口头禅、方呼语、表情文本、公示语或符号景观等。

误译跨学科研究　跨学科研究成为当下误译研究的主流，涉及哲学、美学、符号学、文化学、传播学、心理学、叙事学、多模态、目的论、关联理论、形象学、语境论、语用学、认知科学、知识翻译学、计量语言学等。

AI误译研究　涉及术语、流行语、文化负载词、字幕、质量评估与优化等。

自选议题　更让人喜出望外，部分代表的议题兼及误译的本质、误译与译能、误译与接受、误译研究方法（悟译）、误译类型（如机械化误译、有意误译等）、翻译类型（如交传、回译、译入、外译、口译、笔译、机译等），等等。

据会议宗旨，其初心有九：①翻译消误研究；②误译溯因研究；③误译机制研究；④误译批评研究；⑤AI误译研究；⑥误译与教学研究；⑦误译的理论研究；⑧误译跨学科研究；⑨误译理论构建。

未然、已然与应然总是存在偏差，正如国家社科项目申报一样，课题指南与获批立项总有距离。仅将会议设想与参会发言比较发现，话题"误译与教学研究"略涉一二；更深入的话题"误译的理论"研究还不够多，而该领域更被需要，也最能出成果，且能出最有价值的成果；话题"误译理论构建"最为遗憾，没听到想听的声音，却仍是最具诱惑的选题。

一次、也是首次论误译的会议想囊括一切选题肯定是不够的。仅以前述六大方面的选题为例，若将其组合，且不论排列，即可产生700多个话题。若再细分，甚至能催生更多选题。本次会议的代表，加之与会的学人一并讨论误译，若能持续一久，或是一生，终将汇成误译研究的集合，能否产生"误译理论"——误译论？这是颇具前景的远景！

若再略作理论层次的演绎，综合所有前期研究成果，再结合本次会议的收获，对误译研究系统思考，能否构拟如下的"误译论体系"？在此提出，供译界同道一并思考。

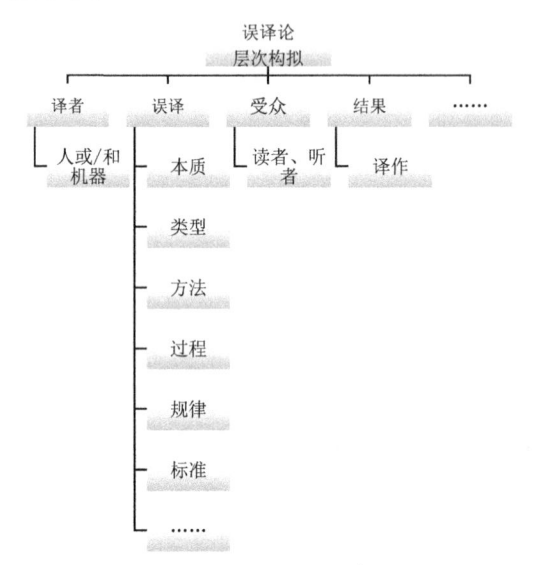

```
                   误译论
                   层次构拟
        ┌─────┬─────┬─────┬─────┐
       译者   误译   受众   结果   ……
        │     │     │     │
      人或/   本质  读者、听 译作
      和机器        者
              │
              类型
              │
              方法
              │
              过程
              │
              规律
              │
              标准
              │
              ……
```

在此语境下，顾俊玲博士所撰的《误译发生研究》，尝试厘清误译的内涵和外延，试建误译判断标准，初步划分系统的误译类型，追溯误译的多维原因，揭示消误机制，对未来误译理论的创立是一有力推进。

本人与同行共同期待更多关涉译学本体研究的佳作。

黄忠廉

2024年季夏

草于郑州

前　言

　　人类认识世界是循序渐进的过程：从感性的、未必正确的认识逐步走向理性的、正确的判断。由于人们的认识能力受制于特定社会和历史阶段，无论主体多么认真和努力，研究结果仍然会有这样那样的不足或缺陷，求完美的追求和无法臻美的事实存在冲突。每一个学科发展的历程都是错误与正确交织前行，翻译学科也不例外。创作的高下，容有见仁见智之差；翻译则除了高下之差，尚有正误之分。① 思果在《翻译研究》序言里指出："中国近代的翻译已经有了几十年的历史，虽然名家辈出，而寡不敌众，究竟劣译的势力大，电讯和杂志上的文章多半是译文，日积月累，几乎破坏了中文。"② 钱锺书对待误译的态度则比较积极——翻译是很艰辛的历程，"一路上颠顿风尘，遭遇风险，不免有所遗失或受些损伤"③……彻底和全部的"化"是不可实现的理想，某些方面、某种程度的"讹"又是不能避免的毛病，于是"媒"或"诱"产生了新的意义。钱先生自己因读了林译而增加了学习外国语文的兴趣。后来再读林译，发现许多都值得重读，尽管漏译、误译触处皆是。日本作家、文艺评论家河盛好藏说过："一篇好译文自然是受益不浅，即使是一篇差的译文，也有许多值得参考的地方，甚至可以说可能从中得到许多好译文中得不到的东西。"④ 上述可见，人们对误译的态度各异，有鄙视、排斥，也有接纳和正确利用。错误是发现真理路上的推动力量，一部误译发展史其实就是正译（正确的翻译）发展史的镜子，二者如同一张纸的正反面。正如朱光潜先生所言："想明白一件事物的本质，最好先

---

① 余光中. 余光中谈翻译[M]. 北京：中国对外翻译出版公司，2002：2.
② 思果. 翻译研究[M]. 北京：中国对外翻译出版公司，2001：序言 xvi.
③ 钱锺书. 林纾的翻译[J]. 中国翻译，1985(11)：3.
④ 河盛好藏，刘多田. 正确对待误译[J]. 中国翻译，1986(3)：57.

研究它的起源。"①翻译质量问题、误译问题一直受学者关注,但系统研究较少,本书将"误译"集于一书,细致研究。

翻译有口译与笔译之分,全译与变译之别,人译和机译的不同。同时,汉译外和外译汉的机制原理也有差异,误译的判断标准也会不同。以俄汉笔译之误为语料建立研究体系,对口译、其他语种的误译都有借鉴意义。由于"变译"②是译者针对特定的读者而采取的有意变通,变译之误的判断要参考更多因素。但全译之误译研究体系的建立,对变译的误译研究有重要参考价值。本书限于篇幅,聚焦全译语境下的笔译之误,以俄汉互译为例,外汉为主,辅以汉外之例。因为俄语和英语同属于印欧语系,基于俄汉误译的研究成果在其他印欧语汉译实践中有普遍参考价值,对汉译外也有一定参考意义。"有意误译"属于变译范畴,不是本书研究对象。本书定性研究的语料不设边界,取自公开出版物(翻译教材、教学参考书、各类翻译研究专著、报纸、期刊论文等)、学生翻译练习的典型语料,以及代表性网络语料。

需要特别强调的是,发生学并非一门学科,而是一种研究视角和方法。"发生学"源自生物学领域的"遗传学"。18—19世纪被广泛地应用于自然科学领域,成为探索万物起源、发育、演化的阶段、形态和规律的方法。人文社会科学研究领域同样存在发生学问题,即人文社会科学知识体系的发生发展过程、研究对象本身的发生和演变过程。学科史告诉我们,任何学科的形成都要经历相当长的历史过程积累,才能以一种稳定的方式凝定下来。皮亚杰在他的《发生认识论原理》中指出,"发生认识论的目的就在于研究各种认识的起源,……追踪这种认识向以后各个水平的发展情况,……"③基于这种思路,我们萌生误译的发生学研究。

《误译发生研究》共四章,第一章确定误译的内涵、外延及判定标准;第二章从符号学角度给误译分类,分别从语形、语义、语用三维度分析误译存在的特征;第三章从发生学视角追溯误译发生的心理认知因素、语言本体因素、社会文化因素等,论证过程中用到哲学、翻译学、语言学、文化学、社会学、心理认知科学等学科理论;第四章结合翻译活动的不同阶段确立译

---

① 朱光潜.诗论[M].上海:上海古籍出版社,2001:1.
② 黄忠廉.变译理论[M].北京:中国对外翻译出版公司,2001:96.
③ 皮亚杰.发生认识论原理[M].北京:商务印书馆,2011:6.

前、译中、译后消误机制。本书基于核心概念"误译",与主体概念、一般概念组合,搭建术语体系,试建误译研究体系。

错误是人们发现真理路上的推动力量。通过比较错误的特征,分析错误的机制,我们可以揭示错误形成过程中的推动力量。笔者并非陷于误译不能自拔,执念于译作好坏的价值判断,而是努力从误译这个客观现象中窥探不同人或民族对同一个客观世界认知的方式差异、与这个世界的关系不同。一部误译发生学的反面可见正译发生学,从反面入手,以反助正:理清误译发生的机制可指导人们有意识地避免错误,降低误译发生率,提高翻译质量,推动翻译批评、翻译学科正向发展。本书希望提醒人们正视误译这个客观现象,与误译和解,接受人类认识能力的局限性,在已知的基础上探索无限未知的可能性。

目 录

绪论 ··· 1
  第一节 误译研究综述 ··· 1
    一、误译研究与翻译批评的关系 ······························· 2
    二、误译研究综述 ··· 2
    三、误译研究简评与发展趋势 ·································· 12
  第二节 误译研究内容与方法 ·· 15
    一、俄汉笔译之误 ·· 15
    二、研究内容与研究方法 ······································· 15
  第三节 研究价值与意义 ·· 19
    一、理论价值 ·· 19
    二、实践意义 ·· 20
    三、创新之处 ·· 21

第一章 误译及其评判标准 ·· 22
  第一节 误译的内涵 ·· 22
    一、已有的"误译"定义 ··· 23
    二、"误译"新释 ·· 25
  第二节 误译的外延 ·· 28
    一、误译类型考 ··· 28
    二、误译与相关概念辨析 ······································· 33

第三节　误译评判标准 ·· 38
　　一、翻译标准各家谈 ·· 38
　　二、翻译批评标准论说 ·· 41
　　三、误译判定标准 ·· 43
　　四、三个标准的关系 ·· 48
本章小结 ·· 49

第二章　误译类型体系 ·· 51

第一节　语形误译 ·· 51
　　一、语音误译 ·· 51
　　二、语法误译 ·· 58
　　三、标点符号误译 ·· 68
第二节　语义误译 ·· 78
　　一、词汇义误译 ·· 78
　　二、词组义误译 ·· 86
　　三、句义误译 ·· 88
　　四、句群义误译 ·· 95
　　五、篇章义误译 ·· 97
第三节　语用误译 ·· 104
　　一、修辞误译 ·· 104
　　二、语境误译 ·· 116
　　三、文化误译 ·· 121
本章小结 ·· 125

第三章　误译发生机制 ·· 126

第一节　误译发生的哲学本质 ·· 126
　　一、语言间的矛盾：误译之源 ·· 127
　　二、文化间的矛盾：误译之根 ·· 128

三、主体间的矛盾：误译之本 …………………………………… 129
　　四、核心主体：导致误译的直接因素 …………………………… 132
第二节　误译发生的语言因素 ……………………………………… 136
　　一、语形的差异性 ………………………………………………… 137
　　二、语义的模糊性 ………………………………………………… 143
　　三、语用的复杂性 ………………………………………………… 153
第三节　误译发生的认知动因 ……………………………………… 156
　　一、理解错误的心理认知溯因 …………………………………… 157
　　二、转化错误的思维学溯因 ……………………………………… 168
　　三、表达错误的心理认知溯因 …………………………………… 171
第四节　误译发生的信息因素 ……………………………………… 173
　　一、信息论与翻译 ………………………………………………… 174
　　二、信息不守恒律 ………………………………………………… 175
　　三、误译：信息不守恒律使然 …………………………………… 175
第五节　误译发生的文化动因 ……………………………………… 179
　　一、文化价值观差异导致误译 …………………………………… 180
　　二、文化预设空缺与冲突导致误译 ……………………………… 181
　　三、文化的异质性导致误译 ……………………………………… 183
第六节　误译发生的社会学诱因 …………………………………… 188
　　一、翻译的社会属性 ……………………………………………… 188
　　二、误译的社会学因素 …………………………………………… 189
　　三、翻译悖论与误译 ……………………………………………… 193
本章小结 ……………………………………………………………… 196

第四章　消误机制 …………………………………………………… 199

第一节　译前避误机制 ……………………………………………… 199
　　一、行业顶层设计优化机制 ……………………………………… 199
　　二、翻译市场管理规范机制 ……………………………………… 202
　　三、译才培养体系完善机制 ……………………………………… 206

第二节　译中消误机制 ·················· 213
　　　一、理解错误消解机制 ················ 213
　　　二、转化错误消解机制 ················ 222
　　　三、表达错误消解机制 ················ 227
　　第三节　译后勘误机制 ·················· 236
　　　一、自校消误机制 ··················· 237
　　　二、他校改误机制 ··················· 239
　　　三、译评指误机制 ··················· 242
　本章小结 ························· 245

结论 ···························· 246
参考文献 ·························· 249
索引 ···························· 261

绪　　论

在人类文明发展进程中，翻译作为语言转换与信息传递的核心媒介，既是文化对话的桥梁，也可能成为误译发生的温床。误译既可能是语言表层的形式偏离，也可能是深层文化信息损耗与交际价值错位。当前学界对误译的研究仍存在局限：或停留于个案纠错的表层批评，缺乏系统性理论框架；或混淆全译与变译的评判标准，导致误译界定模糊；更鲜有学者从发生学视角追溯误译的深层认知机制与社会文化动因。这种研究现状既制约了翻译批评体系的完善，也使翻译教学与实践中"避误"策略的制定缺乏科学依据。本书以俄汉笔译为切入点，弥补传统误译研究的碎片化缺憾，构建"概念界定—类型分析—发生机制溯源—消误体系建构"的四维研究体系。通过义素分析法重新厘定误译内涵，本书提出"语形偏离""信息不对等""交际效果失衡"的三重判定标准；结合具体案例对误译现象进行多维度分类，建立涵盖语形、语义、语用三层九类的类型体系；基于发生学视角，从哲学、语言学、信息学、思维认知科学、文化学、社会学等学科揭示误译发生的复杂动因。研究最终指向翻译生态的优化——通过建立译前避误、译中消误、译后勘误的全流程机制，为提升翻译质量、规范译作出版市场提供理论支撑与实践路径。

第一节　误译研究综述

"误译"即错误的/地翻译，如同"翻译"一样，既可指行为的过程，也可指行为的结果。误译是翻译活动的特殊情况。跨语交际离不开翻译，翻译作为双语或多语转换活动避免不了错误，误译应该是语病学和错误学共同研究的对象之一。在语言学界，错误分析有丰富的文献，错误被看作达到正确而标准的语言和提高言语文化的工具，在错误中学习成为学者研究路上的指路之星。

一、误译研究与翻译批评的关系

《中国译学大辞典》对翻译批评的定义是："翻译批评是翻译理论与实践相联系的一个基本环节。"[①]它是一种具有一定实践手段和理论目标的精神活动,是从一定的价值观念出发,对具体的翻译现象(包括译作和译论活动)进行分析和评价的学术活动,是审美评价与科学判断的有机统一。[②]翻译批评在翻译活动中的价值如同文学批评在文学创作中的价值一样,它能丰富、完善乃至修正翻译理论研究,也能促进翻译实践的发展,提高译作的质量,并且能协调翻译理论研究和翻译实践间的关系。从中外翻译批评的标准可见,它们都以原文为批评的依据,把忠实视为最高标准(中国以"信"为要,西方以"对等"为目标),要求译语通顺畅达,并把实现原语的交际价值放在首位。

翻译批评的任务是以一定的翻译标准为准绳,以科学的方法对译本或译论的艺术价值或科学价值进行判断,对其不足之处进行理论上的鉴别,特别是检视翻译实践的跨文化交际效果,从中探索译者的审美境界、科学视野和艺术技巧,以提高译者和读者的鉴别能力。[③] 据此定义,译作是翻译批评的客体之一,译误是译本中很难避免的客观存在,分析译本中的误译属于翻译批评的范畴,是批评的客体之一,可见误译研究是翻译批评的内容之一,真包含于翻译批评。

此外,翻译批评的标准、翻译批评的原则等相关理论为研究误译提供了必要的理论支撑,一些批评译本质量的文章或者专著就把翻译批评作为重要组成部分,有的还详细介绍翻译批评概论、译文质量评估方法、文学翻译的批评论等,并将这些作为分析误译的理论基础。

二、误译研究综述

误译一直是国内外学者研究翻译的一个角度,近年来公开发表的论文数量增多,论文的理论水平和译例分析能力都有提高。许多误译分析是从微观角度,就某个领域的误译现象进行分析,如:有结合翻译教学中词汇误译现象进行分析的,有针对某景区公示语误译进行分析的,也有一些运用其他学科(认知科学、阐释学、思维学等)前沿理论探讨误译的原因的。

---

① Newmark P. A Textbook of Translation[M]. Shanghai: Shanghai Foreign Language Education Press. 2004:184.
② 方梦之.中国译学大辞典[Z].上海:上海外语教育出版社,2011:77.
③ 同上。

（一）国外现状综述

欧美对翻译腔/体（translationese）的研究并不深入，也未成体系；德国译论对译病探讨较多，尤其关注误译现象。俄国学者对误译研究比较深入，始于20世纪80—90年代，21世纪相关成果颇丰。

1. 翻译腔/体定性与成因研究

translationese产生于20世纪30年代之后，后缀-ese含有贬义；尤金·奈达（Eugene Nida）将其定义为不自然的译语，违反了语法语义；1988年彼得·纽马克（Peter Newmark）将其认定为理解不当的直译；1993年马克·贝克（Mark Baker）视其为异常的语言特征分布，涉及时均指其负面：直仿原文，出自劣译。1976年俄国作家雅科夫列夫所著《我们怎样破坏俄语》，批评了翻译腔对俄语的侵害，呼吁提高母语修养。

李（Li）1962年讨论了1949—1959年汉语新语法现象，认为词缀构词法发展、缩略语运用以及某些新兴表达与欧化相关；奈达认为翻译腔/体是因为过分追求形式对等而致；纽马克则视原语干扰或照搬词典释义为翻译腔/体的成因；施密特（Schmied）与舍弗勒（Schaffler）认为是语际转换或过度运用翻译策略导致；巴拉斯科（Balaskó）认为它是原语与译语抗衡所致。

2. 错误分析学

错误分析学奠基人X.乔治（X. George）率先引入了"黑箱"概念，他将二语习得过程分为信息输入和输出。在信息输入出现干扰形式——输入了未预见到的材料时，错误即会出现。此时，我们应该关注转换过程中出现错误的机制。正是输入与输出的差异可以给我们提供关于这些偏误的本质和成因的有价值的信息。

错误研究在俄国有丰富的成果。叶戈罗夫（Т. Г. Егоров）的著作《阅读技巧掌握心理学》（«Психология о владения навыками чтения»）被视为苏联研究言语错误的最早成果之一。叶戈罗夫在书中指出："应该了解错误的机制，错误分析带我们进入人类活动的实验室，向我们展示错误形成的动态过程。"[①] 尼基京（М. В. Никитин）建议在符号学的框架里建立"符号缺陷学"，研究交际活动中所有句子的所有类型错误。[②] 最早提出普通错误理论的是谢里瓦诺夫（Ф. А. Селиванов）。他认为这是一门交叉学科，具有跨学科性质，包括错误的定义、分类、如何产生错误等。它是在研究

[①] Егоров Т. Г. Психология овладения навыками чтения. М.：АПНРСФСР, 1953；131.

[②] Никитин М. В. Членение семитического акта и задачи семиотической дефектологии. Проблемы обучения иностранным языкам. Владимир, 1962.

"错误"的基础上建立起的学科。① 2003年谢里瓦诺夫划分出广义（普通）错误学、狭义错误学和专业错误学。广义（普通）错误学应确定错误的定义、分类，揭示其内部机制，产生的共性原因，预见及修正错误，为不同错误负责任的程度；狭义错误学包括语言学错误、语言教学错误、翻译错误等；专业错误学包括翻译学框架内的接受错误和表达错误。② 察图罗夫(И. А. Цатуров)和卡诗林(Н. А. Каширин)划分出以下错误类型：功能—内容错误、功能—标准错误和文化逻辑错误。③

3. 误译研究

法国文艺社会学家罗伯特·埃斯卡皮(Robert Escarpit)对翻译的叛逆性和创造性的解释是：作品被置于一个完全没有预料到的参照系里（指语言）；翻译赋予作品一个崭新的面貌，使之能与更广泛的读者进行一次崭新的文学交流。④ 这种叛逆会被有些批评者视为误译。美籍意大利学者劳伦斯·韦努蒂(Lawrence Venuti)认为，意义是一种多元的、不定的关系，而不是一成不变的、统一的整体。因此，不能用数学概念那种意义对等来衡量。对翻译中所谓"语言错误"也可以作不同分析。因为误译，尤其是文学作品的误译，不仅是可以理解的，而且在目的语文化中还可能是有意义的。⑤ 这些观点在某种意义上是对误译存在的客观性和必然性的认可。

俄罗斯许多学者很早以前就一直研究如何避免误译，但是近年来，学者们更多地关注这个问题的相反面，即在分析误译的基础上如何避免这些误译。

20世纪80年代末至90年代初，语言学里迅速发展出认知语言学和语言文化学，这两个分支的发展促进了翻译研究。误译研究是搞清翻译过程中认知差异、语言文化差异和语言差异的可靠手段。⑥ 我们在俄罗斯数据库E-library.ru中以 эрротология 为主题词搜索到文献69篇，主要分布于语言学、教育学、医学、社会科学等领域；以 переводческая ошибка 为主题词搜索到文献817篇，其中682篇来自语言学领域，49篇来自教育学领域，

---

① Селиванов Ф. А. Классификация ошибок и её значение для теории деятельности. Диалектическийметод и этика. Тюмень, 1973.

② Селиванов Ф. А. Поиск ошибочного и правильного. Тюмень: из-воТГУ, 2003.

③ Цатурова И. А., Каширина Н. А. Переводческий анализ текста[А]. СПб.: Перспектива, Изд-во "Союз". 2008:296.

④ 转引自方梦之. 中国译学大辞典[Z]. 上海：上海外语教育出版社，2011:6.

⑤ 转引自郭建中. 韦努蒂及其结构主义翻译策略[J]. 中国翻译，2000(1):49-52.

⑥ Шевнин А. Б. Переводческая эрратология как инструмент научного познания. ВестникНГЛУ, 2009(5).

22篇来自文学领域。俄罗斯的误译研究更多地关注本体，很多成果从误译的内涵、外延、原因等方面展开。

（1）误译的内涵。俄罗斯有不少学者关注"误译"问题，分别给出各自的定义。舒尔加（Н. В. Шульга）在观察所有的缺陷、错误、粗糙的译文后，将"误译"定义为从一种语言向另一种语言传译时译者无理由的偏离、违背等值要求导致译文与原文内容不符。① 什维策尔（А. Д. Швейцер）认为"误译"是译文在内容上偏离于原文。② 明雅尔—别洛鲁切夫（Р. К. Миньяр-Белоручев）认为"误译"是翻译策略不适用于原文。③ 科米萨罗夫（В. Н. Комиссаров）认为"误译"是以伪造的信息误导、作用于读者。④ 舍夫宁（А. Б. Шевнин）认为，误译研究是搞清翻译过程中认知差异、语言文化差异、语言差异的可靠手段。⑤

（2）误译的类型。加尔博夫斯基（Н. К. Гарбовский）将误译类型分为未理解原文导致的错误，简单概念、复杂概念和判断理解的错误，语境理解错误，再表达层面错误，以及修辞错误。⑥ 苏联翻译理论家别洛鲁切夫基于不对等理论区分误译类型为意义丢失和意义增加，根据错误的程度再进行分级：一级错误最严重，指增加关键信息；二级错误指丢失关键信息；三级错误是丢失或增加附加信息或确切信息；最后是修辞错误，指丢失或增加重复信息或零信息。⑦ 科米萨罗夫的误译分类是：对原语内容的误解；未能准确传达原语的思想，但是没有完全误解原语；没有破坏原语思想的完整性，但是译文质量低，偏离修辞标准；没有影响译文的对等性，但是未能完全掌握译语，或不善于克服原语的影响。⑧ 拉特舍夫（Л. К. Латышев）建议将误译四分法，即分为内容上的错误、译文偏离于原文、译文不准确和

---

① Шульга Н. В. Переводческие ошибки при передаче редупликативных образований（на материале английского языка）. Сборник 《Актуальные вопросы переводоведения и практики перевода》，2010.

② Швейцер А. Д. Перевод и лингвистика. Москва：Наука，1988：415.

③ Миньяр-Белоручев Р. К. Теория и методы перевода. Москва：Московский лицей，1996：208.

④ Комиссаров В. Н. Современное переводоведение. Москва，2001：424.

⑤ Шевнин А. Б. Переводческая эрратология как инструмент научного познания. Вестник НГЛУ，2009（5）：35–38.

⑥ Гарбовский Н. К. Теория перевода：Учебник.2-е изд..М.：Изд-во Моск.ун-та 2007：324–350.

⑦ Миньяр-Белоручев Р. К. Теория и методы перевода. Москва：Московский лицей，1996：208.

⑧ Комиссаров В. Н. Современное переводоведение. Москва，2001：424.

译文表达不清楚。①

(3)误译的原因探索。舍夫宁认为,不应对译语进行"分割"分析,因为不同语言的结构有相互干扰之处,而翻译是在具体语境中进行的。② 舍夫宁的观点非常科学,他在某种程度上阐明"误译的判定标准"不是单一的、绝对的,而是要从整个文本出发、在具体语境中考察。加尔博夫斯基认为误译的原因是原作理解不足,译者认知经验不足,对原作描写语境知识不足,对待原作意义系统态度不认真,未能领会作者所言,不善区分原作者作品的语言风格等,而语际的不对称是导致误译的重要因素。③ 在谈到翻译的多样性和多方案时,列文(Ю. Д. Левин)认为把文学作品在异域的理解视为误解是错误的。事实上,这种异域的理解能发现在近处所不能发现的东西。④

(4)翻译教学误译。马克修京娜(О. В. Максютина)总结了国内外学者给"翻译错误"下的定义,阐述了误译产生的原因、翻译教学中错误的判断和修正方法,指出运用错误分析优化翻译教学的途径。⑤

从广泛的错误研究到具体翻译领域的错误分析,在俄罗斯经历了近半个世纪。在误译方面研究比较深入的是舍夫宁博士,他认为误译是可靠的科研工具,通过种种误译可以看出译者在语言转换过程时认知和语言文化的不对称,可弄清译者职业能力任何形式的不对称。译者不仅仅是交际的参与者,还决定了整个语际交际的过程。因此,形成特殊的语言个性——译语个性。⑥ 正是人类学方法奠定了误译研究在翻译中的基础,通过误译研究可发现译者在原语理解和接受、译语产生这个传递过程的语言能力。

(二)国内现状综述

根据知网数据库,自20世纪50年代以来国内翻译界对误译的探讨一直持续。20世纪的误译研究主要以文本的语言性错误分析为主,21世纪的研究视角开始多样化,公开发表的误译论文呈震荡上升的趋势,增长年

---

① Латышев Л. К. Технология перевода. Москва：Академия，2008：317.

② Шевнин А. Б. Переводческая эрратология как инструмент научного познания. Вестник НГЛУ，2009(5)：36-44.

③ Гарбовский Н. К. Теория перевода：Учебник.2-е изд.М.：Изд-во Моск.ун-та，2007：324-350.

④ Библиография трудов Ю. Д. Левина // Res Traductorica：Переводы и сравнительное изучение литератур. СПб.，2000：316-360.

⑤ Максютина О.В. Переводческая ошибка в методике обучения переводу. Вестник ТГПУ. 2010. Выпуск 1 (91)：49-52.

⑥ Шевнин А.Б. Эрратология и языковая личность. Вестник Тюменского государственного университета. 2006. № 1：26-33.

份的环比增长量在20%左右。我们以"误译"为主题检索可见3718篇相关研究成果,其中公示语、创造性叛逆、文学翻译的文献数排名在前。① 其中,2015年的峰值文献量为244篇,随后震荡下降,2022年的预测值为121篇。研究涉及多领域、多语种,文化外译之误受到关注。值得注意的是,硕博学位论文有754篇,2006年以来,每年都有十篇左右的硕士论文研究"误译",说明"误译"问题也得到青年学者的关注。综合观察,我们可将已有研究成果分为语言学、认知科学、文化学等角度。

1. 语言性误译分析

误译是语言间转换的客观存在,语言学是翻译学的母源学科,语言学的发展必然推动误译的研究,误译研究从语言学出发,由表及里探寻致误的原因、发掘误译的规律,这种方法符合科研的一般规律。

(1)语言性误译研究的阶段特征。20世纪50年代的误译研究是就某个译本或某个微观视角来分析,而80年代表现为广泛意义的误译研究。90年代以来,更多的是分析相关专业领域的翻译错误,如涉外合同翻译常见错误、电信出版物中的翻译错误、国际营销中的翻译错误、经贸会洽谈资料翻译错误、中文标语俄译错误等,此阶段的研究都从语言角度对误译进行分类。翻译教学、公示语误译、术语误译、新闻报刊误译现象、典籍英译的错误也受到关注。值得一提的是关于教材的误译研究。教材直接反映教学内容,在内容上一定要准确无误,才能给学生传递正确的知识。黎维平对植物学教材中关于禾本科的一些误解提出系列疑问,他发现在学术和科普领域grass一词的误译和对哑铃形保卫细胞的误解十分流行。② 针灸界对"浅筋膜"存在误译、误读和误解。③

(2)语言误译三维视角研究。首先是语法视角。有许多文章、著作以误译实例为分析对象,从语法角度将其归类,并提出修改意见。如杨仕章着重指出在翻译教学中,学生的误译既有原文理解方面的原因,也有译语表达上的原因,他认为理解不准确是造成语言误译的主要原因。④ 还有一些专门研究误译的书籍,如杨仕章等著的《俄汉误译举要》⑤、李青编著的

---

① 该数据截止日期为2022年8月16日。
② 黎维平.关于禾本科的一些误解——植物学教材质疑(八)[J].生命科学研究,2022,26(3):276-282.
③ 李永明.针灸界对"浅筋膜"的误译、误读和误解[J].针刺研究,2018,43(5):294-295.
④ 杨仕章.翻译教学中的误译分析[J].解放军外国语学院学报,2005(6):77-81.
⑤ 杨仕章,孙岚,牛丽红.俄汉误译举要[M].北京:国防工业出版社,2008.

《新编英汉汉英翻译教程:翻译技巧与误译评析》①、叶芳来著的《俄语谚语俗语误译直译妙译一百例》②等,这些都是从实践层面分析各种类型的误译,探讨误译的启示和对策,对译者有一定的参考价值。

其次是语义视角。多义词是词汇学的重点和难点,也会经常导致误译。翻译过程中多义词的常用义项在译者思维中先入为主,译者对派生义项间的细微差别把握不到位,都是导致误译的重要因素。牛晓莉分析了《孙子兵法》英译本(贾尔斯)的语义误译和语体误译。③ 聂明方认为在造成误译的诸多因素中,词汇原因所产生的误译占的比例最大,这是词汇教学中存在的很多误区造成的。④ 顾俊玲运用莫斯科语义学派义素分析法对兼有动词义和名词义的概念"误译"进行分析,得出"误译"的定义是人或机器在将甲语转化为乙语的过程中偏离、遗漏或歪曲甲语文化信息,导致译语与原语信息量不等,译语受众无法获得与原语受众极似的交际效果的活动。⑤

最后是语用视角。近年来,国内学者已经注意到语用学理论与翻译理论之间存在有机联系,尝试把语用学关于规约意义、礼貌、指示语等领域的研究成果应用于解决翻译实践中的文化、语用类问题。⑥ 孙圣勇提炼出四位一体的语用翻译观:指示语维度、合作原则维度、礼貌原则维度及言语行为维度,对于避免语用翻译失误具有重要意义。⑦ 杨俊峰认为翻译活动是一种始终贯穿社会、文化、认知等因素的互动选择机制。⑧ 预设是语篇生成和解读的前提。译者根据自己头脑中的预设知识对作者预设的信息进行推断和填补,从而做出合理的解读,达到交际的目的。张华认为误译与文化预设关系密切,一方面,由于缺乏必要的文化预设知识,造成译者只顾符号的字面意义而忽略了其深层的文化内涵;另一方面,由于译者的文化知识与作者预设的信息发生冲突,受到母语文化的干预,从而造成了误译。⑨

---

① 李青.新编英汉汉英翻译教程:翻译技巧与误译评析[M].北京:北京大学出版社,2004.
② 叶芳来.俄语谚语俗语误译直译妙译一百例[M].郑州:大象出版社,2007.
③ 牛晓莉.浅析《孙子兵法》英译本(贾尔斯)的几处误译[J].海外英语,2010(8):311-313.
④ 聂明方.误译与英语词汇教学关系之研究[J].琼州学院学报,2009(6):142-144.
⑤ 顾俊玲.释"误译"[J].杭州师范大学学报(社会科学版),2014,36(02):91-95.
⑥ 张新红.语用翻译:语用学理论在翻译中的应用[J].现代外语,2001(3):286.
⑦ 孙圣勇.四位一体的语用翻译观[J].宁夏大学学报(人文社会科学版),2008(6):151-163.
⑧ 杨俊峰.语境顺应与语用翻译[J].外语与外语教学,2005(11):51-54.
⑨ 张华.文化预设视角下的误译现象透析[J].长江师范学院学报,2011(3):69-71.

2. 误译认知科学探析

思维科学界对形象思维、抽象思维的研究正在取得积极的进展,从认知思维学角度分析误译的成因更具理论深度。乐黛云先生认为:

> 误译其实就是按照自身的文化传统、思维方式、自己所熟悉的民族事物去解读异质文化……他原有的"视域"决定了他的"不见"和"洞见",决定了他将对另一种文化如何选择、如何切割,然后又决定了他如何对其认知和解释。①

不同民族的思维方式存在差异,根深蒂固的母语思维可能会影响译者对原文的理解,逻辑思维转换与运用不当是导致误译的主要原因之一。②

认知科学的发展推动误译研究的深入,从认知语言学角度对误读与误译的现象进行探析,认为翻译活动所涉及的诸多主观认知因素使得翻译过程具备了许多不确定性,给误读和误译留下必然的空间。③ 但是译者可以通过自身努力,不断提高自身对两种语言文化的认知水平,把不确定因素降到最低。同时由于人类认知趋同的趋势,误译也会越来越少。④ 孟志刚和熊前莉通过构拟认知翻译学的基本框架与途径,得出结论:等值翻译只是相对的、近似的,不等值才是绝对的,译文的质量取决于相关因素间的趋同度。⑤ 魏璐瑶从认知角度出发,运用实证研究方法,将误译现象与翻译过程研究结合起来,定量与定性分析相结合对误译现象的产生以及对策进行了探讨。⑥

认知语言学的关联理论、框架理论、图示理论都被用于翻译研究,为误译分析提供理论支撑。关联理论对翻译具有极强的解释力,误译的发生往往是由于译者没有建立原文与译文的最佳关联,造成译语读者对译文信息难以理解。谢葆辉和蔡芳、吴任玉、黄霞、刘心怡在此领域都做了尝试,运

---

① 乐黛云,勒·比松.独角兽与龙——在寻找中西文化普遍性中的误读[M].北京:北京大学出版社,1995:109-112.
② 施志贤,陈德民.从学生误译看翻译中逻辑思维转换的意义[J].集美大学学报(哲学社会科学版),2006(1):87-92.
③ 陈明瑶.误读误译现象认知探析[J].上海翻译,2008(2):37-40.
④ 汪庆华.误译现象的认知解读[J].广西民族大学学报(哲学社会科学版),2009(6):172-174.
⑤ 孟志刚,熊前莉.翻译研究的认知语言学途径[J].现代语文,2011(11):123-126.
⑥ 魏璐瑶.认知视角下翻译过程误译现象的实证研究[D].济南:山东师范大学,2019.

用关联理论研究误译,进一步开阔了误译研究的视野。①②③④ 框架理论作为认知语言学的一个重要分支也被应用于翻译研究,受原文框架的影响翻译实践中往往出现语义误译和文化误译两个方面。⑤ 不同语言的意象之所以可以互换,是因为它们具有共同的、以体验为本源的认知。翻译的机制就是原语与译语间的意象辨识、匹配和转换。等值并不是指其具体形象相同,而是其抽象图式的相似性。⑥ 图式理论也能有效解释误译成因,借鉴图式理论分析翻译理解过程发现,文化误译与译者文化图式缺省、文化图式冲突关系极大。⑦ 运用认知语言学的原型理论分析跨文化翻译活动中翻译偏差现象,可分为原型被替换、原型与边缘概念相混淆,以及避开原型概念等三类。⑧

翻译是跨语言、跨文化的信息交流。误译通常源于译者头脑中的固有图式、母语思维以及对原语文化的错位预设。运用认知科学相关理论研究误译,有利于发现误译产生的深层因素,不仅可以完善误译研究,促进翻译批评,还可以从另外一个角度揭示翻译的心理过程。

3. 误译的文化学探析

翻译是一种文化传递现象,聚焦文化误译的研究成果较多,在知网以"文化误译"为主题词搜索到 325 篇文献,其中学位论文有 49 篇。⑨ 发表年度趋势显示,从 1994 年起发文逐年增加,到 2007 年达到峰值 26 篇,随后的 2010、2012、2015 年都在 20 篇以上。

文化背景的差异、对目标语文化知识的缺乏是误译出现的主要原因。成功的译者必须具有强烈的文化意识,译者不仅要精通原语和译入语,还要了解语言背后的文化。⑩ 李磊荣以中国文学名著《红楼梦》的翻译为语料撰写了博士论文,通过译本的误译现象探讨民族文化的可译性。⑪ 白立

---

① 谢葆辉,蔡芳.从关联角度看误译[J].外语与外语教学,2008(5):57-60.
② 吴任玉.运用关联理论试析误译与创造性叛逆[J].长春理工大学学报(社会科学版),2012(2):66-68.
③ 黄霞.基于关联理论的误译考察[D].北京:北京外国语大学,2020.
④ 刘心怡.关联理论视角的《带灯》英译本误译现象探析[J].现代交际,2021(17):99-101.
⑤ 邓国栋.框架理论对误译的阐释力[J].淮北师范大学学报(哲学社会科学版),2012(3):117-122.
⑥ 宋德生.认知的体验性对等值翻译的诠释[J].中国翻译,2005(5):21-25.
⑦ 杨仕章,牛丽红.文化误译图式分析[J].解放军外国语学院学报,2007(2):73-77.
⑧ 彭朝忠,成彩云.跨文化翻译中误译的原型认知解读[J].老区建设,2009(22):49-50.
⑨ 数据截止日期为 2022 年 7 月 31 日。
⑩ 肖辉.语言文化翻译之误译[J].中国科技翻译,2001(4):38-41.
⑪ 李磊荣.论民族文化的可译性[D].上海:上海外国语大学,2004.

平认为,误译就是译者在翻译时,由于主客观原因,而忽视或无视文本的时空文化背景,只是从自己文化背景出发,从自己的时空和视角去解读、传译文本的现象。① 误译往往建立在误读的基础上,若译者误读了原作的某一部分,就会在译作中表现为误译。牛丽红分析了俄罗斯古典文学汉译本及中国现代文学作品俄译本的文化误译现象,认为翻译中最大的困难就是两种文化的不同。译者对原作中那些应该处理的信息没有处理或者处理不当,导致译语读者不解或误解。② 张仁民从民族差异的角度分析了文化上的误译,他认为不同民族间进行语言交际时,语言的内涵和外延都体现了民族文化的特点。③ 李捷认为翻译中存在的误译实则是文化解读发生的歧义。④ 中国文学外译本质量研究是许多学者关注的重点,宋庆伟讨论了葛译莫言小说中方言的误译,⑤张森、张世瑾研究了葛浩文译《生死疲劳》中的误译现象,⑥何丽云分析了《围城》中文化误译的现象,⑦陈学斌、余婷探讨了英译《寻乌调查》中客家文化的失真与误译。⑧ 2013—2022年以《酒国》文化负载词为研究对象,共有13篇学位论文。同样,国外著作汉译本的质量研究也有诸多成果,如国外翻译理论著述《翻译丑闻》(*The Scandals of Translation*)汉译本中的失范现象⑨、《乌托邦》汉译本研究⑩等。诸多研究成果说明对译者而言,掌握文化预设的多维性,实现作者与读者的双向交流,将文化误译的概率降至最小,才能打通互异文化的阻碍,实现文化意义的交流。

4. 误译的阐释学与目的论探析

阐释学的观点贯穿于整个西方传统的翻译理论,正如伽达默尔所说,翻译始终是解释的过程,是翻译者对给予他的语词所进行的解释过程。⑪

---

① 白立平. 文化误读与误译[J]. 外语与外语教学,1999(1):50-52.
② 牛丽红. 文学翻译中的文化误译[D]. 洛阳:中国人民解放军外国语学院,2005.
③ 张仁民. 误译探析及其对策[J]. 安徽电子信息职业技术学院学报,2006(6):60-62.
④ 李捷. 预设与误译:翻译之文化解读[J]. 河北工业大学学报(社会科学版),2012(1):82-86.
⑤ 宋庆伟. 葛译莫言小说方言误译探析[J]. 中国翻译,2015,36(3):95-98.
⑥ 张森,张世瑾. 葛译《生死疲劳》中的误译现象与中国文化译介策略[J]. 河北大学学报(哲学社会科学版),2016,41(5):111-116.
⑦ 何丽云. 《围城》英译本中的文化误译探析[J]. 兰州交通大学学报,2017,36(5):14-16.
⑧ 赵卫. 目的论视角下《酒国》文化负载词的俄译研究[D]. 哈尔滨:黑龙江大学,2020.
⑨ 喻旭东,傅敬民. 国外翻译理论著述汉译中的失范现象探析——以 *The Scandals of Translation* 汉译本为例[J]. 外国语文,2021,37(2):83-90.
⑩ 马立杰. 《乌托邦》汉译本浅析[J]. 福州大学学报(哲学社会科学版),2016,30(4):22-26.
⑪ 伽达默尔. 诠释学:哲学诠释学的基本特征:真理与方法[M]. 洪汉鼎,译. 北京:商务印书馆,2007.

一个译本的出现并不意味着翻译的结束,它只能是对原作的一种理解,一种阐释,在阐释的过程中作者的视域与译者的视域、过去的视域与未来的视域一直处在不断"融合"的过程中。误译是在异质文化交流中不可避免的现象,从阐释学的角度分析,误译也展现了其独特的研究价值。杨志红通过引入"偏见""效果历史"及"视域融合"等概念,揭示了阐释过程中存在的对话性。译者与文本、作者甚至是译作读者之间的多方交流对话正是隐藏在有意误译背后的阐释学解释。[①] 饶小炜认为翻译离不开译者对原文本的理解和解释,误译则是在异质文化交流中不可避免的现象,从阐释学的角度解读误译现象,说明此现象的出现是不可避免的。[②] 用阐释学观点来研究有意误译既可以使我们重新审视它的成因及积极意义,也可以使我们更加深切地认识到阐释学在翻译研究中的方法论作用。

目的论是德国功能翻译学派的奠基理论,翻译目的论自20世纪70年代产生以来在翻译界起着非常重要的作用,它对中西翻译史上的归化、异化之争以及译界广泛讨论的形式对等与动态对等都作出了很好的解释。同时,翻译目的论对有意误译也具有很好的理论阐释力。误译是翻译过程中不可避免的一种现象,对原文信息和形式的任何偏离都被当作误译,有学者将误译分为"无意误译"和"有意误译"。无意误译主要归因于译者的双语能力,以及对双语国家的文化背景知识等的掌握情况,它不涉及译者的主观故意或翻译的目的。有意误译是译者出于某种翻译目的,在翻译过程中为传达原文的形式、内容、风格等方面而表现出来的故意不忠实于原文的翻译行为。张婷婷以德国功能翻译学派的翻译目的论为理论基础来探讨有意误译,她认为在目的论的视角下有意误译的存在是必然的。[③] 吴锶结合目的论和自身的口译实践,对多种误译现象进行了合理解释。[④]

三、误译研究简评与发展趋势

(一)误译研究简评

从国内近70年的研究历程看,公开发表的论文数量呈逐年增长态势,尤其是21世纪以来增长迅速。从发表的期刊看,占据核心期刊的论文逐年增多,论文的理论水平和译例分析能力都有提高。从主题看,许多论文从微观角度就某个领域的误译事实进行分析,也有运用其他学科前沿理论

---

① 杨志红.有意误译的阐释学思考[D].苏州:苏州大学,2006.
② 饶小炜.误译的阐释学解读[J].现代商贸工业,2010(24):251-252.
③ 张婷婷.从目的论视角看有意误译[J].南昌高专学报,2010(6):41-42.
④ 吴锶.从翻译目的论角度分析口译中的误译[D].沈阳:辽宁大学,2013.

探讨误译的。其中,关于公示语误译的问题就有许多的文章探讨。欧美对翻译腔/体的研究尚未成体系;德国译论对译病探讨较多,尤其关注误译现象。俄罗斯学者对误译研究比较深入,始于20世纪80—90年代,21世纪相关成果颇丰。

1. 研究视角多,分类未统一

国内探讨误译的视角各异,大致可归类为从语言学、文化学、认知科学、思维科学、阐释学等角度对误译进行或深或浅的分析。研究视角多,有利于认识误译的多个方面。文化学视角侧重文化传递过程中意象不对应或空缺导致的文化误译。语言学视角侧重分析汉外互译过程中语法、语义、修辞等方面的误译。认知科学视角则深入语言背后不同民族思维认知层面的差异,探究误译的逻辑思维转换和思维定式因素。思维学视角试图将语际转换过程中大脑"黑箱"的工作机制描述出来,研究误译的深层思维因素。各学科研究重点不同,能从各个角度指导翻译实践,但是上述研究大多停留在表面,以各学科相关理论的运用为要点尝试指导实践,缺少理论升华,且较少创新。

译界学者对误译的分类各有不同,分类视角包括语言学、文化学、认知科学等,但已有分类都存在不足:没有区分全译与变译之别,有些分类将上下位概念混淆,有些分类涵盖不全面,分类视角杂糅。由于缺少统一的划分标准,误译的上下位概念不清楚,各级概念的内涵、外延等都没有形成一致的认识,各个类别之间多有交集,模糊地带没有统一的认识,这不利于误译相关问题的深入探讨。

2. 研究有局限,体系待建立

现有研究只限于某个领域或某部作品的某些误译现象,对整体的全面研究不多,对描写对象的相互关系的关注少。或流于语言文字的表面现象,不能深化,缺乏相应的理论含量;或缺乏一定的科学眼光和理论视野,最终难免"铢称寸量见小忘大";或借用某些抽象理论对误译的存在、纠正的方法作宏观描写,缺乏系统性和实际可操作性。少有学者全面系统、深入研究误译,误译研究体系尚待建立。

对误译的探讨没有区分全译条件下的误译和变译条件下的误译,把它们模糊地统称为翻译错误。两种误译的评判标准完全不同,二者类型、本质、规律也有差异,由于概念混淆,无法进行深入研究。已有文献多数都会涉及误译的原因,但探讨只停留于表层,大多认为译者语言能力不足、百科知识不够、翻译策略失当等,很少涉及深层转换问题,偶有论述,或注重原文理解,或注重译文表达,忽视二者思维转换过程的研究。少有学者关注误译本质,探究致误的规律,错误的纠正策略也缺少可操作性,很难确立可行性消误机制。

知识体系化,才利于读者掌握,才能更好地促进学科向前发展。不同学者从不同角度、借助不同理论,针对不同领域误译提出了自己的观点,但看似全面,内在却无逻辑联系。理论解释是学科体系的重要依据,从翻译本体出发,借助母源学科理论,对种种误译进行分类,使其成体系。分类体系化更利于追根溯源,从多学科角度解释致误因素。根据翻译活动的过程提出每个阶段的消误策略,最后形成科学全面的消误机制。

(二)发展趋势预测

结合语料库对误译进行严谨的定量定性分析将是误译研究的需要,在双语或多语平行语料库中对误译做语域、语境、背景信息、文体等标记,比较正译和误译的本质差别,寻找产生误译的规律,可以提高人译、机译的准确性和适切性,将使研究更具客观性和说服力,丰富和深化翻译批评理论,建构更为完善的翻译批评体系。

确定合理可行的标准是进行价值判断的首要条件,论证出让多数学者认同的误译诊断标准是该研究的必由之路。随着对翻译研究的深入,全译与变译之别必然会成为通识,误译的判断标准也会日趋统一。目前,多数学者已经认同"语用价值第一"的翻译观,和"译语与原语在语形、语义和语用价值上极似"是翻译的最高标准,那么译语在语形、语义、语用的偏离度超出受众的接受能力,影响交际的正常进行则可视为误译的判断标准。

随着实践的发展及理论研究的深入,知识体系化是必然趋势。翻译实践的发展给人们提供了越来越多的感性知识和丰富的误译语料,而相邻学科的发展使人们对误译本质的研究更进一步,对误译类型的划分必然更加体系化。体系化的分类是深入研究误译的基础。通过对常见误译现象进行分析、归纳和总结,利于找出问题的主要症结,探讨避免误译的对策,对优化翻译过程、提高译文质量、完善翻译批评理论、改进翻译教学水平都有重要的意义。

双语转换既是语际活动,又是复杂的思维活动,翻译与其他学科交叉研究,对误译进行全方位多维剖析将是未来发展的主要趋势。误译的成因不仅仅是主观知识欠缺和对原作理解不足,还有许多难以克服的客观因素。从思维科学、认知科学等角度剖析致误因素才更加科学和理性,这也是国内外学者正在努力的方向。误译的原因须区分语内原因和语外原因:语言、思维的差异是误译的内因,体现在译语上是语形、语义之误,二者既会单独出现,也会同时出现;文化的、社会的、意识形态的差异和影响是误译产生的外因,语言进入交际会出现语用误差。

从误译的概念界定入手,建立误译类型体系、致误的原因体系、消误的策略体系,这一套误译研究体系的建立是误译理论体系的一部分。在此基础上,我们探讨误译的规律、本质、单位、分类,进一步研究误译与翻译批评、误译与教学、误译与教材编写、误译与词典编撰、误译与机器翻译等领域,从而构建误译研究的整个理论体系。与误译和解,基于发生学方法将误译视为人类文化交流的正常现象研究其发生、发展的根源及规律,在已有认知水平上尝试建立误译防治机制。

第二节　误译研究内容与方法

一、俄汉笔译之误

翻译有口译与笔译之分,全译与变译之别,人译和机译的不同。同时,汉译外和外译汉的机制原理也有差异,误译的判断标准也会不同。深入透彻地研究俄汉误译,以俄译汉笔译之误为语料建立误译研究体系,对口译之误、汉俄误译、汉英双向误译,乃至其他语种的误译都有借鉴意义。

误译之所以为误,必须有一个参照系统,即译语对照原语与目的语在语形、语义和语用的某一方面存在错误。翻译理论发展至今,全译与变译这一对范畴逐渐为人们所接受,传统的翻译理论研究虽然没有特意交代研究对象,也是针对全译而言,例如深入人心的翻译标准"信达雅""等值""等效"等。"信"成为翻译的基本要求,所以是否忠实于原文是判断译"误"与否的重要依据。

科研的规律是从简入难,由于"变译"[①]是译者针对特定的读者而采取的有意变通,变译之误的判断要参考更多因素,比全译之误更难把握。全译之误译研究体系的建立,对变译的误译研究有参考价值,所以本书研究分析的对象是全译语境下的俄汉笔译之误。

二、研究内容与研究方法

(一)研究内容

本书包括绪论、正文、结论等部分,其中正文共分为四章。第一章主要

---

① 黄忠廉.变译理论[M].北京:中国对外翻译出版公司,2001:96.

厘定误译及其相关概念的关系,明确误译的判断标准;第二章结合误译语料的描写分析建立误译类型体系;第三章基于多学科理论追溯误译发生机制;第四章结合翻译活动过程建立消误机制。

1. 概念界定与辨析

翻译错误一直没有一个为广大学者所接受的科学概念,明确误译的内涵,圈定其外延,是整个研究的基础。语言学是翻译学的母源学科,对"误译"概念的界定也应采用语言学方法,语形、语义、语用是抽象、复杂的概念,自身有诸层上位、下位概念,认识其内涵、外延,划分清层次,对相应领域的误译进行描写和本质考察是研究的关键。

本书运用义素分析法将"误译"定义为人或机器在将甲语转化为乙语的过程中偏离、遗漏或歪曲甲语文化信息,导致译语与原语信息量不等,译语受众无法获得与原语受众极似的交际效果的活动。

误译研究划分全译与变译语境才利于诸多相关概念的辨析,本书尝试厘清全译语境中的佳译、正译、直译、硬译、死译、误译等各项的细微差别,变译语境中的译介学、比较文学、间接翻译、有意误译、无意误译、创造性叛逆、改写、重写等术语概念。概念混淆是目前翻译学界的一个现象,厘清概念的外延才能正本清源,利于国内翻译研究与国际学术界接轨。

2. 误译判断标准厘定

何为误?何所误?学界对误译的判断标尺一直无法统一,误译的评判会因人、因时、因地而变,标准也因此而调整。翻译批评的内容之一是考察译语和原语是否在语里意义和语表形式之间建立相应的关系,是否最终在语用价值上实现功能对应,是否考虑受众的接受能力等方面来判断译者处理"形、义、用"关系得当与否。从这个批评过程的反面我们可得出误译判定标准:译文对原文在语用、语义、语形的偏离低于翻译标准的最低极限,即译语在语用、语义、语形三维度的偏离超出译语读者的接受能力,影响交际的正常进行,无法达到对应的交际效果。误译判断参考的标准又有差异,判断语用误译兼顾原语和译语交际价值的实现度;判断语义误译以原语语义信息量为参照系;判断语形误译参照译语的表达规范,兼顾原语的表达形式。根据语形、语义、语用在交际中的作用排列,误译的评判也将语用偏离度放在首位,语义、语形次之。

3. 误译类型体系确立

翻译是双语或多语间的相互转化活动,转的是语言的外壳,传递的是语义信息,实现的是交际价值。转化的过程很复杂,误译也必然相伴而生。翻译活动包括原语理解、思维转化和译语表达三个环节。这三个环节都可能出现偏差或谬误,所以我们以翻译活动的过程为对象,将误译分为动态的理解错误、转化错误和表达错误。翻译活动的直接客体是语言,笔译的结果是静止的语言,误译也是以静态语言存在于译品中,从语言学学理角度划分误译顺理成章,我们将误译分为语形误译、语义误译、语用误译及其下位概念的分类体系。从过程到结果,符合翻译活动的逻辑顺序,两种分类在研究体系中相互呼应、各司其职。

4. 误译发生机制

翻译错误是一个动态复杂的过程,其原因涉及自然世界、社会世界、心理世界、精神世界等诸多领域,每一条语料的错误都具有个性,要从个性中总结出共性的致误规律。抽象、复杂规律的科学论证需要多学科的理论支撑,这里既有语言文化差异造成的,也有认知思维的民族差异导致的,同时,社会文化环境、主流意识形态也会间接作用于误译。其中语言、思维的差异是误译产生的内因,体现在译语上是语义、语形之误,二者既会单独出现,也会同时出现;文化的、社会的、意识形态的差异和影响是误译产生的外因。语言进入交际还会出现语用误差,这是需要着重关注的。多学科溯因体现研究的哲学高度、思维深度和文化宽度。

5. 消误机制建立

确立切实可行的消误机制是研究误译的应用价值所在,研究误译是为了避误,建立可行性消误机制。机制是隐性的,需要根据误译类型体系中的语料分析、总结,将分析中得到的规律抽象化,从而升华为消误机制。消误机制的建立需要结合误译的动态分类,基于全译过程,我们建立译前多个主体避误机制、译中中枢主体主动消误机制、译后间性主体勘误机制和译评边缘主体参考消误机制。译前注重双语能力培养、百科知识积淀、翻译道德修炼;译中结合认知、思维、语言三个层面提出消误策略;译后必须要经过自校、他校、编审批评、同行批评等环节才能最大限度避免误译。

6. 建立误译术语体系

本书构思写作的同时建立误译术语体系,这是误译研究的一个重要任务。术语化有利于概念的记忆和传播。概念的术语化是仔细提炼、深化和升华的过程,并非一蹴而就。误译术语体系的建立有助于误译理论体系的形成,两套体系可相互借势而立。本书围绕的核心概念是误译,其下分出主体概念:语形误译、语义误译、语用误译、译前消误机制、译中消误机制、译后消误机制、译评消误机制、主体主动消误和主体间性消误。主体概念再由若干一般概念论证支撑,形成形、义、用三层九个范畴的误译研究体系。核心概念、主体概念及一般概念术语化之后构成误译术语体系。

(二)研究视角与方法

1.研究视角

发生学方法是一种工作方法,反映和揭示自然界、人类社会和人类思维形式发展、演化的历史阶段、形态和规律的方法。近代发生学方法在17世纪逐渐形成,18—19世纪被日益广泛地应用于自然科学领域,成为探索自然界万物起源、发育、演化的阶段、形态和规律的方法。人文社会科学研究领域同样存在发生学问题。这些问题不仅指人文社会科学作为学科知识体系的发生、发展过程,还包括所研究对象本身的实际发生和演变过程。它们是现代人文社会科学的基础。国内有关发生学方法的研究,始于20世纪80年代。随着瑞士心理学家、哲学家皮亚杰的《发生认识论原理》[①]被译介到中国,发生学方法才逐渐引起人们的关注。

发生学作为一种研究方法与范式,是从自然科学"嫁接"到人文科学的。如果说自然科学发生学研究归功于达尔文的生物进化论,那么,人文科学发生学研究则应该归功于皮亚杰的发生认识论。发生认识论的主要问题是解释新的事物是怎样在知识发展过程中构成的,其前提是,知识是不断构造的结果,在每一次理解中,总有一定程度的发明被包含在内;知识从一个阶段向另一个阶段过渡,总是以一些新结构的形成为标志,而发生认识论的中心问题就是关于新结构的构造机制问题。因此,发生学探究与认识相关的结构生成,不仅研究认识如何发生,也研究认识为何发生。

发生学作为观念与方法和起源学不同,发生学研究人类知识结构的生成,而起源学研究事件在历史中的出现;发生是逻辑推理概念,而起源是历史时间概念。由于起源研究的是事件在历史中出现的源头,因此,起源研究在方法论上具有实证主义倾向,在认识论上具有经验主义倾向。与起源研究的实证主义与经验主义相反,发生学研究通过探究认识的结构生成把握主客体的相互作用及其内在的本质与规律,从而解决了起源研究忽略主体性、只注重事件形式而不注重功能的不足。与起源研究相比,发生学研究具有客观性与历史性。

2.研究方法

误译研究涉及相关概念厘定与辨析、分类体系的建立、误译原因的分析与总结、消误机制的科学论证,所以,本书联合采用多种研究方法,以保证论证的严密性和结论的科学性。

(1)语料数据研制法:借助数据库管理系统和语料库分析工具,从公开

[①] 皮亚杰.发生认识论原理[M].王宪钿,等译,胡世襄,等校.北京:商务印书馆,1985.

出版物中检索典型语料,补充其他领域积累的译病语料,研发俄汉译病平行对比语料库。这是对文献的系统整理和深度加工,又为后续研究提供技术支撑。

(2)理论案例结合法:坚持"采集数据—搜集文献—形成假设—再次搜集—语料核实与整理—分析论证—得出结论"的过程,结合误译现象描写、文化语境分析、学术观点剖析,做到"理有实例,论从理出"。

(3)学科综合法:深入分析语形、语义与语用间的矛盾,比较俄语和汉语在形、义、用三维度的差别。综合语言学、病理学、思维科学、认知科学等相关学科理论,寻找与误译的结合点,采用发生学方法对不合格翻译进行历史性理解和解释。

(4)归纳演绎法:结合俄汉全译误译语料厘定误译的内涵和外延,归纳其规律,将其分类;同时对致误因素进行演绎性解释,两相结合,构建体系。

(5)现象剖析法:根据误译类型,找出错误的特点,从误译的表象入手,深入分析语形、语义、语用间的矛盾,以及双语间形、义、用的误差,从致误规律中研究不同母语者思维认知的差异。

第三节　研究价值与意义

误译研究具有重要的理论价值和实践意义。此项研究是翻译本体的进一步深化,其成果有助于完善翻译批评体系,补充应用翻译理论;对全译实践、翻译教学、机器翻译、译作出版市场的规范化等具有重要的指导意义。

一、理论价值

传统翻译研究对象是全译,翻译批评通常也是在全译语境下进行。误译是翻译批评的客体之一,以其为研究对象,具有如下理论价值:

(1)深化翻译本体研究。自20世纪80年代翻译文化转向以来,翻译与多学科的交叉研究成为热点,翻译本体研究式微,在此时研究俄汉误译,关注翻译活动的微观过程,有回归本体的价值。本书深入研究翻译的主客体关系,从思维、认知角度揭示误译的本质,深化翻译的本体研究。

(2)建立误译研究体系。目前国内外误译研究比较零散,尚未形成规模和系统,本书从多学科视角研究俄汉误译,兼顾宽度和深度,促进误译研究的深化,建立误译研究体系。而且,俄汉全译之误译研究是微观层面的翻译研究,其翻译转换规律可为宏观层面研究提供借鉴,具有译学方法论的意义。

(3)完善翻译批评体系。翻译批评是翻译应用理论的组成部分,已被许多人研究,成果也不少。译作是翻译批评的客体之一,误译是译作的特殊形式,对误译进行深层研究可丰富翻译批评理论,建构更为完善的翻译批评体系,翻译批评研究也会得到新的角度。

(4)补充应用翻译理论。翻译的本体研究包括基本理论和应用理论研究,翻译批评是翻译应用理论的组成部分,误译研究丰富翻译批评理论,也是对应用翻译理论的补充,具有不可忽视的研究意义。

二、实践意义

俄汉误译研究的选题来源于实践,其研究成果也将用于实践,本书对翻译实践、翻译教学、翻译批评、机器翻译等领域具有重要的实践意义。

(1)指导全译实践。翻译是一门艺术,更是一门科学,需要理论的指导。目前全球信息交流日益频繁,误译有时会导致非常严重的后果,误译现象的普遍存在也给译者敲响了警钟。译者系统了解误译的原因,掌握消误方法可提高翻译质量和效率,可指导全译实践。俄汉误译是单向转换机制的研究,有一定的特殊性,但对汉译外有借鉴作用。

(2)提高译评的可操作性。误译研究揭示致误的内在原因,为翻译批评提供一个切实可行的切入点,增加翻译批评视角,其他批评视角也可与误译研究相互补充,相互促进,提高翻译批评的可操作性。误译研究也是对国人"书本权威"观念的冲击,打破读者对译本的绝对信赖,使读者能够逐渐以一种更加辨证的眼光来阅读译本,逐步培养读者的批评思维。全译语境下的俄汉误译研究也可为变译条件下的其他语种的误译批评提供方法论的参考。

(3)提高翻译教学水平。误译研究成果能够从理论和实践两方面指导翻译教学,使翻译教学过程设计更加有章可循,更加科学、规范。教师了解误译的深层原因,有针对地训练学生的翻译能力,可提高教学效果;同时还能够指导翻译教材的编写,丰富教材编写语料,促进外语学科教学建设。误译研究成果还可用于汉译作品的欣赏,提高学生的欣赏水平。

(4)规范译作出版市场。目前市场上译作质量良莠不齐,这与误译研究不深入、缺乏误译评判标准、译作出版部门质量把关不严有很大关系。误译研究成果有助于出版部门制定译作质量检验标准,为编校提供指导,规范译作出版市场。

三、创新之处

本书的科学创新性体现在以下四个方面：

(1)学科补充。系统性研究俄汉笔译之误,构建误译研究方法体系,形成误译术语体系。该研究基于真实的描写与分析,通过"现象→原因→求解",可深化对误译规律的认识,可完善翻译批评理论,补充应用翻译理论。

(2)体系创新。从概念厘定与辨析入手,尝试给误译一个全新的概念,揭示其内涵;全面考查误译的类型和范围,厘定其外延。根据全译标准确立误译评判标准,从形、义、用角度建立误译九个范畴的三层结构,形成误译分类新体系。微观上从思维、认知、心理等角度揭示误译发生的内因,宏观上探索导致误译发生的外部原因,并首次尝试归纳消误机制,建立误译研究体系。

(3)概念创新。深入剖析致误因素,微观上从思维、认知等深层次揭示误译产生的内因,宏观上力求扩大学术研究视野,探索误译产生的外因。根据误译的内因、外因,基于全译过程建立译前多个主体避误机制、译中中枢主体主动消误机制、译后间性主体勘误机制。

(4)方法新创。建立小型误译语料库,从语料库角度定性定量结合研究误译现象,总结归纳误译类型,逐渐形成自己的分类体系,同时结合已有理论,自下而上的归纳法与自上而下的演绎法相结合,全面认识误译的内在规律。

第一章　误译及其评判标准

　　翻译可分为全译和变译两大范畴,全译亦称"全文翻译",即整段整句地将全文译完。以往翻译理论家提出的等值论、等效论等理论,都是从语篇的全译出发的。① 变译是指译者根据特定条件下特定读者的特殊要求,采用增、减、编、述、缩、并、改、仿等变通手段摄取原作有关内容的翻译活动。② 无论是全译还是变译,都可能出现误译现象,研究误译首先应明确研究对象,全译条件下的误译与变译背景下的误译判断标准不同。全译力求译语与原文在语形、语义、语用上极似的最高标准,原文是译文的评判根本依托,译语表达规范是参考。变译则求特效——针对读者求得最佳效果。本书的研究对象是以文字形式将俄语全译为汉语时出现的错误,已形成文字的误译是静态的,语料收集和判断更加直观,易于分类和深入研究。本章将明确研究的核心概念,厘清误译的内涵和外延,尝试确立误译评判标准,并辨析相关概念。

第一节　误译的内涵③

　　"误译"如同"翻译"一样,兼作名词和动词,既可指行为本身,也可指行为的结果。如果要定一个词代表二者,最好取动词义,因为有了误译的行为,必然产生误译的结果。所以本书的研究对象是动词组"误译"。目前国内外对"误译"的定义多是描写性、随想式的,缺乏科学性;或是流于空泛,没有抓手;或只关注片面,失之偏颇;或是忽略翻译背景。

---

①　方梦之.中国译学大辞典[Z].上海:上海外语教育出版社,2011:122.
②　黄忠廉.变译理论[M].北京:中国对外翻译出版公司,2001:96.
③　顾俊玲.释误译[J].杭州师范学院学报,2014(2):91-95.

一、已有的"误译"定义

(一)国外学者定义"误译"

《牛津英语词典》将"误译"定义为"不正确的翻译"。将"误译"和"差译"都归结在 mistranslation 的范畴内。德国译论对"翻译错误"(translation errors)作了较多的探讨,但各家对其定义和分类并不一致。俄罗斯维基百科网对"误译"的定义是:对象/现象与标准不相符,对象/现象与已被人接受的"第一个同类"(先入为主的意识)不相符。什维策尔认为翻译学中的"误译"是译文偏离或违背原文内容;舒尔加在观察所有的有缺陷、错误、粗糙的译文后,将"误译"定义为从一种语言向另一种语言传译时译者无理由的偏离/违背等值要求导致译文与原文内容不符。[①] 舍夫宁将"误译"作为翻译学的一个独立研究方向,他认为语际活动中有结构干扰的地方,误译是由俄英两种语言组织结构的不对应导致的。[②] 雅科夫列夫(А. А. Яковлев)尝试在原语、译语文本词汇、语法不对应的基础上建立翻译学错误理论。[③]

《新牛津英汉双解大词典》将"误译"定义为"错译"(translate sth. incorrectly)。威尔斯(Wilss)从外语学习的角度讨论翻译问题,他给"翻译错误"的定义是"在语言接触情景中对规范的违背"。凯瑟林娜-赖斯(Kupsch-Losereit)指出,"翻译错误"指的是"违背翻译的功能、语篇的连贯、语篇类型或形式、语言规约、特定文化/情景的规约和语言系统"[④]。诺德从功能翻译的角度,将"翻译错误"界定为"没有执行翻译要求中暗含的指令,以及对翻译中遇到的问题解决得不好"[⑤]。别洛鲁切夫认为"误译"是翻译策略不适用于原文,科米萨罗夫认为"误译"是以伪造的信息误导/作用于读者。[⑥]

(二)国内学者定义"误译"

《译学大辞典》对"误译"(mistranslation)词条的解释是:对原著错误

---

① 参阅网址 http://www.alba-translating.ru/index.php/ru/articles/2010/shulga.html.
② Шевнин А. Б. Эрратология и межъязыковая коммуникация. Вестник ВГУ. Серия Лингвистика и межкультурная коммуникация. 2004. № 2: 36-44.
③ Яковлев А. А. Эрратология и перевод. Альманах современной науки и образования. Тамбов: Грамота, 2010. № 4(35): 211-212.
④ 方梦之.译学辞典[Z].上海:上海教育出版社,2004:348.
⑤ 方梦之.中国译学大辞典[Z].上海:上海外语教育出版社,2011:18.
⑥ Максютина О. В. Переводческая ошибка в методике обучения переводу [J]. Вестник ТГПУ. 2010. Выпуск 1(91): 49-52.

的翻译,在思想意义上或在内容上背离了原文。误译通常是由理解或表达不当造成的。误译不可取,但又是不可避免的。① 目的论对"翻译失误"(translation error)的定义是:如果翻译的目的是实现某种服务于译文预期读者的功能,那么任何妨碍实现该翻译目的的翻译方法(或结果)就是翻译失误。鲁伟、李德凤指出,误译就是译者的谎言,尽量避免误译是诚实而严谨的译者不断的追求;广义的误译是指接受语交际者未按关联原则进行适当的翻译策略选取,从而造成交际失败。而人们使用"误译"或mistranslation术语,大都从狭义上将之界定为语言转换错误造成的交际失败。② 王玲认为"误译"与"错译"不同,前者往往是直译原文,导致语用不对等或语用缺失,而后者是语义和语用方面都无法与原文对等。③

谢天振在《译介学概论》中指出,误译"即是错译"④。功能翻译理论认为"翻译的目的是要使译文在目标读者中实现特定的功能,所有妨碍实现这一目的的成分都是翻译误差"⑤。谢葆辉、蔡芳认为"误译"主要指由于译者未能解决跨语言的关联语境矛盾,采用不恰当的语境关联,使原语与译语语言逻辑性差异放大,释意相似性变小,妨碍译入语读者对原文的理解。⑥ 刘雅峰从"生态翻译学"(胡庚申语)的高度,以"翻译适应选择论"(胡庚申语)为视角,将误译定义为:在翻译过程中译者未能在多维度适应"翻译生态环境"(胡庚申语)的情况下选择而产生"整合适应选择度"(胡庚申语)低的译品。换句话说,误译就是在翻译过程中译者适应与译者选择出现了偏差的结果。⑦

(三)简评已有的定义

综上所述,国内外学者对误译的关注早已有之。根据人类思维的规律,逻辑推理的步骤通常是:观察的现象是什么?如何出现这种现象?为什么出现此种现象?即确定研究客体之后what、how、why三个层次的思考,定义就是对what的回答。学者们从不同的研究角度和研究目的给"误译"定义,阐释了"误译"的内涵,各有特色,却也存在不足。笔者拙见有三:其一,所有定义没有交代是全译语境还是变译语境。这里的语境是翻译活

---

① 方梦之.中国译学大辞典[Z].上海:上海外语教育出版社,2011:6.
② 鲁伟,李德凤.误译的概念界定[J].广译,2012(6):113-127.
③ 王玲.翻译错误分析的体系化解读[J].牡丹江师范学院学报(哲社版),2012(2):74-75.
④ 谢天振.译介学概论[M].北京:商务印书馆,2020:120.
⑤ 转引自张美芳.译有所为:功能翻译理论阐释[M].北京:外语教学与研究出版社,2005:86.
⑥ 谢葆辉,蔡芳.从关联角度看误译[J].外语与外语教学,2008(5):57-60.
⑦ 刘雅峰.译者的适应与选择:外宣翻译过程研究[M].北京:人民出版社,2010:156.

动的类型,是一种泛语境,与关秀娟所定义的"翻译语境是翻译理解、转化和表达过程中译者头脑里呈现的原语和译语语言内外所涉及因素的总和,分为全译语境和变译语境"①不同。本书所指的全译语境和变译语境其实质是全译活动和变译活动,这对概念是黄忠廉依据翻译的转换或/和变通行为以及原作所保持的完整程度对翻译类型的二分法。全译是对原作的整体翻译,黄忠廉给"全译"下的定义是"人或机器将甲语文化信息转换成乙语并求得二者极似的思维活动和语际活动";"变译"是"译者根据特定条件下特定读者的特殊需求,采用增、减、编、述、缩、并、改、仿等变通手段摄取原作有关内容的翻译活动"②。两种语境条件下"误译"的判断标准差异悬殊,不可混为一谈。其二,有的概念涵盖面不全。定义是对研究对象的本质属性确切而简要的说明,通常是表达完整的简单判断,上述所列的定义并没有哪个能涵盖"误译"的全部属性。其三,有的断言失之偏颇。仅就某个领域或根据某种理论确定"误译"的内涵,不是客观、科学的定义。随着人们对误译现象认识的深入及相关学科的发展,我们认为有必要澄清误译的概念,以深入推进误译研究。我们拟从翻译的本体出发,尝试运用莫斯科语义学派义素分析法,在全译语境下给"误译"一个科学、全面的定义。

二、"误译"新释

采用义素分析法下定义通常科学而全面,经典义素分析的主要对象常常不是抽象语词,而是具体名词。它通过纵向与上下位词和横向与同位词的比较,确定具体名词属、种义素,以给出词典定义。这种分析方法对隶属于义素分析整齐对立词汇语义场(如亲属、颜色、军阶等)的名词比较有效,但对抽象词汇单位,则显得力不从心。③ 莫斯科语义学派义素分析的对象是抽象语词(谓词),将行为的主体、客体、工具、手段、时间、地点以及这些因素的属性等意义组合分析。我们采用莫斯科语义学派义素分析法分析兼有动词义和名词义的"误译",其义素包括主体、客体、受体、行为、结果。④ 误译也是一种翻译活动,它是翻译的特殊形式,所包含的义素与翻译一样,主要差别在于行为的主体、过程和结果。

(一)误译的主体

主体是指有认识和实践能力的人,包括个体、群体、人类整体三个层

---

① 关秀娟.全译语境作用机制论[D].哈尔滨:黑龙江大学,2012:14.
② 黄忠廉,白文昌.俄汉双向全译实践教程[M].哈尔滨:黑龙江大学出版社,2010:4-14.
③ 张家骅.俄罗斯语义学[M].北京:中国社会科学出版社,2011:77.
④ 此五个概念的释义都取自《现代汉语词典》第6版。

次,具有自然性、社会性、能动性等属性。在翻译活动中,译者是主体,具有主导性、可变性和能动性的特点。随着高科技的发展,智能机器也在进步,翻译主体已经不局限于人,也包括机器。

讨论翻译的主体通常有广义与狭义之分,广义上讲原作者、译者以及读者都是翻译主体。原作者是原作的创作主体;译者既是原作的阅读、阐释主体,又是译作的创作主体;读者则是译作的接受主体和阅读主体。但是译者在整个翻译过程中居于中心位置,是翻译链条中最关键一环,相对于原作者和读者,译者起着最重要的作用,因此,狭义的主体指译者。在翻译的实际操作过程中,译者的主体性表现在对原文的全面掌控、基于不同文化背景下的思维和逻辑进行的转换、最后到译语表达,此三环节皆有可能出现误译,因此可以说误译是主体无意(由于多种客观或主观原因)而创造出的特殊翻译形式,每一个误译都具有鲜明的个性特征,而少有群体性特点。机器误译则是有某种共性特点,因为机器是显性主体,它的思维转化的中枢是特定的翻译程序,程序编写者是误译的隐性主体。

译者能够从幕后走到台前成为主体得益于解构主义翻译观,解构主义者消解了作者在文学活动中的中心地位,指出译者和作者一样是创作的主体。他们宣称"作者死了",否定作者主宰文本意义,强调意义是读者与文本接触时的产物。[①] 作为翻译活动的主体,译者首先是第一读者,由于主观、客观等方面的原因忽视或无视文本的时空、文化背景,只是从自己的文化背景出发,从自己的时空和视角去解读原文本,这必然是一种变形的阅读,即误读。经过译者误读的文本被转化成另一种语言的文本也必然是一种误译。[②] 可见"误译"的直接创造者是独立个体的译者,我们定义"误译"时关照的主体就是这些直接译者,即人和机器。

(二)误译的客体

哲学上的客体指主体以外的客观事物,是主体认识和实践的对象,具有客观性、对象性、历史性、系统性等属性。翻译活动中的客体就是主体认识和实践的对象,误译是翻译的特殊形式,它的客体也等同于翻译的客体。我们翻译时,理解和表达均要受制于原文文本的结构规则和使用规则,将在原文文本基础上理解了的信息,转化为符合规范和要求的译文文本,否则就是误译。要避免和减少误译,译者理解的对象不仅是文字及其客观意义,也包括作者的心理个性,即通过文本的语言来探究作者创作此文本时

---

① 郭建中.当代美国翻译理论[M].武汉:湖北教育出版社,2000:179.
② 朱伊革.林纾与庞德误读和误译的解构主义理据[J].上海师范大学学报,2007(6):126.

的精神状态和思想活动,与作者的创作产生共鸣,因此翻译活动中就产生两个客体:原文文本是直接客体,原文作者是间接客体,这是翻译客体区别于一般客体的重要一点。原文文本是译者工作的直接对象,其意义是通过译者的理解和解释来再现的,译者要按照它的语法规则、字面含义和语义演变,传达作品语言的表层意义,还要考虑文本的历史性,译者总是按照自己的方式理解自己理解中的文学作品,不可能完全超越时间和空间的距离、自身的历史性以及自己的前理解,这在一定程度上证明误译存在的必然性。

(三)误译的受体

受体又可称为受众,是各种文化信息、艺术作品的接受者,包括读者、听众和观众等。翻译与误译的接受者都是听众或读者,他们作为受众,无法选择信息的质量,正译和误译都是以信息形式被接受,只是造成的交际结果不同。受众是译语传达阶段译者注意力的焦点,译者应着重考虑如何用受众能够自然接受的语言,传递原作者所说的东西。要做到这一点,译者需要艺术家的灵感和良知,也需要工匠的技巧和汗水,否则他的语言选择很难满足译文读者的审美期待和接受能力。译者如不能解决跨语言的关联语境矛盾,导致原语与译语语言差异放大,相似性变小,妨碍受众对原文的理解,就导致误译。误译对受体的影响无法量化,或大或小,或可逆,或不可逆。

(四)误译的行为

行为是受思想支配而表现在外的活动。误译同翻译一样包括三个环节:理解、转化和表达。在理解阶段,译者要分析原文的言内因素和言外因素,前者包括对言内意义、指称意义、语用意义的理解;后者包括文化因素和非文化因素对指称意义、语用意义、言内意义的影响。这个过程里,内容和形式都要考虑。通常也是导致"误"的核心阶段,理解错误自然会在转化和表达中外化出来。转化过程即在"大脑黑箱"中将一种语言解码后再编码为另一语言。表达阶段,就是译者把在理解转化过程中得到的深层结构转换成目的语的表层结构。译者对原语解码时,与原语作者时空、文化、思维、认知的差异,必然会有一定的误读或信息遗漏,同时也会带有译者自己的创造和补充,即译者自身的语言表达习惯、文化信仰、审美心理和价值观等,于是翻译文本便会出现不同程度的误读和误译。

(五)误译的结果

结果是指在一定阶段,事物发展所达到的最后状态。误译的结果是原文作者和译文读者之间跨文化交际的失败,原文作者的交际意图与译文读者的认知方式无法和谐进行。误译的结果可表现在两个方面:译语对原语内容的偏离;译语对汉语规范的偏离。前者是内容之误,后者是形式之误。内容之误不利于主体文化和客体文化全面、准确地互相了解,不利于文化信息的准确传播,但在特定条件下(在变译中)也能发挥一些积极作用,加快客体文化融入主体文化的步伐,促进客体文化和主体文化的交流和融合。例如林纾在翻译《巴黎茶花女遗事》时,刻意将原作中一些不能为当时的读者所接受的情爱描写删去或修改,这种行为在全译领域里已构成误译,但是有利于当时的欧美文化在中国的传播。形式之误通常表现为恶性欧化、"洋八股"等。能为读者接受的良性欧化在一定程度上可丰富汉语的表达方式,而"洋八股"这样的恶性欧化则是对汉语的污染。

上面分析的五个义素的核心思想如表1所示:

表1 "误译"的义素分析

义素	分析
主体	人或机器
客体	两种语符承载的文化信息
受众	译语的接受者
行为	对客体的理解、转化和表达三阶段时出现问题,即语码在大脑中解码和再编码的过程中出现偏离、遗漏或歪曲
结果	导致译语与原语信息量不等,受众的交际效果受损

由此,我们可以得出"误译"的定义:人或机器在将甲语转化为乙语的过程中偏离、遗漏或歪曲甲语文化信息,导致译语与原语信息量不等,译语受众无法获得与原语受众极似的交际效果的活动。

第二节 误译的外延

明确误译的内涵之后,还需圈定其外延,厘清误译与相关概念的细微差别,辨别全译语境中的佳译、正译、死译、恶性欧化、误译和变译语境中的译介学、有意误译、创造性叛逆、改写等概念,这是整个研究的基础。

一、误译类型考

人类学家的研究发现"人类认识世界始于分类,分类是做研究的前提"。在对已有文献的梳理中发现,许多学者对误译现象进行不同的分类。分类是错误识别和错误描写的基础,为了条理性,我们大致将所有分类再做国内和国外之分,宏观和微观之别。

(一)误译已有分类考查

1. 国内对误译的分类

(1)宏观分类。1990年段连城就撰文《呼吁:请译界同仁都来关心对外宣传》,将对外宣传翻译的质量问题分为"甲型病状"(主要表现为"白字"连篇,语法错误和用词不当)和"乙型病状"(主要表现为拼写、语法无错,但外国读者感到难懂甚至不懂)。① 杨仕章等将误译分为语言误译和文化误译,并进一步条分缕析。② 谢天振把误译分为"有意误译"和"无意误译"。"无意的误译"是指非译者主观意愿而犯的错误;"有意的误译"译者针对读者的接受能力或者某些特定需求(如政治需求)所作的变通,使用的翻译策略是"归化"。③ 刘雅峰接受功能翻译理论对误译的分类,将外宣误译细分为语言外宣翻译失误、语用外宣翻译失误、文化外宣翻译失误和语篇类型外宣翻译失误。④ 吴国权的《误译现象的多角度剖析》从翻译标准角度入手,将误译分为"语言功底薄弱造成的误译"和"和文学作品中的创造性误译"两种。⑤ 顾俊玲将牌匾公示语误译类型分为语形误译、语义误译和语用误译。⑥

(2)微观分类。罗进德在《谈谈误译的文化背景》一文中认为,死译跟原文缺乏变通调整(直译异化)和强调顺畅而过分向译语文化靠拢(意译归化)是文化误译的两种倾向。⑦ 吴家荣将文化误译划分为无意识文化误译和有意识文化误译。无意识型误译是指"因为译者知识、水平等的欠缺,对原文的语言内涵或文化背景缺少足够的了解与把握,将有的内容译错"。有意识型误译是指"译者为了某种目的或适应一定的需要,包括读者接受的需要、文化判断与表达的需要等故意对原文的语言内涵、表达方式等作清醒、理智的选择、增删、改换形式等"。⑧ 张婷婷进一步将无意误译分为

---

① 段连成.呼吁:请译界同仁都来关心对外宣传[J].中国翻译,1990(5):2-10.
② 杨仕章,孙岚,牛丽红.俄汉误译举要[M].北京:国防工业出版社,2008:Ⅲ.
③ 谢天振.翻译研究新视野[M].青岛:青岛出版社,2002:99.
④ 刘雅峰.译者的适应与选择:外宣翻译过程研究[M].北京:人民出版社,2010:156.
⑤ 吴国权.误译现象的多角度剖析[J].郑州牧业工程高等专科学校学报,2006(1):68-70.
⑥ 顾俊玲.牌匾公示语误译溯因[J].中国俄语教学,2013(1):54-57.
⑦ 罗进德.谈谈误译的文化背景[C]//郭建中.文化与翻译.北京:中国对外翻译出版公司,2000:159-165.
⑧ 吴家荣.比较文学新编[M].合肥:安徽教育出版社,2004:149.

技术性质的误译和文化误读导致的误译,技术性质的误译与译者语言能力有关,文化误读与译者文化能力有关。毛小丽将误译类型分为:译者对于语境把握不足造成的误译,选词不当而造成的表达错误,没有正确理解原文的句子结构造成的误译,误解词汇意思而导致的误译,形态错误以及指代不明或者句子结构紊乱之类的错误。① 作者最后将以上类型综合为理解错误和表达错误。

2.国外对误译的分类

(1)宏观分类。诺德从功能翻译的角度将翻译错误分为四类:①语用翻译错误:译者在解决具体的翻译问题时使用的策略不好所致,这类错误一般不难解决,只要具备一些翻译常识就可以了。②文化翻译错误:译者未能较好地传达或调整某种文化中特有的规范。③语言翻译错误:由于译者的双语言能力欠佳,对语言结构处理不当。④语篇类型翻译错误:指对与具体的语篇类型有关的问题解决不当。纽马克认为误译可分为两种类型:语言误译与相关误译。语言误译大多是由于译者的语言素质欠佳而造成的,错误不是出在语法方面就是词汇方面,包括词的搭配和成语的使用。相关误译是指译文没能正确地再现原文中的事实、观点等。这种误译不是出于译者缺乏知识或者悟性,就是"照搬"了作者的谬误之处。② 谢利万诺夫划分出普通(通用)错误学、专业错误学和特殊错误学,普通错误学应确定错误的定义、分类,揭示其内部机制,产生的共性原因,预见及修正错误,为不同错误负责任的程度;专业错误学包括语言学错误、语言教学错误、翻译错误等;特殊错误学包括翻译学框架内的接受错误和表达错误。③ 察图罗夫和卡希林划分出以下错误类型:功能—内容错误、功能—标准错误、文化逻辑错误。④ 舍夫宁将所有误译分为理解误和表达误。⑤

(2)微观分类。加尔博夫斯基将误译类型分为:未理解原文导致的错误,简单概念、复杂概念、判断理解的错误,语境理解错误,再表达层面错误,以及修辞错误。他认为致误的原因是原作理解不足,译者认知经验不足,对原作描写语境知识不足,对待原作意义系统态度不认真,未能领会作

---

① 毛小丽.翻译中的误译类型及其解释——《爱玛》翻译对比研究[J].郑州航空工业管理学院学报(社会科学版),2009(5):85-87.

② 转引自文军.科学翻译批评导论[M].北京:中国对外翻译出版公司,2005:158.

③ Селиванов Ф. А. Поиск ошибочного и правильного. Тюмень: издат-во Тюменск.ун-та,2003:198.

④ Цатурова И. А., Каширина Н. А. Переводческий анализ текста. СПб.: Перспектива, Изд-во "Союз".2008:296.

⑤ Шевнин А. Б. Эрратология. Екатеринбург: УрГИ. 2004:216.

者所言,不善区分原作者作品的语言风格等。苏联翻译理论家明雅尔-别洛鲁切夫利用不对应理论区分了不同类型的翻译错误:翻译中的错误分为意义丢失和意义增加。根据错误的程度不同,具体有以下几种:一级错误,即最严重的错误,指增加关键信息;二级错误,指丢失关键信息;三级错误,丢失或增加附加信息或确切信息;最后是修辞错误,指丢失或增加重复信息或零信息。① 科米萨罗夫的误译分类是:对原语内容的误解;未能准确传达原语的思想,但是没有完全误解原语;没有破坏原语思想的完整性,但是译文质量低,偏离修辞标准;没有影响译文的对等性,但是未能完全掌握译语,或不善于克服原语的影响。②

(二)误译分类体系

鉴于已有分类体系的不足,我们从翻译活动本体出发,结合其母源学科——语言学理论,重新给误译分类,尝试推进误译研究的深入。

1. 动态分类

"动态"是指运动变化状态的或从运动变化状态考察的。我们对误译进行动态分类,就是从运动变化的状态考察的,考察对象是翻译过程(translating)。

现代科学发现,正确与错误是共生的。翻译是双语或多语间的相互转化活动,转的是语言外壳,传递的是语义信息,实现的是交际价值。这个语言活动的过程更加复杂,误译也必然相伴而生。翻译活动包括原语理解、思维转化和译语表达三个环节,这三个环节都可能出现偏差或谬误。所以我们从翻译活动本体出发将误译分为动态的理解错误、转化错误和表达错误。进一步仍然可以细分,理解错误分为语词理解误、句子理解误、语篇理解误,转化错误分为语言单位转化误、文化信息转化误,表达错误分为恶性欧化、词不达意、漏译、音律不足等。

(1)动态分类的理据。作为错误分析研究的一个必要前提条件,科德(Corder)1967年首先对错误作出了认识性错误和疏忽性错误的区分。1971年,他又把错误分为语言能力错误和语言使用错误两大类,并且在语言能力错误中再分出语内错误和语际错误两类,从而建立起错误分析的基本理论框架。理查德(Richards)在接受语内错误和语际错误的同时,在同一年提出发展性错误的分类。作为对理查德分类的补充和他自己原先对错误两分法的扩展,科德1973年对信息传递过程的形式产生兴趣,把错误

---

① 杨仕章,郑敏宇.《翻译的理论与方法》述评[J].外国语,2000(3):76.
② Комисаров В. Н. Современное переводоведение. М.: ЭТС. 2001:424.

分为表达性错误与接收性错误。他作出这一补充的理由是,在同等的语言知识能力的条件下,涉及语言使用的表达性错误是外显的,因而容易被发现。①

由此可见,分类作为错误分析研究的前提不断被推进、细化、深化,从静态到动态过渡,从感性到理性的提升过程。翻译活动本身分为原语理解、思维转化、译语表达三个阶段,每个阶段都可能出现错误,因此我们将动态的翻译错误分为理解错误、转化错误和表达错误。

(2)动态分类的优点。理解错误、转化错误、表达错误是对翻译活动本身进行的动态分类,使我们以发展变化观对待误译,有多少个译者就会有多少个译本,误译也具有动态性和个体性的特点,我们无法穷尽研究所有的误译现象,我们描述的误译只是具有典型性和普遍性的,得出的结论也只是阶段性。这种开放的、动态的分类给误译研究留下许多可能性,随着相关学科的发展和人类认识能力的提高,还会出现更加科学的、严谨的分类。理解错误、转化错误和表达错误是对翻译活动本身进行的动态分类,它是一个开放系统,有广泛的包容力,我们可以将翻译活动的任何错误纳入其中,以发展变化观对待误译,观察人类语言使用过程的习非成是与习焉不察的现象。

2. 静态分类

"静态"有两个义项:相对静止状态;从静态来考察研究。我们取第二个义项,考查翻译活动的结果(translation)。这种分类针对笔译,研究静止状态的译品。

翻译活动的直接客体是语言,笔译的结果是静止的语言,误译也是以静态语言存在于译品中。语言学是翻译学的母源学科,从语言学学理角度划分误译顺理成章,所以我们将误译分为语形误译、语义误译、语用误译。进一步细分,语形误译可划分为语音误译、语法误译、语篇结构误译;语义误译分为词义误译、词组误译、句义误译、句群义误译;语用误译包括修辞误译、语境误译、文化误译等。

(1)静态分类的理据。语言是一种符号,20世纪上半叶,美国哲学家莫里斯第一次把符号学划分为语形学、语义学和语用学三个组成部分,从不同的层面分析和解释了符号的能指或所指。此后许多翻译理论家开始使用符号学理论中的相关概念来研究翻译,科米萨罗夫前期的论著中也有涉及,他认为,符号学的概念对建构翻译学的理论基础具有重大意义。语

---

① 转引自蔡龙权、戴炜栋. 错误分类的整合[J]. 外语界,2001(4):52-58.

言是最重要、最复杂的符号系统,借助于该系统,符号的其他类型才得以显现和阐释。① 翻译虽然是两种语言转换的艺术,但直到 20 世纪下半叶,语言学才和翻译结合起来,主要原因是翻译活动量的猛增和语言学自身的发展。研究者们发现,翻译和语言学这两个领域具有互补作用:翻译作品是两种语言信息的宝贵来源,而在翻译活动中,进行的是两种语言间话语和文本等价交际的语言学实验。另外,建立各种机器翻译体系的尝试也推动了翻译的语言学理论的发展。

所以我们研究误译也应从语言学出发,由表及里探寻致误原因,发掘误译规律,这种方法符合科研的一般规律。两种语言的差异、语言内容和形式的矛盾是误译存在的哲学基础,从语言学角度划分误译类型更能突出误译的本质。

(2)静态分类的优点。首先,涵盖全面。从语言学角度划分误译类型能够覆盖整个人类的语言活动,既包括表层,也兼顾中层和深层。这种分类法囊括学者们的所有分类成果:语言误译和文化误译,技术性质的误译和文化误读导致的误译,等等。

其次,种属一致。语言符号的表层是语言形式,深层是语义和语用,语形、语义、语用,是"语言"这个属概念的同位种概念。相应地,语形误译、语义误译、语用误译是"误译"的下位概念。

最后,可粗可细。语形误译、语义误译、语用误译是一级分类的三分法,其中每一类还可进行二级分类。例如,语用误译可分为语境误译、修辞误译等,二级分类基本涵盖所有的误译类型。根据研究需要,还可以进行三级分类,例如,语境误译可以分为上下文语境误译、历史语境误译等。这种分类方法充分体现了全面性和系统性。

从过程到结果的分类方法,符合翻译活动的逻辑顺序。两种分类在研究体系中相互呼应,各司其职,我们可以根据研究的需要任意采用。在对误译进行静态描述,划分类型体系时,可用静态分类;而建立消误机制时,则可结合误译的动态分类分别深入研究。两相结合构建误译研究体系。

二、误译与相关概念辨析

(一)误译与言语语言病理学
1. 何为言语语言病

---

① Комиссаров В. Н. Лингвистика перевода. М.:Международные отношения, 1980:216 - 218.

自语言产生以来,就存在言语语言问题。医学是最早关注言语语言问题的领域,这在古代的文献中已有记载。我国古代医学书籍就记载了一些语言问题及其治疗方法,特别是有关聋哑的问题。言语语言病一般包括语言障碍、言语障碍和交流障碍。

1977年,美国言语语言听力学会为语言障碍下了一个定义:"个体在语言系统的知识上未能与预期的常模相称的情形。特别是一个儿童在语言的运用技巧上有缺陷、未能达到同龄儿童的预期水平时,就称其语言上有缺陷。"简言之,就是这类个体所表现出的语言能力较其生理年龄的发展要迟缓,与其年龄不相称,往往会在词汇、语句、语法的理解和运用等方面存在明显的错误。比如曲解某些词汇的含义、生搬硬造、语句中词的排列顺序错误、前后颠倒,以及时态使用错误等。

"言语障碍"又称"说话障碍""说话异常"。言语障碍是指个体的言语过分异常,引起交际对方的注意,出现厌烦等情绪,甚至所说的话完全不为听话人理解。这种异常不但妨碍说话人与听话者之间的交流沟通,而且会造成说话人的不适应。简单地讲,言语障碍指的是个体的口语产生及运用出现了异常,包括声音的发出、语音的形成以及正常的语流节律等。言语障碍包括以下几种:构音障碍、嗓音障碍、语流障碍。[1]

"交流障碍"也称"沟通障碍"。根据美国言语语言听力学会的定义,交流障碍是指个体的构音、语言、声音或说话流畅性方面的缺陷。另外一些研究者从不同的角度对交流障碍进行了分类,如柯蒂斯(Curtis)将交流障碍分为语言障碍、说话异常和听觉障碍三种,范哈图姆(Van Hattum)认为交流障碍可分为接受性障碍(其中包括听觉丧失和听觉损伤、进行性听觉障碍)和表达性障碍(包括言语和语言两方面,言语又包括构音、声音和音韵,语言包括语音、语形、语法和语义)。[2]

由上可知,言语语言病是言语语言病理学研究的对象,是医学意义的语言障碍。言语语言病理学是一门跨医学、神经科学、人体解剖学、认知科学、听力学、语言学、教育学、心理学等多学科领域的综合性学科。该学科的任务主要有:对不同年龄儿童可能出现的言语语言异常及障碍进行分析、描述;对儿童的言语语言问题进行评估;采取有效措施进行言语语言问题的矫正与治疗,并提供必要的训练。

---

[1] 昝飞,马红英.言语语言病理学[M].上海:华东师范大学出版社,2005:65.
[2] 转引自林宝贵.语言障碍与矫治[M].台北:台湾五南图书出版公司,1995:12-14.

2. 误译与言语语言病的区别

语言是人们用以交流思想的工具，一个说法如果不能准确地、妥帖地把要说的意思表达出来，对于交流思想有所妨碍，我们就说这个说法有语病。翻译是两种语言的信息转换，是语际活动。误译显然也是语病的一种，只是它是更为复杂的"病"，导致这个"病"的原因很复杂，涉及语言学、思维学、心理学、社会学、认知科学等。但是误译与言语语言病的不同之处在于，它是非医学意义的、非病理性的一种语言失误，更多涉及的是知识能力的不足，我们对误译的研究是从学理的角度出发，而非生物学意义的病理。此外，需要强调的是，我们研究的误译有别于不负责任的滥译、胡译。当然，误解也就不同于故意曲解，胡编乱造。译者出现误解时，往往不是故意所为，而是无意识的，是囿于知识水平有限和背景知识不足。

(二) 相关概念种种

1. 欠额翻译与超额翻译

"欠额翻译"与"超额翻译"是纽马克采用的术语。在译语中，原语信息被译者忽视或打了折扣，即信息度过小，以致读者得不到原文所表达的必要信息被视为"欠额翻译"。"超额翻译"则是译语的信息容量超过原语的容量，即译语的信息度过大，一般为增译不当或添油加醋、借题发挥而致。"欠额"与"超额"都是相对于原语在信息量上的缺陷。纽马克在界定语义翻译和交际翻译时认为，交际翻译倾向于流畅、清晰、简单、直接的表述，可以说是一种欠额翻译；而语义翻译倾向于复杂细致的表述，常常造成译文不畅，甚至晦涩，因其侧重于思维过程的再现，而非传递原作者的意图，往往造成超额翻译。[1]

可见，欠额翻译与超额翻译跟翻译方法有关。欠额翻译与超额翻译虽然算不上"合格"翻译或者"好"的翻译，但能否达到"误译"的程度还要看译文语用价值的缺失度是否完全偏离原文相应的语用价值，如果"偏离"导致交际失败，则可判定为误译。

2. 翻译体、翻译腔与翻译症[2]

翻译体与本民族文学的"创作体"相对，可以泛指一切外来的翻译文学作品在文体上的总称。翻译体具有一些共同的文体学上的基本特征。例如，作品所表现出的异国情调和异国风味、社会习俗和价值与信念系统的

---

[1] Newmark P. Approaches to Translation[M]. London：Prentice Hall International Ltd，1981/1988：560 - 570.

[2] 方梦之. 中国译学大辞典[Z]. 上海：上海外语教育出版社，2011：168.

不同、外来语言特征,包括一定程度的欧化句法和篇章构成等。翻译体一定程度上能丰富母语的表达方式,带给读者清新的异域风情。翻译体作为新的文化载体利于异域文化传播,属于良性欧化范畴。

翻译腔则有不同的表现形式:一是平庸的译文。平庸的译文虽没有错,但是不鲜活,没有文采,没有趣味,不生动,不吸引人,究其原因和表现,多因译者双语水平的平庸,翻译语言的夹生状所致,因此略等于"欠额翻译"。二是不自然的语言。不自然的语言并非不符合语言规范,甚至是过于符合语言规范而显得没有瑕疵,没有个性,没有活力,没有神采。一个主要的原因是译文缺乏方言和地道的口语表达方式,而一味地规范化。当然,也有译文各种语言混杂不精的非理想状态。三是过度翻译,即不顾原文的文体特征,乱加文辞以显高雅,喜欢把译文弄得文绉、花哨。另外,古典语言和书面语的不当使用,四字成语和典型的汉语常用句法的套用和滥用,也能形成翻译腔。

翻译症通常是由于译者语言文字能力差而产生,主要特征为文笔拙劣;或者是由于译者过度受原文语言表达方式的影响和束缚,产生的译文不符合译语言规范,主要特征是译语生硬、晦涩、难懂、费解,甚至不知所云。这些"症状"主要见于笔译。笔译要求严谨准确,字斟句酌,有人因此在译文的用词、比喻、结构等方面力求与原文一致,结果反而导致翻译症。如果说译文的翻译体略见清新,翻译腔显得平庸,翻译症则文字拙劣,需要"治疗"了。

可见翻译体是被读者和批评者接受与认可的一种文体,是读者阅读外国文学需要体验的"洋味"。而翻译腔则是译语表达的平庸、不自然或过度翻译,虽不美、不好,但还未达到"错误"的程度。翻译症已经是语病了,可以归入误译之列,更多地表现为语形错误,需要治疗和干预。

3. 死译与硬译

死译是指用逐字逐词的翻译方法,不考虑词在语法或词义方面的差异,而产生的语意不切、意思含糊或有语法错误的、佶屈聱牙的译文。硬译,一般指按照外国语的语法结构和表达方式,不顾本国读者能否接受的生硬翻译。[①] 死译与硬译导致的恶性欧化语言不符合译语读者的语言习惯,影响原语的交际价值,可视为较轻微的误译。

4. 创造性叛逆

从表层的意思上看,就是要把一种语言翻译成另一种语言,在形式和

---

① 方梦之. 中国译学大辞典[Z]. 上海:上海外语教育出版社,2011:89-90.

内容上或多或少会跟原文有出入,这就是译者对原作的背叛。从积极意义上来理解,这一警句提醒译者不要机械地照搬原文,而要发挥创造性。

> 在文学翻译里,无论是译作胜过原作,还是译作不如原作,这些现象都是文学翻译的创造性与叛逆性所决定了的。如果说,文学翻译中的创造性表明了译者以自己的艺术创造才能去接近和再现原作的一种主观努力,那么,文学翻译中的叛逆性就是反映了在翻译过程中译者为了达到某一主观愿望而造成的一种译作对原作的客观背离。①

可见,译者的创造性与叛逆性常常和谐统一,不能分开。因此,法国文学社会学家埃斯卡皮(Escarpit)提出"创造性叛逆"一说,认为"翻译总是一种创造性的叛逆"。②

在前面误译分类的评述中,我们已经说明创造性叛逆属于译者为了特殊目的主动采取的变通策略,属变译范畴,不应该称为误译。

5. 胡译与乱译

乱译指在个人或小集团利益的驱动下,违背译德,无准备地、不求甚解地进行翻译。胡译指不按原文、随心所欲地进行翻译,或中外文水平低,或因译德、译风有问题,或因二者兼有。

乱译和胡译的后果自然不乏误译,但是这种误译不能客观反应翻译语际转换的种种矛盾,没有太多研究价值,不是我们考察的对象。

全译旨在求得与原文极似,从不似到极似中间有多个区间。由以上几个概念的界定可见,欠额翻译、超额翻译、翻译体、翻译腔、翻译症、死译、硬译、胡译、乱译都属于不合格的翻译,隶属于翻译求似过程中的各个区间。语言本身就是模糊的,这些区间的界定又会因人而异,它们之间也会相互转化。例如:硬译和死译必然会导致翻译腔或翻译症,欠额翻译可能影响译语读者的理解,如果影响过大,则达到误译。按照王宏印对翻译症的定义,超额翻译也是对原语的叛逆,叛逆过度则又成为误译。按照郭沫若的翻译思想,如果用信达雅三字将以上概念归类,则可谓:乱译,错译就是不信;死译,硬译就是不达;不雅就是走到极端的不成话。③

---

① 谢天振. 翻译研究新视野[M]. 青岛:青岛教育出版社,1999:137.
② 方梦之. 中国译学大辞典[Z]. 上海:上海外语教育出版社,2011:6.
③ 转引自黄淳浩. 郭沫若书信集[C]. 北京:中国社会科学出版社,1992:216.

第三节 误译评判标准

标准,衡量事物的准则。误译判断标准即衡量是否误译的准则。关于翻译标准、翻译批评标准中外学者论说很多,而误译评判标准常常被搅裹其中,三个概念的关系尚无人论及。研究误译的重点和难点是误译判断标准的确立,何为误?何所误?我们很难确定放之四海而皆准的标准,我们沿着由宏观到微观的路径,通过梳理翻译标准、翻译批评标准,最终确定误译判断标准。

一、翻译标准各家谈

正如东西方的文明发展表现为同频共振一样,东西方翻译理论的发展也几乎在同步进行。就翻译标准而言,中国和西方都可分为传统标准和现代标准。

(一)中国的翻译标准

按照时间历程,我国的翻译标准大致可以分为传统标准和现代标准。翻译标准本身经历了从一元到多元、从单层到多维的变化发展。

1. 传统标准

传统标准有古代道安的"案本而传",玄奘的"既须求真,又须喻俗。五不翻",马建忠的"善译",严复的"信达雅"。20世纪20—30年代,傅雷、郭沫若、茅盾等人提出了"神似""风韵"等标准,学贯中西的翻译家林语堂在其《论翻译》中提出了"忠实、通顺、美"的标准。这一提法实质上是将严复的标准进行了继承与拓展,用"美的标准"代替了严复"雅"的标准。他认为译者不但要求达义,还要以传神为目的,译文必须忠实于原文之字神句气与言外之意。20世纪60年代初,钱锺书在《林纾的翻译》中提出了"化境"之说。"化境"即把原作翻译过来时,文字换了,可原文的思想、感情、风格都不留痕迹地由译入语传达出来,译文读者读来就如在读原作一样。而鲁迅和瞿秋白则提出译者要对读者负责,翻译的功能之一是为汉语"输入新的表现法"。这就涉及社会文化因素对翻译的影响,把翻译同社会的需求和现代中国语言发展的需要联系起来,对翻译标准的发展有着积极意义。

2. 现代标准

20世纪90年代以后,受翻译活动多样化和西方现代翻译理论的影响,我国学者的理论意识不断加强,学术视野大大拓展。刘宓庆认为翻译的标准是语际意义转换的制约条件。语际意义转换必须受以下条件制约,翻译才能发挥它的社会功能,而社会功能则是翻译标准的最高调节杠杆。因为任何翻译活动都必须服务于社会,使社会受益。因此社会效益是检验翻译的意义、翻译的质量和翻译的价值的标尺。在这个前提下确立翻译的原则是:目的语的可读性原则(合乎语法,合乎习惯,对语体的适应性,含义明晰,条理性);目的语文风时尚原则;目的语的文体适应性原则。① 辜正坤提出翻译标准的多元互补论,从绝对标准(原作)到最高标准(最佳近似度)到具体标准(分类标准),体系科学而严密。② 该理论还强调了具体标准的主次会随人们对翻译功能的特定需求而改变,这突破了以往我们试图寻找一种"放之四海而皆准"的翻译标准的思维定式,使翻译标准更具针对性和开放性。2004年黄忠廉等提出科学翻译的标准体系为:一元二层三维度。一元指翻译标准只有一个:译作与原作的似。似可以分为九个级次(等值—极似—很似—相当似—较似—有些不似—比较不似—相当不似—很不似—极不似—不等值;从评价角度可分为九等:等同—极好—很好—相当好—较好—有些不好—比较不好—相当不好—很不好—极不好—胡乱译)。二层是指翻译的九个级次可归为两个层面:全译的似,即极似;另一个层面是变译的似,即九个次级中除"极似"之外的其他八个次级。三维度指无论是全译还是变译,其评价均可以从语用价值、语里意义和语表形式三个维度进行考察。③ 辜正坤和黄忠廉以现代语言学、哲学等学科为基础创立了更为科学的翻译标准理论,突破了严复的"信达雅"对人们思维的限制,且两人的观点在某些方面颇为相似。王宏印则从我国译界的实际出发,从翻译教学中常见的"不合格译文"出发,总结出若干翻译的"最低标准"。"最低标准"似可以概括为减少错译,避免漏译,译笔严谨,表达正确,搭配合理,吃透原文,识别文化,挽留形象,不造涩词。④

(二)西方的翻译标准

据谭载喜考证,西方的翻译历史比我国早300多年,纵览历史上的一些主要观点,我们按照时间进程以20世纪为界将西方翻译标准大致分为传统和现代两种。

1. 传统标准

传统翻译标准中具有代表性的有法国多雷的翻译五原则和英国学者乔治·坎贝尔提出翻译的三原则。英国翻译理论家泰特勒提出译者应把

---

① 刘宓庆. 当代翻译理论[M]. 北京:中国对外翻译出版公司,1999:48-51.
② 辜正坤. 翻译标准多元互补论[J]. 中国翻译,1989(1):16-20.
③ 黄忠廉,李亚舒. 科学翻译学[M]. 北京:中国对外翻译出版公司,2004:228-235.
④ 王宏印. 英汉翻译高级教程[M]. 大连:大连海事大学出版社,2010:65.

原作的优点完全地移入另一种语言,使译语读者能获得与原语读者等同的感受和领悟。泰特勒还系统地提出翻译和翻译批评的三条基本原则:①译文应完全传达原文的思想;②译文的风格和笔调应与原文一致;③译文应像原文一样流畅。泰特勒的三原则对19—20世纪的西方翻译理论产生了积极影响。

2. 现代标准

现代翻译标准中比较有代表性的有:苏联的翻译理论家费道罗夫提出"确切翻译原则",认为翻译的确切性就是表达原文思想内容的完全准确和在修饰作用上与原文的完全一致。① 科米萨罗夫提出翻译五标准,即翻译的等值标准、翻译的体裁—修辞标准、译语标准(译文既要遵守原语规范,又要考虑译语习惯)、语用标准和应时标准——译文质量要符合本时期翻译的作用和任务所持的公认态度,译文和原文最大限度地近似,能完全等值地替代原文整体及其细枝末节。其中,最重要的是语用标准。② 而奈达的翻译标准在译学界产生深远影响,1964年他提出了"形式对等"和"动态对等"理论。③ 随后奈达又将"动态对等"换为"功能对等",④认为翻译意味着交流,强调读者反映,即译文对译文接受者所起的作用,应与原文对原文接受者所起的作用大体相同。关于"等值"这个术语的可商榷性辜正坤教授在《玄翻译学引论》中有过探讨,辜教授认为应将"对等"改为"对应"更符合翻译活动的本质。⑤

根据德国哲学家布勒的语言功能理论,赖斯在《翻译批评:潜能与局限》一书中建立了以传达信息、表达思想、追求效果为不同功能的三种文本类型模式,超越了传统的翻译标准,并提出相应的评判标准。⑥ 纽马克在赖斯的文本类型基础上提出了自己的翻译思想——文本中心论。纽马克把要翻译的对象看成文本,并根据语言的功能把文本分为表达型、信息型和呼唤型三大类,把翻译方法分为语义翻译和交际翻译两种,前者强调忠

---

① Фёдоров А. В. Основы общей теории перевода (лингвистические проблемы). М.: Высшая школа, 1983:230.

② Комиссаров В. Н. Теория перевода(лингвистические аспекты). М.:Высшая школа,1990: 229 - 233.

③ Nida E A. Toward a Science of Translating: With Special Reference to Principles and Procedures Involved in Bible Translating[M]. Leiden: E. J. Brill,1964:240.

④ Nida E A. Sign, Sense, Translation[M]. Cape Town: Bible Society of South Africa, 1984:160 - 165.

⑤ 转引自周发祥等. 国际译学新探[M]. 天津:百花文艺出版社,2006:34.

⑥ Katharina. Translation Criticism—Potentials and Limitations [M]. Philadelphia: American Bible Society, 1971.

实于原文作者,后者强调忠实于译文读者,不同的评价标准,不同的"等效"要求。[1]

20世纪80年代以来,西方出现了翻译研究的"文化转向",多元系统论、解构主义、女性主义、后殖民主义等翻译理论和流派先后出现,翻译标准也深受其影响。这些流派的共性是以多元的概念取代忠于原文的教条,并从多方面对原文这个概念提出了质疑。由此可见,西方现代翻译理论的研究视角已远远超出了文本的范畴,所谓的"多元化"标准实际上是多元化研究视角和方法。

综上所述,中西方翻译理论的发展同东西方文明的发展曲线一样,也显示出同频共振的特点。翻译标准尽管植根于不同的历史渊源、社会文化背景、哲学思想各自发展,但对标准的讨论都围绕着翻译原则、方法和技巧等。在相关学科理论发展的推动下,翻译标准经历了由传统到现代、由一元到多元、由静态到动态、由规定到描写的转变。这说明翻译活动具有共通的规律,人类对翻译本质有着相同的认识,也有着共同关注的核心或焦点。

杨晓荣根据侧重、起源、理论特征及影响程度,将以往有关翻译标准的各种理论归为五种:源于翻译经验和写作理论的信达雅三原则,源于美学思想和文学理论的神似、化境与文学翻译创造性理论,以多学科理论为基础的对等论,以跨学科流派思想为基础的功能主义等翻译标准论,以哲学观念和哲学方法为基本特征的翻译标准论。[2] 这种分类结合共时和历时的特征,有助于我们从宏观把握种种翻译标准。

二、翻译批评标准论说

在总结国内外翻译批评标准前须明晰翻译批评的定义,国内接受比较广泛的有以下几种定义。

(一)翻译批评的定义

文军将翻译批评定义为"依据一定的理论,采取相关方法,对译者、翻译过程、译作质量与价值及其影响进行分析与评价"[3]。杨晓荣认为翻译批评应是依照一定的翻译标准,采用某种论证方法,对一部译作进行分析、

---

[1] Newmark P. About Translation[M]. Clevedon and Philadelphia: Multilingual Matters, 1991:109-110.
[2] 杨晓荣. 翻译批评导论[M]. 北京:中国对外翻译出版公司,2005:104.
[3] 文军. 翻译批评:分类、作用、过程及标准[J]. 重庆大学学报(社会科学版),2000(1):66.

评论、评价,或通过比较一部作品的不同译本对翻译中的某种现象做出评论。① 温秀颖认为严格意义上的翻译批评是以一定的翻译理论和翻译批评理论为背景与基础,对各种翻译现象、翻译作品和翻译思潮进行分析、阐释和评论的科学认识活动。它既是一种高层次的翻译接受活动,又是一种具有独立地位的翻译研究活动,具有自律性和他律性的双重特征。②

从以上定义可见翻译批评不只局限于译作批评,还涉及翻译活动的多个方面。许多学者对翻译批评标准的讨论也涉及批评主体。高宇征的硕士论文除了探索翻译批评标准的动态多元性特征,提出文本标准和非文本标准的译作评价标准体系,还关注到翻译批评主体的因素,从学术标准和道德标准两方面探讨批评者的自律标准。③ 冯一晗结合翻译批评主客体考虑,认为翻译批评标准的构建应该是多样化、多视角和多层次的。④ 毛澄怡也有类似观点,认为翻译活动客体的宽泛性、译文文本类型的多样性以及翻译批评主体身份的多样性要求翻译批评的标准应该多样化、多视角和多层次,这是由翻译批评活动的本质特征所决定的。⑤

(二)国内翻译批评标准综述

虽然译界对翻译批评的本质、任务、主客体等问题还存在分歧,但根据所评论的文本的类型来选择对应的标准基本达成共识。早在20世纪50年代焦菊隐就指出"不能用一种准则去衡量所有不同学科的译文,即对自然科学、社会科学、文艺作品,应采用不同批评尺度"⑥。20世纪80年代,赵少侯进一步明确"译书的标准应就所译的题材和性质有所区别,所以翻译批评的标准也应随之而不同"⑦。相应地,翻译批评标准的确立也突破一元的、绝对的标准,代之为灵活的、动态的批评标准。焦菊隐认为,"给翻译批评指出一个原则性的方向……是要根据现阶段翻译界的一般水平,归纳出一个切乎现阶段实际情况的标准……作为从普及的基础上提高现阶段水平的指南。"⑧董秋斯也提出了"临时的标准",可将之理解为"最低纲

---

① 杨晓荣.翻译批评导论[M].北京:中国对外翻译出版公司,2005:3.
② 温秀颖.翻译批评——从理论到实践[M].天津:南开大学出版社,2007:236.
③ 高宇征.动态多元的翻译批评标准探索[D].保定:河北大学,2009.
④ 冯一晗.翻译批评标准的多维度思考[J].海外英语,2010(8):241-242.
⑤ 毛澄怡.翻译批评标准应该多样化、多视角、多层次[J].伊利教育学院学报,2005(1):77-79.
⑥ 焦菊隐.论翻译批评[C]//中国翻译工作者协会《翻译通讯》编辑部.翻译研究论文集(1949—1983).北京:外语教学与研究出版式,1984:40.
⑦ 赵少侯.我对翻译批评的意见,70.
⑧ 焦菊隐.论翻译批评[C]//中国翻译工作者协会《翻译通讯》编辑部.翻译研究论文集(1949—1983).北京:外语教学与研究出版式,1984:35.

领"。它不应当由主观规定,它是由客观归纳出来的,它是最好的翻译与最坏的翻译的折中线。① 文军为翻译批评制定了一般标准和具体标准:"忠实通顺"乃一般标准,而具体来看,科技翻译主要评论原文信息传递是否"准确",文学翻译则要看译文有没有体现"音形意"的结合。② 杨晓荣认为我国传统译论对翻译批评标准的讨论存在一种单向度、静态的思维定式,而现代译学充分强调翻译的接受者和译者这两个要素以及社会文化因素对翻译活动的制约作用,为翻译批评标准研究提供了多向度的、动态的观念。③

西方翻译学理论的发展也为中国的翻译批评事业带来养分。由功能翻译理论提出的充分性标准发展为一个理想的翻译批评标准,为目前的翻译实践提供了一个更为动态与科学的批评。④ 在论文《谈翻译批评标准的体系》中,吕俊指出翻译批评的哲学基础是价值哲学而不是认识论哲学,并再次强调翻译批评的标准是多元的而非一元的。它是一个有序的体系,以评价主体的目的性为主导,以评价参照体系为限制条件。⑤ 许钧认为:

> 就标准本身而言,难有正确与错误、先进与落后之分……标准不是一成不变的,变化的真正原因,并不仅仅是由于社会需要的变化或活动目的不同,而在于人们对翻译活动本质认识的变化与丰富。从标准的单一到标准的多元,直接反映了翻译观的不断变化。……就目前而言,我们也许可在以下几点达成比较一致的原则性看法:翻译批评标准应有一定的规范性,标准的建立应全面考虑到翻译的目的、作用,且应以一定的翻译价值取向为基础,同时应该认识到翻译批评标准是多元且动态发展的。⑥

三、误译判定标准

学界对误译的判断标尺一直无法统一,误译的评判会因人、因时、因地而变,标准也因此而不同。任何标准的提出都可能受到同行学者的质疑,

---

① 董秋斯. 翻译批评的标准和重点[J]. 翻译通报,1950(4):2-5.
② 文军. 科学翻译批评导论[M]. 北京:中国对外翻译出版公司,2005:65-70.
③ 杨晓荣. 翻译批评标准的传统思路和现代视野[J]. 中国翻译,2001(6):11-15.
④ 徐琳. 功能翻译理论框架下的翻译批评标准体系[D]. 北京:北京邮电大学,2010.
⑤ 吕俊. 谈翻译批评标准的体系[J]. 外语与外语教学,2007(3):52-56.
⑥ 许钧. 翻译论[M]. 武汉:湖北教育出版社,2003:413.

而且"标准"本身就是一个动态发展的过程。我们将误译研究涉及的译学术语如全译、变译、全译本质及规律引入本书,尝试建立本书的误译判定标准。

(一)翻译的最低标准

误译作为译作的特殊存在形式是翻译批评的对象之一,但误译的评判标准未被单独提出,不过有学者提出了翻译的最低标准,如吕俊教授在《后现代文化语境下的翻译标准问题》一文中提出了建构主义翻译学的最低标准:不违背知识的客观性;理解的合理性与解释的普遍有效性;符合原文的定向性。① 谢霞以《翻译的最低标准》为题撰写硕士论文,提出"语用意义对等"是翻译的最低标准。她认为"最低标准是判断翻译合格与否的最低要求,如果译本不能满足这个最低最根本的要求,则翻译的目的就达不到,翻译活动就会以失败告终"②。在翻译活动中,李春芳、吕俊认为"不同译者会有各自不同的理解和解释,产生各不相同的译文,只能设立一个底线标准以排除错误的译文和避免胡译乱译现象,保证符合底线要求的多样性"③。

2005年3月24日由中华人民共和国国家质量监督检验检疫总局和中国国家标准化管理委员会发布,2005年9月1日实施的《翻译服务译文质量要求》则对译文质量进行了量化。按照这一标准,译文质量的差错主要分为四类:第一类,对原文理解和译文表述存在核心语义差错或关键字词(数字)、句段漏译、错译;第二类,一般语义差错,非关键字词(数字)、句段漏译、错译,译文表述存在用词、语法错误或表述含混;第三类,专业术语不准确、不统一、不符合标准或惯例,或专用名词错译;第四类,计量单位、符号、缩略语等未按规(约)定译法。标准要求译文综合差错率一般不超过1.5‰(不足千字按千字计算)。这种判断和计算方法比较适合非文学语体的应用型翻译,可以采用计算机软件对译文质量进行粗略判断,但是对第一类、第二类的差错判断的标准还值得质疑。

我们借鉴全译批评标准,拟确定误译判定标准,并厘清翻译标准、翻译批评标准和误译判定标准间的关系。

(二)误译判定标准诠释

1. 理论基础

---

① 吕俊.后现代文化语境下的翻译标准问题[J].外语与外语教学,2002(3):41-45.
② 谢霞.翻译的最低标准[D].长沙:湖南师范大学,2002:7.
③ 李春芳,吕俊.复杂性科学观照下翻译标准问题的再探讨——论底线翻译标准的必要性和合法性[J].上海翻译,2013(3):13.

任何创新或者创造都不是天外飞来、凭空而生,它或根植于实践的土壤,或生长于众多相关理论之中。误译判定标准脱胎于翻译标准、翻译批评标准,又有自己的特点。

(1)突出"功能"。尽管不同语言在形式及内容差异极大,但语言的"表感"功能是共通的。无论是口语还是书面语,人们都是出于某种意图,用语言去表现这种"意向性"。相同的意图可以使用不同的语言形式来表达。人们使用语言是为了交际,翻译的结果就应当使这个交际成功,即让译语接受者获得与原语接受者相同或相似的语用效果。功能语言学认为语言的三种元功能是概念功能、人际功能和语篇功能,三者在语言系统中等同重要,且三位一体。语言的人际功能即是交际功能,翻译的首要任务是最好地传达语言的交际功能,翻译批评的标准也是遵循语用价值第一的原则。尤金·奈达将"功能"运用到翻译学,他在1964年出版的《翻译科学初探》一书中提出了两种不同类型的对等:形式对等和动态对等。后来他又把"动态对等"改为"功能对等"。功能对等理论在我国译学界引起了很大反响,该理论非常重视接受者,要求译文"接受者和译文之间的关系,应该与原文接受者和原文信息之间的关系基本相同"[1]。后来有学者认为应将"功能对等"改为"功能对应",毕竟语言在传译过程中必然出现信息损耗,不可能达到"对等"。陈道明也认为"功能对等"可作为翻译的上限标准,与之相对应的下限标准,如"部分功能对等"或"功能相似"。[2] 我们判断误译也是必然要分析译语和原语"功能"的对应度。

(2)重视"接受"。"接受美学"这一概念是由德国康茨坦斯大学文艺学教授汉斯·罗伯特·姚斯(Hans Robert Jauss)于1967年提出的。接受美学认为,艺术品不具有永恒性,只具有被不同社会、不同历史时期的读者不断接受的历史性。经典作品也只被接受时才存在。同样的道理,译作也是被译语读者接受才能实现它的价值,译者通过译作与读者建立起对话关系。译语读者期待获得与原语读者读原作相似的感受,但是受不同文化背景、认知心理等因素的影响,译语读者接受译作的效果必然和原语读者读原作的效果不同。所以译者"生产"译作时必须考虑自己的受众,根据受众的接受能力灵活处理翻译中的难题。译作的接受不是被动的消费,而是读者显示赞同与拒绝的审美活动。判断"误译"也以超出译语读者的接受能力为标准之一。

---

[1] Nida E A. Toward a Science of Translating[M]. Leiden: E. J. Brill, 1964:159.
[2] 陈道明. 翻译中的"部分功能对等"与"功能相似"[J]. 外国语, 1999(4):63-64.

(3)借鉴"译评"。历史上的翻译研究都未区分全译与变译,人们所言的"翻译"就是"全译","翻译标准""翻译批评标准"就是"全译标准"和"全译批评标准"。

黄忠廉教授提出"两个三角的译评体系",可从宏观和微观两个层面对译作展开全面、细致的批评,对误译判定标准的确立有很大的启示意义。他认为,语言层面属于翻译批评的本位层面,以语际转化为基础,进行近距离微观考察,任何翻译都涉及语形、语义和语用三维度;文化层面属于翻译批评的外围层面,以语际转化为中心,进行远距离宏观批评,翻译的文字之交可以追溯到思维之交,进而文化之交。这样,翻译批评的视角既可取自语言层面的语表形式、语里意义和语用价值,也可取自文化层面的语际关系、思维转换和文化交流……前三者构成小三角,后三者构成大三角。[①]误译研究属微观层面的翻译批评,分析译文要能"入乎其中",立于语言层面从小三角译评角度剖析译文,深入了解原文和译文在"语形""语义""语用"三维度的相似度;判断"误译"又要能"出乎其外",从语际差异、思维差异和文化差异上衡量译语和原语在"形、义、用"三层面的偏离度。

2. 误译判定标准立说

翻译批评的内容之一是考查译语和原语是否在语里意义和语表形式之间建立相应的关系,是否最终在语用价值上实现功能对应,是否考虑受众的接受能力等判断译者处理"形、义、用"关系得当与否。从这个批评过程的反面,我们可得出误译判定标准:在语用、语义、语形三方面,译文对原文的偏离低于翻译标准的最低极限,即译语在语用、语义、语形三维度的偏离超出译语读者的接受能力,影响交际的正常进行,无法达到对应的交际效果。误译判断参考的标准又有差异,判断语用误译兼顾原语和译语交际价值的实现度;判断语义误译以原语语义信息量为参照系;判断语形误译参照译语表达规范,兼顾原语的表达形式。根据语形、语义、语用在交际中的作用排列,误译的评判也将语用偏离度放在首位,语义、语形次之。

(1)语形偏离度瞻顾译语体系标准和原语表达形式。翻译最直观、最明显的变化是从原语到译语的形式更替,更替不当可能产生语形误译。通过双语或多语比较,了解各自的语言规范,才可判断语表形式转换是否合乎规范。

全译过程分为理解、转换和表达三阶段,正确理解的前提是必须把握原语语形特点,正确表达则要参考译语体系的标准,需要转化的是原语和

---

① 黄忠廉. 两个三角的译评体系[J]. 外语学刊,2006(5):91-95.

译语形式的矛盾。一般来说,原文以地道的原语针对原语读者,译文是针对译语读者,也应力求是地道的译语,恶性欧化的语言、翻译腔、翻译症都不可取。但是译作毕竟不同于创作,我们在引进国外精神文化时也要尊重原语民族的思维特性,所以在表达阶段既要遵循译语的规范,也应兼顾原语表达形式。

西方人追求精确性、确定性,注意形式逻辑和抽象思维,其文化结构重细节分析,这一特点体现在语言形式上就是丰富的形态变化,其句法对主谓关系、修辞关系、限定关系,以及成分之间的性、数、格和时态等往往有较严格的一致要求,长句较多,尤其是书面语体。这和行云流水般的汉语语言形式不可避免地有冲突之处。译者按照原语表达方式解码,再按译语表达方式进行编码,在符合译语表达习惯的同时,尽量照顾原语的表达形式。若力求和原语语形一致,导致定语过长,读起来佶屈聱牙,则不能被译语读者接受。季羡林感叹翻译的危机时说:"现在有某一些译本,不用查原文,仅从汉文不通之处,就能推知译文是有问题的……"[①]

(2) 语义偏离度全观原语理解是否到位。翻译是用一种语言表达另一种语言承载的信息。信息包括语形信息、语义信息和语用信息。语言形式是语义内容的载体,语用价值是语形和语义共同实现的交际功能。全译的语里批评以原作内容为参照系,看译作与原作内容是否相符,有没有遗漏,有没有偏离。先检查原文中重要的"恒定内容"(如主要观点、事实等)是否得到准确的再现;再检查原文中次要信息、附加信息是否被传译。[②]

印欧语言形态变化丰富,其形态的变化反应意义的变化,形态变化也是语法分析的线索,译者全面读懂原文是译文信息质量的保证,准确分析原语的语法形式是掌握原语语义的关键,原语理解不到位必然会造成语义偏离或遗漏,致使译语读者不能获得与原语读者极似的效果,导致语义误译。语义亏损程度是翻译批评的焦点,也是判断语义误译的标准。判断语义误译要以原语为参照系,对比两种语言在信息的量和质上的相似度,若语义偏离影响交际功能的实现,即可判断为误译。

(3) 语用偏离度受控原语与译语双重观照。全译的语用价值有时是修辞值,指特定译句语式特定的修辞效果,即它所反映出的风格;有时是译句的语境值,指不同句式有适应不同语境的价值;有时是译作的文化值,指译

---

① 季羡林. 翻译的危机[J]. 语文建设,1998(10):45-46.
② Newmark P. A Textbook of Translation[M]. New York:Prentice Hall,1988.

作在文化传播中的作用。①不同的文本类型反应不同的语用价值,具体表现为风格的差异,例如文学语言一般优美诗意,科技语体需准确简洁。语境值和文化值的正确传译要以原文为参照系,顺便考虑译语在文化、认知上的特点,确定语用极似的译文。而且,就语形、语义、语用三维度在交际中的地位,我们认为翻译求极似表现在语用价值第一、语里意义第二、语表形式第三的顺序。因为语言的主要功能在于交际,译语达到与原语类似的交际功能就是完成了语用价值。如果能达到极似的语用价值,译语在语义和语形上必然也不会偏离多少;反之,如果语义、语形偏离太远,语用极似也无法实现。理论上的分析可将话语剖为三层,逐一分析,实际上,语言在执行交际功能时,语形、语义、语用是一个整体、彼此依存。

文化交流是翻译的最终目的,不同语言表达的语用价值差异很复杂,译者既要尽力与原语语值极似,又需让译语读者能够接受,语用误译的偏离度必须在双语对比下厘清。导致语用误译的因素很多,可能是语体风格把握不准,也可能是语义误译、语形误译、修辞误译、文化误译也都属于语用误译。判断语用误译须从功能上考虑译语实现原语交际价值的尺度,若偏离超出译语读者的接受能力,不能达到与原语相似的交际功能,可判断它为语用误译。

四、三个标准的关系

翻译标准、翻译批评标准和误译评判标准三者彼此相依、关系密切,既有不同,也有联系。

(一)三者的区别

1. 标准的性质有所不同

翻译标准是翻译学基础理论的重要内容,翻译批评标准属应用翻译学的理论范畴,翻译标准的确立都是正面角度,译者也是从正面应用翻译标准,努力使译作达到相应的标准。而进行翻译批评时,则从正反两方面应用翻译批评标准,既可讨论对象的优点,也可批评其不足。误译判定标准则是正面标准的反面应用。

2. 标准的适用对象和适用范围不同

翻译标准适用于翻译过程中译者对文本的选择,译作的生产和译者自己对译作的评价。翻译批评标准则适用于译文、译事、译者、译评,包括对译者的研究,对译者的翻译能力、翻译技巧等的评说,具体而言,适用于从

---

① 黄忠廉.两个三角的译评体系[J].外语学刊,2006(5):91-95.

翻译活动产生的背景到译者选材、制定翻译策略和方法、生产译本、读者接受、社会影响、翻译理论的价值,甚至是译评本身等各方面。[①] 误译判定标准则具体适用于不合格译文的微观分析,判定它是优劣问题还是对错问题,是部分错误还是绝对错误。

3. 标准被执行的状态不同

理论上,翻译过程中应该始终以翻译标准为指导,无限制地靠近这个标准,但实际操作中,译者对其的执行带有或然性和一定的隐蔽性,翻译标准成为一种模糊的尺度,但是这个标准始终是客观的。在翻译批评过程中,翻译批评标准在批评者头脑中始终是清晰的,因为批评者要以这个标准为工具判断对象的优劣。观察角度通常是从结果出发,标准一般也都尽量设定得比较具体、比较清晰,然后用这个标准去衡量译作,回溯翻译过程,判断译者的思路。这个尺度虽然始终存在,但批评者在拿捏它时却带有个人主观色彩,翻译批评标准具有主观性。误译的判断则要求批评者更加清醒地运用标准,误在哪里,为什么误,将误译判定标准具体化,同时"误"的判断也具有主观性,存在见仁见智的可能性。

(二)三者的联系

标准是一个判断,是一个模糊测度,翻译标准是翻译学基本理论的重要组成部分,是研究翻译实践和翻译理论的必备条件;翻译批评标准是翻译标准的特殊运用,是从翻译标准中演绎得来;误译判定标准是翻译批评标准的演绎,是正面批评标准的反面应用。三个标准是自上而下的演绎过程,符合哲学演绎的三过程:从一般到特殊再到个体。翻译标准是人类通过翻译实践总结出来的,带有客观性和一般性;翻译批评标准从翻译标准中演绎而来,带有特殊性;误译判定标准又从翻译批评标准中推演来,带有个体性。翻译批评具体到译作批评时,通常以翻译标准为准则,三个标准都有执行价值判断功能。

本章小结

进行误译研究的前提是厘清核心概念的内涵和外延,确立误译判定的标准。"误译"的客观意义由它自身的概念语义和反映情景参与者的配价语义两方面组成,主体、客体、受众、行为、结果是"误译"词义的有机构成。

[①] 罗薇.简论翻译批评标准与翻译标准差异[J].经营管理者,2012(18):316.

这五个要素是"误译"的语义配价,填上相应的题元词就构成"误译"的表层句法结构,即构成定义:人或机器在将甲语转化为乙语的过程中偏离、遗漏或歪曲甲语文化信息,导致译语与原语信息量不等,译语受众无法获得与原语受众极似的交际效果的活动。误译的外延体现在分类与相关概念的辨析上。

翻译过程可分为动态的理解错误、转化错误、表达错误;翻译结果可分为静态的语形误译、语义误译、语用误译。从过程到结果,符合翻译活动的逻辑顺序。与误译相关的概念包括:欠额翻译、超额翻译、翻译体、翻译腔、翻译症、死译、硬译、胡译、乱译等,它们都属于不合格的翻译,是误译连续统上的一个个区间。

翻译标准是翻译的基础理论,翻译批评标准属应用翻译理论的范畴,基础理论构筑一门学科的根基,应用理论是根基上长出的枝干,二者相加构成学科的大树。基础理论是应用理论的"源",应用理论是基础理论的"流",所以翻译标准是翻译批评标准和误译标准的"源头活水"。翻译标准演绎出翻译批评标准,翻译批评标准又演绎出误译判定标准。译文对原文在语用、语义、语形的偏离低于翻译标准的最低极限,即译语在语用、语义、语形三维度的偏离超出译语读者的接受能力,影响交际的正常进行,无法达到对应的交际效果。误译判断参考的标准又有差异,判断语用误译兼顾原语和译语交际价值的实现度;判断语义误译以原语语义信息量为参照系;判断语形误译参照译语表达规范,兼顾原语的表达形式。[①] 根据语形、语义、语用在交际中的作用排列,误译的评判也将语用偏离度放在首位,语义、语形次之。

---

① 顾俊玲.误译判定标准论[J].中国科技翻译,2015(4):42.

第二章 误译类型体系

　　研究误译除了要厘清其核心概念的内涵、外延，划定其评判标准以外，还必须观察大量误译语料，对它们进行分类。因为，无论是分析前的假设，还是分析中的依据，抑或是分析后的结果，都离不开分类。翻译活动的直接客体是语言，笔译的结果是静止的语言，误译也是以静态语言存在于译品中。从语言学学理角度划分误译顺理成章，所以我们将误译分为语形误译、语义误译、语用误译。进一步细分，语形误译可划分为语音误译、语法误译、译语表达错误、标点符号系统转换错误；语义误译分为词义误译、词组误译、句义误译、句群义误译；语用误译包括修辞误译、语境误译、文化误译等。

第一节 语形误译

　　语形即语言的外在形式，是语义和语用的承载物，包括语音、拼写、语法结构等。具体而言，语言中数、人称、时态、语气、词性、语态以及敬语形式等都属于形态范畴，判断语形误译要参照译语体系的标准，兼顾原语表达形式。语形误译多是语言性错误，即错误理解原语语法结构、错误处理原语语音结构、译语表达违背译语语言规范、错误转换原语标点系统等现象。

一、语音误译

　　音译是一种以原语读音为依据在译语中寻找发音相近的词汇进行替代的翻译方法。音译通常用于专有名词的翻译，如人名、地名、国名、企业名称等。此外，在翻译一些特殊的异域文化词汇、新生事物（如科技产品或发明）时，如果译语中没有与原语对应或相似的词汇，译者通常也会采取音译法。例如在20世纪初，中国那些首先"睁眼看世界"的人在译介"民主"

"科学"等汉语文化中没有的新概念时就采用音译,并缩略为"德先生赛先生"。类似的音译词还有:费尔泼赖(fair play 公平竞争)、德谟克拉西(democracy 民主)、迪斯科(disco)、克隆(clone)、德律风(telephone 电话)。这些音译词只有连在一起使用才有意义。

拼音文字之间音译是一个约定俗成的过程,用一个译语字母或其他字形单位来替代每一个原语字母或其他字形单位。英语中的许多新词就是直接音译为俄语的字形单位,迅速被俄语受众接受和使用,例如:shopping→шопинг,businessman→бизнесмен。但是,当译语字形单位没有立即变成译语音位单位时,情况就复杂了。例如当转换发生在那些书写体系是"表义文字"的语言如汉语时,"音译"就只能通过与该字有关的词汇单位或语法单位的音位形式来进行,如:雪茄(cigar)、加仑(gallon)、布丁(pudding)、欧佩克(OPEC)和托福(TOEFL)等。这种用于译音的汉字被使用的是其语音和书写形式,而不是其词汇意义。音译后的译名在发音上接近原名,通过传递原名的声音和韵律传达原语意义。

语音作为语言"音、形、义"三维度中的一维也有象征意义和联想意义,简称为"音义",它传递民族心理的特点,反映民族文化的心理诉求。音译的是外来词的"音",其"意"隐在其中。此外,表意语言的音译还会追求翻译方法的理据性,这个方法能在一定程度上反应该民族的语用文化。例如我们翻译 America 时选择"美国"而不是"霉国",翻译 Germany 时选择"德国"而不是"蚰国",选择表意美好的汉字,从文化上反映中国人与人为善的传统。

音译也是个约定俗成的过程,目前我们有《外语地名汉字译写导则》作为翻译的指导。语音误译多集中在人名、地名的翻译上,主要表现为人名误译、地名误译、品牌及企业名称误译等。

(一)人名误译

1. 俄罗斯人名误译

人名多为一种符号,没有特殊意义,一般采取音译。但是俄译汉音译词汉字的选取却体现出译者的审美情感,而且也会逐步约定俗成。例如:列宁(Ленин)、普希金(Пушкин)、普京(Путин)等。

由于汉语是音节性语言,语音的美学效果要求高;汉字又是表意的象形文字,同音字很多,意义不同。音译时的汉字选择很有讲究,译者通常会考虑读者的文化心理,接受能力。译名一旦被大众广为接受,就成为约定俗成的规则,后来的译者就不能再自由选择,否则容易造成读者误读。例如,如果把"普希金"译为"蒲西津",读者恐怕很难接受,把"普京"译为"朴金"也会让读者不知所指。所以翻译人名时最好查一下专用词典,避免闭门造车。

除了姓氏音译用字错误以外,还有名字、父称缩写的错译值得大家关注。如下例:

① М. В. Ломоносов
原译:姆·弗·罗蒙诺索夫
改译:米·瓦·罗蒙诺索夫
② Д. Кеннеди
原译:德·肯尼迪
改译:约翰·肯尼迪

俄罗斯人的名字由三部分组成:名字(имя)+父称(отчество)+姓氏(фамилия)。在翻译人名时,如果遇到名字或父称为缩写时,不能按缩写字母的名称来译,而是需要查出原名,按第一个音节音译。如果查不出原名,翻译时可保留名字和父称的缩写,只将姓氏译为汉语。如 И. В. Сталин 译成 И. В. 斯大林。

2. 中国人名回译之误

中国人名回译之误多集中在涉华历史文献中,主要是由于译者不熟悉威妥玛式拼音法导致。威妥玛式拼音法是英国人威妥玛(Thomas Francis Wade,今天的习惯应该翻译成托玛斯·弗朗西斯·韦德)创立的,它以罗马字母为汉字注音,从中国清末至 1958 年《汉语拼音方案》公布前,这个拼音方案被普遍用来拼写中国的人名、地名等。

因威妥玛式拼音导致的误译事例很多,1998 年出版的《民族—国家与暴力》一书中有很多译名极不规范例,其中最著名的例子就是把中国的孟子(Mencius)译为"门修斯"。①

无独有偶,2008 年出版的《中俄国界东段学术史研究:中国、俄国、西方学者视野中的中俄国界东段问题》一书中蒋介石(Chiang Kai-shek)也被译为"常凯申"。此外还有几十处名字谬误,如费正清、林同济、夏济安等学术名人分别被误译为了"费尔班德""林 T. C.""赫萨"等让人摸不着头脑的"洋名"。② 这反映出译者的粗心大意或者是知识面狭窄。

---

① http://baike.baidu.com/view/2501207.htm.
② http://baike.baidu.com/view/2501228.htm.

威妥玛式拼法和粤音相近,海外华人的汉语名字与大陆本土人名发音有所不同,很多华人遵循"生不改姓"的原则,还继续沿用威妥玛式拼音,有些还是采用粤语等方言发音拼写。且同一个姓在海外存在若干拼法,如:郑—Tay/Cheng;张—Teoh/Cheung/Cheong/Chang;李—Lee/Lei/Li;江—Keung/Kong/Chiang。

此外,如中国历史人物的姓名,如孔子 Confucius、孙中山 Sun Yat-sen 等都沿用威妥玛式拼音;还有少数民族人名、地名的特殊拼法,如成吉思汗 Genghis Khan;①还有许多过去已广泛使用并成为英文外来语的汉语词,仍是以威妥玛式拼音的方式出现,例如:功夫(Kungfu)、太极(Taichi)、道教(Taoism)、易经(I Ching)、清明节(Chingming Festival)、宫保鸡丁(Kungpao Chicken)。这些威妥玛式拼音若再被译为俄语,又增加一层难度,译者如果无法将之还原为汉语发音的本来面貌,我们的读者会不知所云,自然无法达到对应的语用价值。

3. 外国人名多语转译之误

人名翻译应遵循"名从主人"的原则。尤其是日本、韩国、朝鲜等国家的人名在俄译汉时不能从俄文音译,而应找到汉语中与之对应的译名。如朝鲜前领导人的名字在俄语中是 Ким Ир Сен,译为汉语则是金日成,语音上有很大差异;②日本前首相安倍晋三在俄语中的译名是 Синдзо Абэ,语音也有所不同,互译时需格外注意。关于人名的翻译,译者可以查阅中国对外翻译出版公司的《世界人名翻译大辞典》,那里有日、朝、越、新加坡等使用汉字或曾使用汉字的国家及我国港澳台地区人名拉丁化拼写的"回译"参考词条。此外,也有其他语种转译错误的,如下例:

[3] У Ленина сократовский лоб.

原译:列宁的额头是索克拉托夫斯基式的。

改译:列宁有苏格拉底式的额头。(杨仕章 译)

Сократовский 是 Сократ(苏格拉底,古希腊哲学家)的形容词,原译没有仔细辨认,完全按音翻译了。

[4] …в углу находилась полочка для книг с бюстами Шиллера и

---

① 金惠康. 中国人名英译理据讨论[J]. 科技术语研究,2002(2):28-30.
② 黄忠廉,白文昌. 俄汉双向全译实践教程[M]. 哈尔滨:黑龙江大学出版社,2010:15.

Гете; на стенах висели ландкарты, четыре греведоновские головки и охотничье ружье.

原译：屋角落里立着一个书架，书架上放着席勒和歌德的半身塑像。墙壁上挂了几幅地图、四个古希腊人面像和一杆猎枪。

改译：墙角有一个用来陈列书籍及席勒和歌德半身像的小搁架，墙上挂着几张地图、四幅格莱维顿画的头像和一支猎枪。[注：格莱维顿(1776—1860)，法国画家和石印家]（江南 译）

Греведоновский 是人名 Греведон 的形容词形式，Греведон 是法国一位画家，擅长石印画，多为人物肖像及女人头像。原译直接将其形容词形式 греведоновские 误译为"古希腊人"；改译将其音译，并加注解释了陌生文化。

(二)地名误译

1. 违反约定俗成的误译

有些专有名词虽然译音不够准确，但已沿用至今并将继续沿用下去。如：Россия 俄罗斯（不可译为"罗西亚"），Москва（莫斯科，不可译为"莫斯科娃"），Александр（亚历山大，不可译为"阿列克桑德尔"）。究其原因，乃是最早音译自英语。再看一例：

⑤ Новый научный центр решили создать в городе Новосибирске.

原译：新的科学中心决定建立在诺沃西比尔斯克市。

改译：新的科学中心决定建立在新西伯利亚市。（杨仕章 译）

例 5 中，原译误以为 Новосибирск 是一个新地名而将其音译处理。实际这个地名已约定俗成译为"新西伯利亚"，若改译为"诺沃西比尔斯克"易导致交际失败。固有的专有名词翻译不应该随意改变，否则会徒增交际障碍。

莫斯科的各地铁站命名不同，翻译时也要尽可能采用约定俗成的译法，比如：Киевская 应译为"基辅站"，"基辅"两个字不能用其他的字代替。当车站以具有政治色彩或历史意义的名词命名时，要按照历史上习惯的译法翻译。例如，Комсомольская（共青团站），Октябрьская（十月站），Текстильщики（纺织工人站）。当车站以单位或公共场所名称命名时，比较容易翻译，采用意译法即可，如，Парк победы（胜利公园站），Библиотека им. Ленина（列宁图书馆站），Арбатская（阿尔巴特大街站），Воробьёвы

第二章 误译类型体系 | 55

горы(麻雀山站)，Академическая(科学院站)，Университет(大学站)。国名一般音译，个别国名以及带前缀的地名则音译兼意译，即地名音译，前缀意译。如：Белоруссия — 白俄罗斯，Закавказье — 外高加索，Забайкалье — 外贝加尔，Предуралье — 前乌拉尔；Владивосток 则译为符拉迪沃斯托克(海参崴)，而意译为"掌握东方"就不能为人所知了。

2. 违背约定俗成的译写

外国地名的译写是否正确、统一，直接影响交际活动的顺利进行。音译词的汉字选取也是约定俗成的。中国地名委员会编辑出版的《外国地名译名手册》和《外国地名汉字译写通则》(以下简称"通则")对译者翻译外国地名具有规范作用。但仍有人自以为是，闭门造车，弄出一些让人费解、误解的外国地名来。

例如《中国边贸价格》杂志在 1993 年第 4 期第 11 页上介绍 Владивосток 的卫星城市 Артём 时，将 Артём 译为"阿尔季奥姆"。按《通则》，те 应转译为"乔"，俄罗斯滨海边疆区中文版地图就将 Артём 译为"阿尔乔姆"；以中国地名委员会组织审定的《世界地名录》为准而编写的《俄汉世界地名译名手册》(知识出版社，1990 年)也是如此处理的。无独有偶，1992 年出版的《独联体各国概览》一书第 54 页也将 Артём 译为"阿尔季奥姆"。① 总之，违背工具书上约定俗成的汉字译写法，我们也视其为误译。

因此，译者在译外国地名时一是别忘了查音译表，二是查《通则》，做到心中有谱，译时才不至于想当然。工具书(包括各类词典、手册、指南、名录等)的编者更要做好审核工作，搞好外国地名的译写工作，给译者提供可靠的"标准"。

3. 转译的专有名词误译

有些俄语原文中出现的专有名词，并非俄语固有，是从其他外语音译过去的，翻译时如果不查明原词，直接按其俄文音译进行翻译，容易造成误译。这类错误也多集中在日语、韩语中，如：

⑥ Токио　原译：托基奥；改译：东京
⑦ Париж　原译：帕里日；改译：巴黎
⑧ Осака　原译：奥萨卡；改译：大阪
⑨ Сеул　原译：舍屋尔；改译：首尔

---

① 黄忠廉.从中俄边贸谈外国地名的译写[J].上海科技翻译，1996(1)：28-29.

(三)品牌及企业名称误译

1. 品牌名称误译

虽然汉语拼音已跃升为国际中文交流的通用标准,许多享誉海内外的品牌依旧用的是威妥玛式拼音法,如茅台酒 Moutai,青岛啤酒 Tsingtao,中华烟 Chunghwa,张裕葡萄酒 Changyu,京剧 Peking Opera,南京 Nanking,上饶 Shalow。这些威妥玛式的英译若转译为俄语,再回译为汉语,误译的概率更大。见下例:

⑩ 日本的"东芝"电器在中国销量不错。

原译:Японское электро-оборудование "Дунцзы" пользуется большом спросом в Китае.(学生练习)

改译:Японское электро-оборудование "Тошиба" пользуется большим спросом в Китае.

日语中有很多汉字,我们把日语翻译为汉语时常常是直接移用过来,尽管这些汉字在日语和汉语中的发音或意义并不一定完全一致。但从日语到俄语并不存在这种相似性,所以常常采取音译法,如"东芝"被译为Тошиба。如果不知道这些固定的译法,在交流和表达上就会出现障碍。

俄语在涉及国外产品的品牌时较多情况下是直接借用,如 PANASONIC,SANYO,SONY 等。如需从俄语翻译成汉语时,译者要根据原语在汉语中的译文,采取音意兼译的手段来处理。

⑪ Уже 126 сервис-центров обслуживают бытовую технику Индезит в России и странах ближнего зарубежья.

原译:已经有126处服务中心在俄罗斯和毗邻各国为阿里斯顿家电技术服务。

改译:已经有126处服务中心在俄罗斯和毗邻各国为英戴斯特家电(后更名为阿里斯顿)技术服务。

Индезит 是德国 Indesit 公司的俄语拼写形式,后来才更名为 Ariston。译者要了解相关背景知识,理解其原本的形式和意义,译成中文时采用已存在的翻译名称,不需另作音译。原译直接处理为"阿里斯顿",没有解释和过渡,导致原语和译语的不对应。

2. 企业名称误译

企业名称翻译事关重大,一定要仔细研究该企业的文化、品牌含义,并和委托人沟通清楚,选取最恰当的译名。因为译名不妥当可能会给译者个人或翻译服务企业带来麻烦,例如 2005 年,西北翻译公司在翻译企业宣传材料中,因为将企业名称译错而被告上法庭,并被判赔偿因此给企业带来的宣传损失。①

可见译无小事,翻译文本的所有细节都需注意,即使是拼写错误、标点符号错误,都可能导致译文信息偏差。翻译失误不仅会给客户带来经济损失,甚至会伤及他人的人身权利,影响翻译委托人的声誉,也直接影响到翻译机构及译者本人的声誉。

综上可见,语音误译多集中在专有名词的翻译上,包括人名、地名、企业名称、品牌名称的外译和回译,专有名词跨语转译等方面。

二、语法误译

语法即自然语言中控制分句、词组以及单词等结构的规则。语法包括词法和句法两部分。词法主要是指词的构成、变化和分类规律。句法主要是指短语和句子等语法单位的构成和变化规则。

语法误译是指译者违背原语的某种语言构成规则,不能获取原语全部正确的信息,导致译语的语用价值和语义信息全部或部分失落。语法误译通常体现在单词的误看或误解、短语或句子理解错误、语篇理解错误等。

(一)词汇误译

词汇误译主要包括:形似词误看、误判,词类误判,词性误判,近义词混淆等。

1. 形似词误看、误判

俄语中有许多外表相似意义相异的词,译者若不仔细辨认,就会出现误看误译的情况。

⑫ Люди будут охотно обманываться——самозабвенно и радостно.

原译:人们将会乐意拥抱——忘我并热情地拥抱。

改译:人们将乐于受骗,忘情而高兴地受人欺骗。(杨仕章 译)

原语中的обманываться(受骗)与动词обниматься(互相拥抱)词形相似,译者若疲劳或粗心,容易误看而误译。

---

① 杨善明. 乌鲁木齐市西北富来工贸有限公司诉乌鲁木齐西北翻译产业有限公司翻译服务合同案[A]. 2005.

⒔ Противник был окончательно лишен тех временных преимуществ, которыми он обладал в начале войны—внезапности, неожиданности нападения.

原译:敌人丧失了在战争初期以突然袭击所获得的时间优势。

改译:敌人完全丧失了战争初期采用突袭所取得的暂时优势。
(杨仕章 译)

временный 和 временной 虽仅有个别字母之差,但含义却迥然不同,временный 的义项是"临时的、暂时的",而временной 义为"时间(上)的"。这两个词变成复数二格且不加重音时形式完全一样,只有仔细推敲原语,参考上下文语境,才能确定单词的正确义项。译者若能在译语成句后再推敲其逻辑的合理性,原译之误是可以避免的。

此外,俄罗斯第一部编年体通史《Повесть временных лет》被译为《往年纪事》,其中的временных就是временной的复数二格。

⒕ Эта материя хорошо красится.

原译:这块布很漂亮。

改译:这块布很容易上色。(徐燕 译)

原译将句中的 красится 当成 красивый,这两个词在构成上有相似之处,很容易因误看误辨而产生误译。原译文似乎也符合逻辑,译者只有与原文仔细对照才能发现问题。动词 краситься 指的是"染色、涂色"。

2. 词类误判

专有名词区别于普通名词的标志之一就是首字母大写,但是并非首字母大写的词都是专有名词。见下例:

⒖ Бабуля и Нина Ивановна не выходили на улицу из страха, чтобы им не встретились отец Андрей и Андрей Андреич.

原译:巴布利亚和尼娜·伊万诺芙娜从不上街,因为怕碰上安德烈神甫和安德烈·安德烈伊奇。

改译:奶奶和尼娜·伊万诺芙娜从来不出家门,害怕在街上遇见安德烈神甫和安德烈·安德烈伊奇。(汝龙 译)

由于 бабуля 位于句首,第一个字母要求大写,加上它与人名 Нина

Ивановна 连用,所以被误认为是专有名词。而实际上 бабуля 是 бабушка 的表爱形式。

此外,形容词名词化也是俄语简化的方式之一,作为名词的形容词义项也会发生一些细微变化。如:

⑯ Настоящее было ему мало знакомо, непонятно и чуждо.

原译:真实的情况他知之甚少,了解的不多,而且不愿意听。

改译:他对现实感到不太熟悉,不可理解,非常陌生。(杨仕章 译)

试译:他不太熟悉现实,一切都难解且陌生。

Настоящий 作为形容词有"目前的,现在的""真的,真正的"意思。它的中性形式 Настоящее 也可用作名词,不过,当用作名词时就没有"真实、真实情况"的意思,而只有"现代、现在"这个意思。原句是述谓结构,мало 做谓语,настоящее 形容词名词化充当本句真正的主语,ему 为形式主语。原译将 настоящее 误判为形容词。试译更为简洁。

⑰ Вот уже который месяц я получал письма...

原译:这个月我已经收到好多信了……

改译:我已经收了好几个月这样的信了……(杨仕章 译)

Который 用作关系代词表示"这个,那个,这种",通常连接定语从属句;用作疑问代词时表示"哪个,第几",如 Который час。例 17 中的 который 用作不定代词,通常与 раз, день, год 等连用,表示已经"多少次,多少天,多少年",原译将其误解为关系代词,译成"这个月……"。

3. 近义词混淆

近义词辨析是二语习得者的难点,它也会成为翻译的障碍。

⑱ "Что-то со глазами..." — пронзила как стрела жгучая мысль. У мамы раньше со зрением было неважно.

原译:"眼睛有点问题……"可怕的念头像箭一样刺痛了我。妈妈以前就不重视保护视力。

改译 1:"眼睛出了点事……"可怕的念头如同利箭一样刺痛了我。妈妈以前视力就不好。(杨仕章 译)

改译 2:"眼睛出了问题……"一个可怕的念头像针一样刺了我一下。妈妈以前视力就不好。(白文昌 译)

形容词前加 не 是构成反义词偶的一种方式,原译之误在于将 неважно 和 важно(重要)视为一对反义词,理所当然地认为 неважно 作为"不重要"解,неважно 实际上是"不大好、不太好"的意思。改译 2 与改译 1 的差别在 стрела 的处理上,也体现不同翻译主体主观性的差异,即读相同的原语,感受各不相同。

(二)短语误译

短语是由两个及以上的词组成,也有语法书称之为词组,是比词要大的语言单位。通常可见的短语误译:对短语内部修饰关系的误解、未能把握固定搭配的意义、被动形动词词组误译等。

1. 语法关系误辨

俄语的语法关系复杂,这是所有二语习得者的共同感受,许多误译源自译者语法关系不清晰。

⑲ Каждый невольно задумался о роковой зависимости жизни и счастия человека от случайностей и пустяков.(出自黑大版俄汉通第二代电子词典中 зависимость 一词的例句,原语出自契诃夫短篇小说《狼》)

原译:人人都会不由自主地考虑到,人的一生和幸福注定会受到各种偶然性和一些区区小事所左右。

学生改译:每个人都会不由自主地想到,其生活和幸福注定被偶然情况和琐碎事务左右。

试译:每个人都会不由自主地想到,幸福的生活受偶然情况和琐碎事务左右。

短语 о роковой зависимости жизни счастья человека 是串联的第二格,逐次限定核心词 зависимости,它们之间是修饰关系,原译将其处理为并列关系,属短语误译。且原译的"各种偶然性"和"一些区区小事"存在逻辑问题,"各种"应该是包括"一些",偶然情况和小事在原句中是并列成分。

2. 误解固定搭配的意义

有些固定搭配的短语意义并不等于其组成词之和。

⑳ Я совсем не с тем намерением—возразила было Лиза, и застыдилась.

原译:"我完全没有这个意思"丽萨不同意他的话,而且感到不好意思了。

改译:"我根本没想那样"丽萨刚要分辩,却又害起羞来。(杨仕章 译)

试译:"我根本没那个意思"丽萨刚辩解,又害羞起来。

было 与动词过去式连用,是指"本来打算"。例 20 中的 возразила было 表示"反对、分辩"这一行为刚刚开始实施,但随即又中断,是欲言又止的状态。所以不能简单地译作"不同意",而应译为"刚要辩解"。

3. 被动形动词短语的误解

主、被动形动词是书面语体常用的语法形式,也是翻译的难点。

㉑ В сущности, правительство только исполнило свой долг; можно даже сказать, что в мерах строгости, применяемых к нам сейчас, нет ничего чудовищного, так как они, без сомнения, далеко не превзошли ожиданий значительного круга лиц.

原译:事实上,政府只是尽了它应尽的职责。甚至可以说,现在就我们所采取的那些严厉的措施,并无什么特别骇人听闻的地方,因为这些措施远未超出许多人的预料。(贾泽林,李树柏 译)

改译:事实上,政府只是尽了自己的职责;甚至可以说,现在针对我们所采取的那些严厉的措施,并无什么特别令人称奇的东西,因为这些措施毫无疑问远未超出许多人的预料。(朱达秋 译)

此例是恰达耶夫著名的《一个疯子的辩护》中的一段话。使用被动形动词短语是书面语的特征之一,в мерах строгости, применяемых к нам сейчас 中的被动形动词短语意为"被用来针对我们的那些严厉措施",根据上下文,采取措施的主体应该是政府。而原译"就我们所采取的那些严厉的措施"易让人误解"我们"是采取措施的主体。

(三)句子误译

汉语多是意合的流水句,依靠语境或内在的逻辑意义上下贯通,语序在汉语中的作用十分重要;而俄语则是形态变化丰富的语言,其语序并不起关键的作用,判断各个组成部分的成分主要依靠其形态的变化。受母语思维的影响,中国人学习俄语的难点在其复杂的语法关系上,句子层面的误译也主要表现在语法关系的误解上。

1. 语法关系错解

句子是词按照该种语言的语法规则组织起来的,表达相对完整的思想。句中语法关系的错解,必然导致译文偏离原作。该类型误译主要包括主体不辨(例22、例23、例24)、主语不辨(例25)和补语不辨(例26)。

主体不辨是指译者由于俄语语法知识掌握不牢,未能辨别语法结构中的主体和客体,从而导致句义偏离。以下例为证:

22 При мне дело было. Приходят трое шахтёров Горловского района: с рудника номер одиннадцать, говорят, мол, так и так. (Шолохов «Тихий Дон»)

原译:我看到的事情是这样的,有三个戈尔洛夫斯基区的矿工来了,从11号矿井。听说是这样的。

改译1:我目睹此事,有三个戈尔洛夫斯基区第11号矿工来诉说事情的经过。(杨仕章 译)

改译2:我目睹此事,从戈尔洛夫斯基区来了三个矿工,11号矿井的,一五一十地说了事情的经过。(白文昌 译)

原语有两并列的谓语 приходят 和 говорят,这是同一个主语发出的,都是 трое шахтёров。原译者没有注意到原语的标点符号而错误理解其语法关系,导致译文错误。改译1的语言有些生硬,没有译出语气词 мол 的生动性,而改译2通过"一五一十"弥补了改译1的不足,并将"有三个戈尔洛夫斯基区第11号矿工来述说……"分成两个小句"从戈尔洛夫斯基区来了三个矿工,11号矿井的",更凸显语言的生动。

23 Стилистика у нас изучается факультативно, но она интересует товарищей не менее, чем другие обязательные предметы.

原译:我们这里修辞学是选修,但它对同学们的兴趣并不亚于其他必修课。

改译:我们这里修辞学是选修,但是同学们对它的兴趣并不亚于其他必修课。(杨仕章 译)

原译中把动词 интересовать 感兴趣的主体和对象弄错了,是"同学们对选修课感兴趣",而不是"选修课对同学们感兴趣"。

㉔ Достаточно матери строго взглянуть, чтобы сын понял, что сделал плохо.
原译：只要看一眼严厉的母亲，儿子就明白自己做得非常差。
改译：只要母亲严厉地看一眼，儿子就知道自己做的不好。（杨仕章 译）

原句中 матери 是主句的主体，而原译把它看作 взглянуть 的补语，所以导致误译。

由于俄语的复杂性及译者外语能力不逮、语法知识欠缺，没有正确判断原句中的主语而致的误译。见下例：

㉕ Прочитав хорошую книгу, человек становится умнее, культурнее, жизнь вокруг себя начинает лучше видеть.
原译：人读了一本好书，就会变得更加聪明，文明，生活突然开始变得更清晰了。
改译：读了本好书，人会变得更聪明，更有修养，对周围的生活也开始看得更清楚。（杨仕章 译）

原译把小句 жизнь вокруг себя начинает лучше видеть 的成分分析错了，把 жизнь 视为其主语，把 начинает лучше видеть 看作 жизнь 的谓语。这是语法关系误解。实际上整个句子的主语是 человек，它支配了两个并列谓语 становится 和 начинает。

由于俄语形态变化丰富，词序相对自由，外语能力较弱的译者有时无法准确分辨句子的补语。如下例：

㉖ Я на помощь к несчастным иду.
原译：我向苦难寻求帮助。
试译：我去帮助不幸者。

俄语是形合语言，句子的各个成分通过形态变化保持一致，通过其形态我们可以判断它在句中充当的成分，所以俄语的语序变化比较灵活。原语的实际语序应该是 Я иду к несчастным на помощь. Идти на помощь 是

"来帮助"之意,显然原译没能正确分辨原语的语法关系,不熟悉 помощь 的搭配。此外,还可以通过回译验证原译是否正确。原译回译为俄语应该是 я иду к несчастным за помощью。

2. 复句误译

复合句可以分为主从复合句和并列复合句,相比而言,主从复合句更容易被误译。

㉗ Он не любил, когда своя жена командовала, забывала, что в доме есть муж, хозяин.

原译:他不喜欢当妻子发号施令时,忘了家里还有他这个丈夫,这个主人。

改译:他不喜欢妻子发号施令,忘了家里还有个丈夫,还有个一家之主。(杨仕章 译)

虽然 когда 在多数情况下是连接时间状语从句的,但是在此句中,它连接的是说明从句,командовала 和 забыла 并列充当 когда 连接的从句中的谓语。原译把它误译成时间状语的形式。что 连接的说明从句充当 забыла 的补语。

㉘ Великий русский учёный Попов за несколько дней до смерти обратился с письмом к молодёжи, чтобы она отдала всю свою жизнь науке.

原译:俄罗斯伟大学者波波夫临终前几天致信青年人,为了让她献身科学。

改译1:俄罗斯伟大学者波波夫临终前致信青年,让他们献身科学。(杨仕章 译)

改译2:俄罗斯伟大科学家波波夫临终前致信青年,希望他们献身科学。(郑永旺 译)

俄语第三人称代词的使用和汉语的不同,它属于语法性的,而不是语义性指代,原译将 чтобы 从句的 она 译成单数的"她",会让汉语读者不知所云。这里的 она 指代阴性集合名词 молодёжь,按照汉语的理解习惯,应该译成复数。改译将代词指代的具体对象加以明确,增强了译文的精确性。改译 2 将 чтобы 译为"希望",语气比较委婉,符合伟大学者谦虚的个性。

第二章　误译类型体系 | 65

3. 固定句型误译

若对固定句型不熟悉,也易译错。如:

㉙ Да, очень беспокоит меня, и на то дан разум, чтоб избавиться; стало быть, надо избавиться.

原译:是的,这让我很不安,而且理智告诉我要摆脱这一切,这么说来,我是应该解脱了。

改译:是的,我很烦恼,但天赋理智就是为了摆脱烦恼;因此一定要摆脱。(草婴 译)

"на то...чтоб..."通常译为"……是……,就该……"等,这是一个熟语结构的口语句型,表示最典型的、最重要的职责(指人)或用途(指物)。原译之误是这方面的语言知识欠缺。译者应及时查阅相关资料,避免误译。

(四)篇章误译

篇章通常是指既具有意义联系又具有语法联系的连贯性言语单位。小到句子,大到句群,都可以构成篇章。俄语语法比较严密,重形合,各个句子、语段或段落通常由一定的关联词或连接词连接起来。这些关联词语表示不同的功能或意义,如说明、时间、因果、比较、转折、让步、条件等。在主从复合句中,各分句主次分明,从属分句须由主从连接词引导。在并列句里,并列的分句则用并列连接词或分号、逗号连接起来。而汉语则重意合。一些句子或分句有时不分主从关系,而只是并列在一起,通过意义连接起来,关联词或连接短语用的较少。[①] 篇章翻译包括两大方面:一是篇章的结构形式,二是篇章的内容。篇章层的误译情形在这两个大的方面都有所体现,这里主要讨论一下结构形式方面的误译。这些误译多是俄汉语言规范的差异导致,包括:重叠复句句法分析错误、句群中成分误判。

1. 重叠复句句法分析错误

要把握一个句子的意义,句法分析不可或缺。句法分析不当是言语理解错误的一个重要原因。俄语常使用各种附加成分、短语、大量的动名词、前置词词组等,组成一个带有多种修饰成分的、很长的简单句,或使用各种连接词,把许多句子组成一个带有多种并列关系的、层次重叠的、很长的复合句。俄语的这种句法结构特点无疑容易造成译者理解上的困难,导致误译。请看下面例句:

[①] 袁锦翔. 略谈篇章翻译与英汉篇章结构对比[J]. 中国翻译,1994(6):4-8.

30 Оказывается, от того, в каких условиях живёт человек, какая высота потолков в его квартире и насколько звукопроницаемы её стены, как человек добирается до места работы, с кем он повседневно общается, как окружающиие люди относятся друг к другу, зависит настроение человека, его трудоспособность, активность —вся его жизнь.①

改译：似乎,居住在什么条件下,住宅的天花板的高度怎样以及墙壁的透音度如何,如何到达工作单位,平常与什么人交往,周围的人相互关系如何决定人的情绪、工作能力、积极性——决定着他的整个生活。（学生 译）

试译：原来,一个人的心情、工作能力、积极性,乃至他的整个生活取决于其居住条件,其住宅天花板的高度以及墙壁的透音度,还取决于他乘何种交通工具上下班,平常与什么人交往,其周围的人相互关系如何。

原文是一个主语倒置的主从复合句,настроение человека, его трудоспособность, активность—вся его жизнь 是主语,谓语是 зависит, в каких условиях живёт человек, какая высота потолков в его квартире и насколько звукопроницаемы её стены, как человек добирается до места работы, с кем он повседневно общается, как окружающиие люди относятся друг к другу 是六个并列的副句,共同说明 того。这种"在句法有联系的成分被分离的结构,增加了工作记忆的负担,使读者产生理解困难,因为它要求保持早些时候遇到的成分,而在晚些时候才把它和后面的成分相联系"②。原译按照原语的顺序翻译,把原文说明补语的几个副句处理为主句了,如果我们把语序调整为 настроение человека, его трудоспособность, активность — вся его жизнь зависит от того …则不易造成误译。

2. 句群中成分误判

句群是由若干个小句或复句组成,一般篇幅较大,各个句子成分、结构较难分析。如下例：

---

① 何红梅,马步宁. 全新大学俄语综合教程 3[M]. 北京:高等教育出版社,2009:117.
② 张必隐. 阅读心理学[M]. 北京:北京师范大学出版社,2004:132.

[31] Верный богу человек идёт в рай. А который не служит богу и пророку? Может, он- вот в этой пене …

原译：信上帝的人进天国。哪一个人不是献身给上帝和先知的呢？也许他就在这个泡沫里。

学生改译：忠诚地信奉上帝的人要进天国。可是不信奉上帝不信奉先知的人该怎样呢？也许他——就在这个浪花里面……

试译：忠于上帝的人进天国。而不信奉上帝和先知的人该怎样呢？也许他——就在这个泡沫里……

原语是由三个单句组成的句群，原译之误在于错误理解 который 在句中充当的成分和意义，把它作为首句的定语从句来理解了。译者忽略了 A 前面的句号，同时 A 是转折之意。改译的言语有些啰嗦，而且把 пена 译为"浪花"过于浪漫，不符合"受上帝惩罚"的语用效果。

从篇章层面的误译分析可见，大多是因为译者受原语冗长、复杂的句法结构的影响。因此在翻译多个复杂句子时，译者应仔细分析语法关系，找出句子中的主要成分和次要成分、主句和从句，判明各个成分和各个子句之间的关系，在正确理解原文的基础上，根据汉语表达习惯生成译语，力求译文内容准确、条理清晰、层次分明、上下连贯。

一些译者有一种不好的习惯：一打开原文，马上着手翻译，往往是看一行，译一行，或是看一段，译一段。这样的分割处理会破坏整体结构，扰乱篇章的整体有机联系。

三、标点符号误译

标点符号是语言书写体系的重要组成部分，也是书面交际的一种重要手段。只有将语言和标点有机结合才能构成完美的语言形式。不规范甚至错误使用标点符号不仅会影响达意，甚至能导致信息、情感等的误差。全世界范围内的作家或是语言学家都很重视对标点符号的使用。郭沫若在 1947 年出版的《沸羹集·正标点》中曾说过："标点之于言文有同等的重要，甚至还在其上。言文而无标点，在现今是等于人无眉目。"标点的重要性可见一斑。俄国著名作家契诃夫把俄语中的标点符号称为"阅读过程中的音符"。巴乌斯朵夫斯基曾经这样评价俄语中的标点符号："它们控制着整篇文章，不让文章散架。"中国的语言大师叶圣陶先生也曾说："标点很要紧。一个人标点不大会用,说明他语言不够清楚。"①由此可见,标点虽小,意义重大。

(一)标点符号相关知识

1.汉语标点符号简介

古汉语只有句读号,无其他标点符号,现代汉语的标点符号从西方语言中舶来,但也根据汉语使用习惯作了发展,逐渐形成自己的体系,有自己的使用规范。标点符号自从 19 世纪末到 20 世纪初被介绍到中国之后,对我国文字产生了非常大的积极影响。1990 年国家语言文字工作委员会与国家新闻出版署一起发布了修订的《标点符号法》,使标点符号的使用进一步走上了正轨。1994 年国家对《标点符号法》又进行修改,成为标准本,于 1996 年 6 月 1 日起实施。②

2.俄语标点符号简介

俄语标点符号的真正形成是 18 世纪。著名学者普列季亚科夫斯基(Предиаковский)和罗蒙诺索夫对标点符号理论的确立和用法阐明做出巨大的贡献。罗蒙诺索夫在其名著《俄语语法》(«Российская грамматика»)一书中专有一章来论述标点符号。1918 年,苏联科学院、苏联高等教育部和俄罗斯联邦教育部联合审定出版了《俄语拼写法和标点法规则》(«Правила русской орфографии и пунктуации»)一书。参加编写和审定人员都是著名学者,如:谢尔巴(Щерба),乌沙科夫(Ушаков),巴尔胡达罗夫(Бархударов),维诺格拉多夫(Виноградов),沙毕罗(Шапиро)和奥若戈夫(Ожегов)等。他们提出了十种标点符号,即:点号(.)、逗号(,)、冒号(:)、分号(,)、破折号(—)、问号(?)、惊叹号(!)、省略号(…)、括号(()、[])、引号(«»"")。这十个符号一直沿用到现在。除了这十个以外,陆续又增加了一些新的符号,但存在争论,有的学者认可,有的学者不认可,至今还没有定论。这些符号是:

(1)双逗号(запятые),,

(2)双破折号(двойноетире)——

(3)斜线号(дробнаячерта)/

(4)单括号(скобка))

(5)注释号(сноска)*

(6)句段号(абзац)(没有任何符号,指句段开头的空白)

---

① 吴邦驹.最新标点符号用法[M].北京:华艺出版社,1991:11.
② 陈光祥.英汉互译时标点符号的变通使用[J].上海科技翻译,2003(1):26-29.

(7)连字号(дефис или чёрточка)-

(8)移行号(знак переноса)~:——

另外,个别标点符号的数量也增加了,如括号,除了圆括号(())、方括号(〔〕)两种外,又增加了斜括号(/ /)、尖括号(<>)和花括号({ })。①

3.俄语与汉语标点符号异同对照

俄语与汉语标点符号异同对照使用规则有相同之处,也存在差异(见表2):

表2 俄汉标点符号对照表

名称	汉语 符号	汉语 用法	俄语 符号	俄语 用法
句号	。	用在句末	.	用在句末、句中或停顿但思想未尽的地方
逗号	,	短暂的停顿	,	停顿
顿号	、	比逗号的停顿要短	无	改用逗号
分号	;	用于并列分句	;	分隔复杂句子中的独立分句、列举项、句中并列成分之间
冒号	:	用于提示性词语后	:	列举之前
问号	?	用于问话	?	问语之后
叹号	!	强调感情色彩	!	感叹句末未
引号	" "	引用某人、某出处的话,非转述	« »	引起读者注意、表讽刺意义、专有名词等
括号	( )	表示插入的话	( )〔〕	补充说明或解释
破折号	——	提示性词语后面,用于对前边的说明	—	用于成分的省略
省略号	……	语言省略部分	…	表省略
分读号	·	加在外国人姓名中间	无	
书名号	《》	用于文化作品的题名	无	采用斜体表示书名
专名号	_	加在人名、地名下,现已不多见	无	专有人名、地名一般要大写

---

① 王忠.俄语标点符号的演变[J].中国俄语教学,1989(3):39.

(续表)

汉语			俄语	
名称	符号	用法	符号	用法
着重号	......	加在汉字下,表示强调	异体	采用异体表示强调
斜杠		多用作数学符号	/	表示或"每"分数、日期等

从表中我们可以看到,俄语和汉语中的标点符号不是一一对等的。俄语没有顿号,句号是实心小黑点,省略号是三个小黑点等。二者使用的差异主要集中在书名号、双引号、破折号等几个标点上,翻译转换时的错误也多发生在此。

(二)标点符号转换常见误译

1. 引号转换之误

俄语引号除具有与汉语引号相同的引导直接引语的功能外,还可用于各类文艺作品的标题(书名、报纸、杂志、文件名称一般用下画线、斜体或大写表示)。在文本中,它的书写形式可以是«»,也可以是""还可以是""。翻译成汉语时,不应照搬照抄,而要根据汉语的要求,或去掉、添加或转成汉语的引号(通常为双引号,必要时为单引号),或转成书名号(通常为双书名号,必要时为单书名号)。

㉜ Корпорация «Майкрософт» заявила о своём появлении на китайском рынке компьютерных и интернетовских услуг.

原译:《微软公司》声称它已进入中国计算机和因特网服务市场。

改译:微软公司声称它已进入中国计算机和因特网服务市场。

(杨仕章 译)

俄语中,表示企业名称的专有名词放在引号中,俄语引号的形式是"«»",有点像汉语的书名号,原译直接把它转换成汉语的书名号了,这不符合汉语的相关规范。因为汉语在表达企业名称时,一般不需要加引号。

㉝ Россия вчера по существу прекратила эксплуатацию орбитального комплекса «Мир».

原译:俄罗斯于昨日实际上停止使用《和平号》空间站。

改译:俄罗斯于昨日实际上停止使用"和平号"空间站。(杨仕章 译)

第二章 误译类型体系 | 71

上例中,依照汉语的习惯,给空间站的名称打上书名号是不妥当的。汉语正确的标点符号应当是引号,而不是书名号。

㉞ Китайские кинематографисты закончили на Студии Довженко съемки двадцати серийного телевизионного фильма "Как закалялась сталь".
原译:中国的电影工作者在杜甫仁科电影制片厂完成了二十集电视连续剧"钢铁是怎样炼成的"的拍摄。
改译:中国的电影工作者在杜甫仁科电影制片厂完成了二十集电视连续剧《钢铁是怎样炼成的》的拍摄。(杨仕章 译)

上例中,Как закалялась сталь 是电视剧的名称,俄语所用的标点符号是引号,而在汉语中,电影、电视剧及书籍的名称应该用书名号。原译对于原文的引号未作转换,只是直接保留了,显然不妥。

㉟ Реализация предложенных Сочинской декларацией мер наверняка поможет резко увеличить доходы страны от туризма.
原译:落实索契宣言中提出的各项措施必将大幅度增加俄罗斯的旅游收入。
改译:落实《索契宣言》中提出的各项措施,必将大幅度提高俄罗斯的旅游收入。(杨仕章 译)

Сочинской декларацией 是文件名称,是专有名词,俄语是拼音文字,表达时大写就可以区别。汉语是方块字,无法通过书写区分,翻译成汉语应遵循汉语标点符号的规则,加上书名号。原译仿照原语的做法不妥。

㊱ Вам надо доехать до станции «Парк культуры» и там сделать переход.
原译:您得坐到《文化公园》站,在那儿换车。
改译:您需要坐到文化公园站,在那儿换车。(杨仕章 译)

Парк культуры 是地铁站的名称,俄语表达时需要加引号,译成汉语则不必保留引号。

㊲ Ещё один случай заражения человека "птичьим гриппом" выявлен во Вьетнаме.

原译:又有一个人感染"禽流感"的情况在越南被发现。

改译:又有一宗人感染禽流感的案例在越南被发现。(杨仕章 译)

俄语表达 птичий грипп 这个概念时,可加引号,也可不加引号,但是译为汉语后无须引号。

㊳ В школе мы часто пишем сочинения на тему "Кем быть?"

原译:在学校里,我们常常以《我的志愿》为题写作文。

改译:在学校里,我们常常以"我的志愿"为题写作文。(杨仕章 译)

"题"如果是诗文、图书、报告或其他作品的标题,可作为篇名、书名看待,用书名号。如果是写作、科研、辩论、谈话的主题,则用引号。① 原语中的 Кем быть 是泛指某一类题目,并非特定作品的标题,译成汉语用引号更妥当。

㊴ Идите прямо и вы увидите большую букву «М» на красном здании.

原译:请您直走,会看见红色建筑物上有个《M》大字母,那里就是。

改译:一直往前走,您会看见一个红色建筑物上有个大大的字母"M",那儿就是了。(杨仕章 译)

试译:直走,您会看见一个大大的字母 M 在红色建筑物上,那里就是。

原语中 M 并非标题,在拼音文字中为了区分加上引号,但译为汉语就用不上了,M 是字母词,可以和汉语区分。原译之误在于照搬原语,改译之误在于画蛇添足。

2.破折号转换之误

俄语破折号在表示解释或转折意义时与汉语用法相同,主要用于表

---

① 林穗芳.标点符号学习与应用[M].北京:人民出版社,2000:377.

示:①下文是解释或说明(作用相当于括号);②意思的递进;③意思的转折。但俄语破折号还可用于句子中间,表示迟疑犹豫的叙述或未讲完的话语,这时相当于汉语的省略号。此外,俄语破折号也常用于对话开始句前,相当于引号。

⌊40⌋ И тут же [он] услышал истошный бабкин вопль: — И-идиот! Ты чего в сметанку кинул?!

原译:这时他听到了老太太的哀号:——白——痴,你把什么扔进我的酸奶油里了?!

改译:这时他听到了老太太的哀号:"白——痴,你把什么扔进我的酸奶油里了?!"(杨仕章 译)

俄语破折号也常用于对话开始句前,相当于引号。第二个破折号则表示声音的延续。

⌊41⌋ «Вы хотите быть профессором истории?» — спросила Елена.

原译:"您想成为历史学教授吗?"——叶列娜问。

改译:"您想成为历史学教授吗?"叶列娜问。(杨仕章 译)

俄语中,当直接引语在前、作者引入语在后的时候,无论直接引语放在破折号之后,还是放在引号之内,作者语之前总是有一个破折号。而在汉语类似的直接引语结构中,作者语之前一般不用破折号,因此在俄译汉时要遵守汉语标点符号的使用规则,去掉这类破折号,否则就画蛇添足了。

⌊42⌋ Спесь — чувство мелкое, петушиное.

原译:妄自尊大——是一种低级好斗的情感。

改译1:妄自尊大是一种低级好斗的情感。

改译2:妄自尊大——一种低级好斗的情感。(杨仕章 译)

原语是俄语破折号的另一个用法,通常用来间隔名词形式的主语和表语,或间隔以动词不定式表达的主语和以名词或动词不定式表达的表语。这类破折号在翻译成汉语时,可采用两种处理方式:其一是照搬破折号;其二是以"是"代替俄语的破折号。原译文既将原文破折号的意思用"是"字表达出来,又照搬了原文的破折号,实属叠床架屋。

43 На звонок мне открыли.＜…＞

——Проходите, пожалуйста.

原译:应着我按下的门铃,门被打开了。(……)

——请进。

改译:我摁了门铃,门开了。(……)
"请进!"(杨仕章 译)

Проходите, пожалуйста.作为对话的一部分是另起一段的,所以前面用了破折号。汉语这种情况是用引号。

3. 感叹号转换之误

感叹号表示强烈的情感,如愤怒、惊讶、快乐等。此外,一些表示告别、问候、祝贺、口号、命令等意义的简单结构,也常用感叹号。需要注意的是,俄语的演说词开头呼语、信函的开头呼语后都用感叹号或逗号,而汉语的习惯是用冒号。

44 Уважаемые граждане России! Уважаемые гости!

原译:尊敬的俄罗斯公民们! 尊敬的来宾!

改译:尊敬的俄罗斯公民们,尊敬的来宾:(杨仕章 译)

4. 因标点符号导致的误译

(1)因逗号导致的误解。逗号表示一句话中间相对较短的停顿,无论是在汉语里还是俄语里它都是使用频率较高的符号。由于俄语标点符号系统中没有顿号,许多表示短暂停顿的都用逗号,有时还会有一逗到底的情况。逗号用法在俄汉语中的差异之处也是错误频发之处。

俄语中用逗号分隔句子内部的多个同等并列成分,包括主语、谓语、表语、补语、定语、状语(定语、状语间也可不用)。而在汉语里,若并列成分为主语、宾语、定语时,一般要用顿号(俄语中无顿号);若并列成分为谓语、状语时,则多用逗号,也可不用标点。

俄语用逗号分隔非限定从句或各类短语、独立成分、同位语等,而汉语中一般不用。俄语标示日期和地址时也常用到逗号,而汉语一般不用。在俄文信函里,开头称呼语和结尾敬语后常用逗号(也可用感叹号),而汉语一般用冒号。

45 Какова должность сего диктатора, как называет его шутливо

第二章　误译类型体系 | 75

князь Вяземский?

原译：这个官员的职责是什么？维亚泽姆斯基公爵是如何开玩笑地称呼他？

改译：维雅齐姆斯基公爵开玩笑称之为土皇帝的人的职务究竟如何呢？（戴启篁 译）

上面这个例子中，как 之前是逗号，所以连接的不是问句，而是一个插入句，意思是"正如……"。原译文把 как 连接的部分处理成一个独立的疑问句了，并不妥当。

46 Эти разряды-молнии сопровождаются осадками в виде ливня, иногда с градом, и сильным ветром (иногда до шквала).

原译：这种放电就是闪电，并伴随有暴雨形式出现的降水，有时候还伴随有冰雹和强风(有时候可以达到雪崩风)。

改译：该放电现象（闪电）伴有暴雨这种降水形式（有时夹杂冰雹）和大风（有时达到飑的强度）。（阎德胜 译）

上面这个例子中，иногда с градом 前后都有逗号，表明它是一个独立短语，实际说明的对象是 осадками。原句中 осадками（降水）与 сильным ветром（大风）是同等成分，都是伴随 эти разряды（该放电现象）产生的。而原译文则让读者误以为，大风只是时有时无的现象。这是因为忽略逗号而误解独立短语 иногда с градом 造成的。

47 В ней уже сидел бес, который день и ночь шептал ей, что она очаровательна, божественна, и она, определённо не знавшая, для чего, собственно, она создана и для чего ей дана жизнь, воображала себя в будущем не иначе, как очень богатою и знатною...

原译：她的身子里面有一个魔鬼，昼夜地对她小声说：她妩媚，她被人爱慕，究竟为什么目的，上帝才创造她；究竟为什么缘故，上帝才给她生命，她自己并没有一定的观念，她一想到将来，从来不想到别的，只想到自己很阔绰，很出风头……

改译：魔鬼已经上了她的身，并且不分白天黑夜地对她嘀咕，说她楚楚动人，美妙绝伦。她原本就不大清楚上帝究竟为什么创造她，为什么赋予她生命。听魔鬼这么一说，便想像自己今后肯定能大富大

贵,声名远扬。(杨仕章 译)

　　试译:她的身子里有一个魔鬼,昼夜对她嘀咕,说她楚楚动人,美妙绝伦。究竟为什么目的,上帝才创造她;究竟为什么缘故,上帝才给她生命,她自己并不清楚。想到将来,她从来想不到别的,只想到自己将大富大贵,声名远扬,……

　　原语是逗号到底,所以容易导致误解,只能依靠逻辑推理来判断各个小句的关系。"小声说"后面显然应该改成冒号。"说"的内容截至哪里需要推理。如果上帝已经小声对她说了"为什么创造她,为什么给她生命",她应该有一定的观念,而原语表达的是"她自己并没有一定的观念",因此可以判断"她被人爱慕"是上帝说完的。后面的小句都是描述她的心理状态。原译"小声说"后面是冒号,"上帝才创造她"之后是分号,有误导读者的嫌疑,似乎"她妖媚……上帝才创造她"都是魔鬼说的内容。改译对原语进行简单的调整,也是不错的译文,但是把最后的逗号处理为句号似乎与原语作者想表达的"未列举完"的意图不符。

　　(2)因分号导致的误译。分号是一种介于逗号和句号之间的标点符号,主要用以分隔存在一定关系(并列、转折、承接、因果等,通常以并列关系居多)的两句分句。俄语的分号有时不能直接转为汉语,见下例:

　　48 〈...〉я приехал затем, чтобы объясниться, конечно; но всё-таки это нельзя разом.

　　原译:……我来是要向您解释清楚,当然,一下子也说不清。

　　改译:……我来的目的,当然是想做个解释。可是一下子也解释不清。

　　上例中,конечно 的后面是分号,显然属于前一句的内容,与后一句"но всё-таки…"没有直接联系。上面的译文中,"当然"的位置不很恰当,因为处在这个位置上的"当然"无疑同"一下子也说不清"有关联。

　　综上所述,很多标点符号的误译是译者直接照搬了原文的标点导致。由于标点符号属于语言体系不可分割的一部分,当翻译使语言形式和结构都发生了变化,标点符号必然也该随之做相应调整。译者在处理原文中的标点符号时要参考译语标点符号体系的规则。

第二节 语义误译

语义,广义上,是语言的意义;狭义上,就是词语本身蕴涵的各种义项的总和。自然语言的语义问题或许是各类符号中最复杂的一种,它与历史、文化、社会、心理、哲学、逻辑、信息、符号、认知等密切相关。语义误译是指译者在理解原文时没有准确把握翻译单位(词、短语、句、句群、语篇等)的意义导致的误译。语义误译可根据以下四个层次来判断:①从文化上看是否译出了原作的内涵;②从事理逻辑上看是否译出了原作的内涵;③从科学知识上看是否译出了原作的内涵;④从科学术语上看是否译出了原作的内涵。[1] 语义亏损程度是翻译批评的焦点,也是我们判断语义误译的出发点,当语义亏损程度影响原语在译语中交际价值的实现时,可视为语义误译。语义误译主要体现在词汇义误译、短语义误译、句子义误译、句群义、篇章义误译上,每一类还可继续细化。

一、词汇义误译

词汇义误译是译者在单词识别过程中出现的错误。在词汇理解阶段,译者就大脑所接受的书面语言进行解码,并在自己的词汇系统中搜索该单词的特征,达到对单词意义的把握。在这个简短的过程中,由于译者的疏忽大意或主观知识、能力欠缺而确定该词汇错误的意义。[2] 词汇是翻译的基础,词汇误译类型多样,深入剖析可将之划分为词义误解、误选,词义混淆等类型。

(一)词义误解

阅读原文是翻译的第一步,译者通过逐词阅读,接收每个文字符号的信息,确定每个单词的意义表征。在阅读过程中,尤其是快速阅读时,译者通常只凭单词的外部轮廓和内部的大致特征做出迅速的分析,通常自动使用惯用的或潜意识里存在的意思,而没有仔细提取它的每一个特征。这种词义的识别方式虽然能够提高翻译速度,却容易出现词义误解。通过语料分析可见,词义误解表现为将词汇简单叠加、草率判断,或者疏忽了新词新义、旧词新义。

---

[1] 黄忠廉,李亚舒.科学翻译学[M].北京:中国对外翻译出版公司,2007:228-242.
[2] 牛丽红,易绵竹,杨志强.俄汉误译的心理语言学分析[J].解放军外国语学报,2012(5):85-89.

1. 简单叠加,草率判断

译者依靠词汇储备和熟知的构词法常常主观推测派生词的意义,忽视工具书的利用,导致词义误解。如下例:

① Одной бессонной ночью из окна комнаты она наблюдала за морем.

原译:在一个无梦的晚上,她从房间的窗户看着大海。

改译:在一个不眠之夜,她透过房间的窗户凝视着大海。(徐燕 译)

按照俄语构词法规律,бессонной 是由前缀 бес(没有,无)与 сон(梦)的形容词组成,原译者根据单词的表象望文生义,主观判断其意义也是二者的叠加,从而翻译成"无梦的",而这个词的实际含义是"睡不着的,无眠的"。

2. 错译旧词新义

翻译过程中,译者常会遇到一些新词或旧词有了新义的情况。如果译者的词汇储备不够或粗心大意,就会译错。

② В Москве состоялась официальная презентация нового руководства Китая.

原译:对中国新一任领导的民意投票在莫斯科进行。

改译1:莫斯科正式介绍了中国新的领导层。(杨仕章 译)

改译2:莫斯科举行了中国新领导层的官方介绍会。(郑永旺 译)

原译将 презентация 理解为"民意投票"是错误的。它来自拉丁语,原来用于商业领域,指"提出(票据)""(票据)持兑",现在获得了新义,指"介绍、展示""推介会"等。改译1和改译2的区别在于对 официальная 的理解不同,在没有上下文语境的孤立句子中,официальная 既可以理解为"官方的",也可以理解为"正式的"。

3. 错译核心词汇

有些译者职业严谨性不够,对原语中不认识的词通常凭经验或直觉去推测,却懒于翻阅工具书,导致"错译一词,谬之千里"。

③ Джордж Буш, в свою очередь, подчеркнул, что обе страны завершили длительную главу конфронтации и установили совершенно новые отношения.①

原译:乔治·布什也强调说,双方结束了漫长的会谈并建立了完全新型的两国关系。

改译:乔治·布什也强调说,双方结束了漫长的对抗,并确立了全新的关系。(杨仕章 译)

Конфронтация 一词并没有"会谈"的意思,译者是根据记忆中积累的新闻惯用套话主观推测的,这个词恰好又处于核心位置,一词错译,整句皆输。

翻译是一项极其艰苦的工作,译者面对冗长而又复杂译本时,受自身的某些原因或者来自外界的种种干扰等,稍有马虎便容易出现词义误解而导致误译。

(二)词义误选

一词多义是人类语言的共有现象。单词是一种基础的语言符号,每个词形与其所指的意义并非完全一一对应,于是造成了同一个词可以表示不同的意义。俄语单义词的比例较小,大部分都是多义词,即一词多义项。词汇多义性分为两种:一是词作为语言的单位,本身具有的多义性;二是组句过程中因词汇原因而产生的多义性。② 多义词在语言系统中普遍存在,在具体语境中,多义词的意义一般都是明确的。在翻译过程中,多义词的含义需要结合上下文语境分析才能确定。如果译者不知道某个多义词的全部义项,翻译时又没有借助翻译工具,仅凭借先入为主的思维定式来翻译,往往容易因词义误选而造成误译。

1. 误选词汇义项

误选词汇义项,顾名思义就是没有正确判断、选择符合语境的义项。

[4] Ключ к дальнейшему улучшению станков заключается в автоматизации.

原译:要得到更好的机床在于钥匙。(王亚彬 译)

改译:进一步改进机床的关键是自动化。

试译1:改进机床的关键是自动化。

试译2:进一步改造(改良)机床的关键是自动化。

---

① 杨仕章,孙岚,牛丽红.俄汉误译举要[M].北京:国防工业出版社,2008:37.
② 薛恩奎.俄语中多义现象和语义构词[J].中国俄语教学,2009(4):27-32.

原译之误在于错误选择 ключ 的义项。二语习得者在记忆词汇本义的牢固度超过其引申义,在翻译时对词汇义项的提取也通常按照先入为主的顺序提取。ключ 的本义是"钥匙、扳手",引申为"关键、手段"等。对照原语可见,"机床的改良或改造"并不是"钥匙"决定的。改译的瑕疵在于"进一步"和"改进"在语音和词汇上有重复,试译 1 和试译 2 避免了此项不足。

⑤ ...а молоденький комиссар то подтягивался на руках в проём подоконника, то с него соскакивал, как запущенный волчок, ни на минуту не умолкая и все время двигаясь, маленькими частыми шагами расхаживал по кабинету.

原译:……年轻的政委一会儿撑着窗台,一会儿又跳下来,像是一头刚出洞的狼崽,一刻也不停歇,踏着细碎的脚步在屋子里走来走去。(蓝英年、张秉衡 译)

改译:……那位年轻的政委,一会儿双手撑着跳上窗台,一会儿又跳下来,像个打旋儿的陀螺在办公室急匆匆地转来转去。(顾亚铃、白春仁 译)

这是《日瓦戈医生》中的一句话,волчок 一词有多个义项,原译将其理解为 волк 的指小形式,即"狼崽"之意。但是这样的选择在语义上欠妥,含有贬义。改译将其理解为"陀螺"更合适。

⑥ Но давай начнём с самого начала, начнём с азов.
原译:那我们就从最开始谈起,从 A 谈起。
改译:那我们就从头开始,从最基础的开始。

此句中 аз 是字母 а 的古称,转义指"最基础的"。原译者没有仔细推敲译文,取用 аз 的直接意义翻译句子。如果他能查阅词典,对照 аз 的所有义项,并结合上下文,就会发现改译更加合理。

2. 误定引申意义

词汇的直接义项多是其原始义,间接义项多是其引申义,引申意义要根据其上下文选择切合的表达。

⑦ В последние годы он работал испытателем, дал путёвку в

жизнь многим машинам.①

原文:近年来他当了检验员,给许多机器发了检验证明。

改译:近年来他作为试飞员,通过试飞验证了许多飞机可以投产。(赵为等 译)

试译:近年来他当了检验员,给许多机器发了检验合格证。

путёвку 的义项是"通行证、路单","给机器发通行证"的隐含意义是"证明其质量合格",在译语中引申为"检验合格证"。改译的句子引申的更远,若没有上下文语境,我们很难判断他是不是"试飞员",машина 是不是指代"飞机"。

⑧ Виктор занял первое место по бегу, весь завод носил его на руках.

原译:维克多赛跑得了第一名,全厂工人把他高高举起。(顾霞君等 译)

改译1:维克多赛跑得了第一名,全厂工人都很敬佩他。(赵为等 译)

改译2:维克多赛跑得了第一名,全厂人都很敬佩他。(郑永旺 译)

Носить кого на руках 原译是"抱着、举着",转义"珍爱、宠爱"体现原语的修辞意义,原译显然没能准确表达,这也许是受影视片中人们通常将英雄或者冠军抬起来,反复抛向空中的认知经验的影响吧。改译1和改译2的区别是对 весь завод 的理解。这里使用了借代的修辞手法,代指"所有工厂里的人",郑永旺认为,工厂里的人并非都是工人,改译2为佳。

⑨ Храм Конфуция построен по принципу императорского дворца.

原译:孔庙是按皇家园林风格建造的。

试译:孔庙是按皇宫构造建成。

принцип 的义项有"①原理,定理;原则;②信念,(行为的)准则;③机制,原理"。因为孔子在中国地位之高,被视为"圣人",而孔庙的构造、风格自然可比天子居住的地方,在 принцип 原句的语境下选第三个义项最合理。"机制、原理"在译语中根据实际需要派生为"构造"。

---

① 顾霞君,冯玉律.俄语时间修辞学[M].上海:上海外语教育出版社,1998:67.

人们记忆单词时通常优先识记常用义项的习惯,以上几例都是译者按照先入为主的思维定式错误选取多义词的义项。译者在翻译过程中须勤查字典,结合语境仔细推敲,选择恰当的词义。人类学家马林诺夫斯基认为,语境是决定语义的唯一因素,舍此别无意义可言。伦敦语言学派创始人弗思也曾指出:"每个词一旦出现在新的上下文中便是一个新词。"[1]由此可见,语义受语境的影响,受语境制约,词语的语境意义是具体的、固定的,也只有其具体而又固定的语境意义才体现其语用价值。[2] 翻译不仅考验译者的语言知识,生活阅历与社会经验等也有助于翻译时的判断与选择。

(三)同义、反义词混淆

同义词、反义词也是人类语言的共有现象,同义词辨析向来是外语学习的难点,它也成为翻译的难点。而反义词混淆则是译者的疏忽大意所致。

1.同义词混淆

不仅一词多义会引起语义误译,在翻译时常常会遇到一些词义相近的词语,由于译者的疏忽,造成语义误译。

⑩ Надо всмотреться в лицо и позу каждого из них, чтобы почувствовать их яркую индивидуальность.

原译:只有看每一个人的脸和姿态,才能感觉到他们鲜明的个性。

改译:只有仔细观察每个人的表情和姿势,才能感觉到他们鲜明的个性。(杨仕章 译)

《俄汉详解辞典》中 всмотреться 一词的释义是 Напрячь зрение и внимание, чтобы рассмотреть, разобрать,汉语的意思是指"细看,审视,端详,仔细观察"等,不是简简单单的"看"。

⑪ Не такова ли сама Россия?

原译:真正的俄罗斯不是这样吗?(贾泽林,李树柏 译)

改译:俄罗斯本身不是这样的吗?(朱达秋 译)

---

[1] Firth J R. Papers in Linguistics 1934-51[M]. Oxford: Oxford University Press, 1957.
[2] 周方珠.英语词汇的语义辐射与词义选择[J].中国翻译,1993(4):50.

限定代词 сама 是"自己,本人,本身",常与名词或人称代词连用。原译将它译为"真正的",这与 сама 本来的词义关联不大。政论作品的作者为了表达自己的思想立场观点,一词一句往往都是用心斟酌的。相应地,在翻译政论文本时,译者也应仔细推敲,尽量还原原著的意义。

⑫ Город спит, но уж водовозы выехали, и где-то на далекой фабрике свисток будит рабочих.

原译:城市睡着了,可是洒水车已经出来,远远的一家工厂已经响起汽笛,唤醒工人。

改译:城市还没苏醒,可是运水工已经出来了,远处一家工厂正响着汽笛,叫工人起床。(杨仕章 译)

试译:城市还在熟睡,可是运水工已经出来了,远处一家工厂已经响起汽笛,唤醒工人。

спать 的意思是 находиться в состоянии сна,指的是一种状态,与 но уж водовозы выехали 和 будит рабочих 形成鲜明的对比,突出"运水工"及"工厂工人"的辛劳。原译将 спит 译为"睡着了",回译为俄语应该是 заснуть(погрузиться в сон),显然与原语要表达的意思相悖。

2. 反义词混用

反义词是指意思完全相反的两个词,但实践翻译中,由于译者粗心大意,将词义完全译反的情形也偶有发生。

⑬ ... он вырыл пропасть между нашим прошлым и нашим настоящим и грудой бросил туда все наши предания.①

原译:……他铲除了我国过往与现今之间的鸿沟,清除了各种陈规陋习。(贾泽林,李树柏 译)

改译:……他在我们的过去与现在之间掘出一道鸿沟,并将我们所有陈规陋习都成堆地扔进那里。(朱达秋 译)

试译:……他在我们的过去与现在之间掘出一道鸿沟,并将我们所有陈规陋习都成堆地扔进沟里。

原译中有两个地方欠妥:第一,вырыл пропасть 不是"铲除了鸿沟",而

---

① Маслинн М. А. Русская идея:антология. М.,Республика,1992:39.

是"掘出鸿沟",刚好把вырыть的词义译反了。第二,грудой бросил туда中的грудой漏译,туда就是指的пропасть,这一含义也没有表达出来,бросил的词义是"扔、抛",原译处理为"清除"不妥。改译将туда直接译为"那里"不如将其改为"沟里"表达更明确。而按照汉语意合的特点,上一小句已经出现"鸿沟",后一小句不必指代也可明了是"沟里"。

⑭ Рентгеновские лучи, просвечивающие багаж, небезвредны для людей.
原译:用于透视行李的伦琴射线对人无害。
改译:检查行李的伦琴射线对人不无危害。(杨仕章 译)

небез-是一个表示双重否定的前缀,意思就等于肯定,相当于вредны。原译将它理解反了。

(四)熟语的误译

语言与人民的生产生活紧密相连,尤其是丰富多彩的熟语(包括成语、俗语、谚语等)。熟语的特点是复现性和意义表达的双重性:一重为字面意义或形象意义,另一重为隐喻(引申)意义或抽象意义。由于不同语言文化背景的差异,熟语的两重意义都可能不完全重合,甚至相去甚远。熟语的翻译必须结合交际语境、上下文语境和大的文化背景,仔细揣摩原语作者使用熟语的意图。如果只看字面意义,就容易出现误译。见下例:

⑮ Не было ни одного открытого дома, ни одной невесты; мы собирались друг у друга, где, кроме своих мундиров, не видали ничего.
原译:没有一间露天房子,没有一位年轻的姑娘。我们聚集在一起,聚会的地方除了一群穿制服的人,其他什么也看不见。
改译:没有一户能够经常宴客的人家,没有一位年轻姑娘。我们在各家轮流聚会,这里除了制服外,什么也看不到。(杨仕章 译)

открытый дом是个旧用法,不是指"露天的房子",而是指"经常宴客之家"。此处误译是译者对旧词不熟悉、望文生义的结果。

由于成语的固定性和复现性,我们通常将它们视为语言的基本单位,与单词等同。但是许多译者常常会把成语当成自由词组翻译,造成误译;或者错误理解成语含义、用汉语类似成语套译等,再看下例:

⑯ Пока ходила в девках, и счастье ее тоже гуляло легко и свободно, в любой момент оно могло нагрянуть отовсюду, все четыре стороны для него были распахнуты.

原译：当她走在小女孩中间时,幸福也会轻巧而自由地漫步,它随时都能从各处突然来到,四方对它来说是敞开的。

改译：当姑娘的时候,她的幸福轻盈、自由,随时随地都可能突然蹦出来,因为她的四面八方都对幸福敞开着。（杨仕章 译）

试译：当姑娘时,她的幸福轻盈、自由,随时随地都可能突然蹦出来,因为她的心儿对幸福是敞开着。

Ходить в девках 是固定短语,表示"当姑娘,未出嫁"。原译没有理解,照字面译成了"走在小女孩中间",不妥当。改译的"她的四面八方……"似乎有些违背语言逻辑。

通过以上分析发现,词义误译的主要原因在于译者在理解原文时过于马虎、词汇记忆时义项记忆不全,或熟语储备量不足等。如果译者在阅读原文过程中能全神贯注,必要时能反复阅读、多方查证,有些错误是完全可以避免的,这就要求翻译主体要细心细致和一丝不苟。

二、词组义误译

词组又可称为短语,是由若干个单词搭配而成。词组的误译也体现在对组成词义项的错误选择或判断上,表现为理解不准与表达不当。请看下例：

⑰ «Партийная организация и партийная литература»
原译：《党的组织与党的文学》
改译：《党的组织与党的出版物》（郑述谱 译）

列宁的著作«Партийная организация и партийная литература»曾长期被译作《党的组织与党的文学》,后来才改译为《党的组织与党的出版物》。其错误在于 литература 这个多义词义项选择的偏差。由于 литература 是太过熟悉的常用词,译者按照思维定式选择了常用义项。只有严谨认真的译者才会去查阅工具书,按照上下文语境去推敲判断合适的义项。

⑱ Глаза у него (Николая) стали узкими, точно концы ножей.

原译：尼古拉的眼睛眯成了一条缝，像刀尖一样。
改译：尼古拉的眼睛眯得很细，像刀刃似的。（杨仕章 译）

"刀尖"是指"一点"，用来形容眼睛眯成一条缝显然不妥，改成"刀刃"更符合眯缝眼睛的形象性，也可套用汉语的比喻"像条缝似的"。

⑲ Лесная зона на юге не сразу сменяется степью, как и на севере тундрой.（学生课堂译例）
原译：正如森林带北部不是突转为冻土带一样，其南部也不是突转为草原带的。
试译：南部森林带也不是突变为草原带的，正如北部的森林带不是突转为冻土带一样。
改译：南部森林带不是一下子就变为草原带的，正如北部的森林带是渐变为冻土带一样。（白文昌 译）

"南部森林带"（Лесная зона на юге）和"森林带南部"（на юге лесной зоны）是完全不同的所指，原译混淆了二者的差别，是概念误译。

⑳ И как в далеких северных странах в канун Нового года, в праздничный сочельник сметают хозяйки с полок магазинов, где так маняще пахнет корицей, мандаринами, яблоками, ингредиентами салата оливье
原译：新年前夕，如同在遥远的北国商店，女主人们会把商店里散发着桂皮、柑橘、橄榄油、沙拉等气味的货架一扫而光。
改译：如同在遥远的北方各国，新年前夕家庭主妇们把商店弥漫着桂皮、柑橘、橄榄油、沙拉等气味的货架一扫而光。（郝翠翠 译）
试译：如同在遥远的北方各国，新年前夕，家庭主妇们把商店弥漫着桂皮、柑橘、苹果和沙拉食材等气味的货架一扫而光。

страна 有"国家"和"地区"两个义项。原译在 в далеких северных странах 增加了"商店"，造成词组 в далеких северных странах 产生歧义：到底是"北方的国家"还是"北方的地区"？在没有上下文语境的情况下，我们可以通过回译来验证原译是否正确，"在遥远的北国商店"译为俄语应该是 в магазинах северных стран。而 в далеких северных странах 本身已构

第二章 误译类型体系 | 87

成完整的第六格短语充当地点状语,译为"在遥远的北方各国"更准确。此外,原译和改译都漏译了 ингредиенты салата оливье。

此外,由于俄汉两个民族认知方式的差异,体现在语言表达上也有截然不同的词组,如 видеть сон(做梦),безразмерные чулки(弹力袜),конфессиональные щколы[教会(中、小)学校],держать корректуру(校对),коронная роль(拿手好戏),морская капуста(海带),умереть под ланцетом(死在手术台上),играть(петь) с листа[看着乐谱演奏(唱)],сухое молоко(奶粉),играть(петь) с листа[看着乐谱演奏(唱)]等,这些是最容易导致误译的地方。①

还有一些表达相同但所指意义不同的词组,例如високосный год 一般译作"闰年"。俄语词指"有 366 天(即二月份有 29 天)的年份"。汉语的"闰年",如果照历史原则排列的话,首先指"农历有闰月的(即有 383 天或 384 天的)年份",以后又指"阳历有 366 天的年份"。Народные университеты 不是中国的"人民大学",而是"职工大学"(苏联国内创办于 20 世纪 50 年代末,现共有 3 万所以上)。Ответственный редактор 不是中国出版单位的"责任编辑",而相当于某书的"编者"或"主编"②。

三、句义误译

句子是用词和词组构成的、能够表达完整意思的语言单位。③ 句子有简单句和复合句之分,其中复合句又分主从复合句和并列复合句。在翻译实践中,句义误译体现在:因信息漏译导致句子误译;误译句中的成分导致整个句子误译;不能正确理解原句的语法关系,容易导致句子误译;没有结合上下文把握句中所隐含的附加意思,也会导致曲解原文;当原语的逻辑结构与译语的逻辑存在分歧时,译语没有考虑译语读者需求,照搬原语的逻辑结构;句义重复等。

(一)信息误减

1.漏译句子成分

漏译句子成分即漏去原句关键信息导致句义偏离。

[21] Истина жизни всегда найдётся в обычной и скучной

---

① 李锡胤.词典的广度—深度—词义层次及体系[C]//李锡胤集.哈尔滨:黑龙江大学出版社,2007:14.
② 同上:7.
③ 现代汉语词典(第 6 版)[Z].北京:商务印书馆,2012:703.

повседневной жизни.(课堂译例)

  原译:人生的真理只是藏在平淡无味之中。
  改译1:人生的真理总是能在平淡乏味的日常生活中找到。
  改译2:人生的真理总是寓于平常的生活中。
  改译3:生活的真理寓于/蕴于每天的平淡中。

  与原文对照,原译显然漏掉了 повседневной жизни(日常生活、每天的生活),导致语义与原文内容不符,译语读者获取的语义信息少于原语读者,达不到相应的交际效果,所以可认定原译是漏译导致的"语义误译"。改译1使用对译的方法从语形、语义上都与原文保持一致,是正确的译文,但是从"语言求简"的角度看,修辞上还可再优化,将"能在……找到"改为"寓于",于是有了改译2。Истина жизни 在没有上下文语境时既可译为"人生的真理"也可译为"生活的真谛","平常的生活"进一步展开想象,可从"平平淡淡才是真"获得灵感,将其改译为"每天的平淡",从而得到改译3。文不厌改,译文也如此,美的译文可在多次思考后产生,也可能在灵光一闪中出现,所以说"译无止境"。①

  2. 漏译承前省略的信息
  俄语因其形合的特征,某些信息可承前省略,而译为汉语要不要将其补齐,要视具体情况来定。

  [22] Жизнь не те дни, что прошли, а те, что запомнились.(课堂译例)

  原译:人生的日子不应该流逝而应被铭记。
  改译:那些就在记忆里的,而不是白白溜走的,才是人生。
  试译:生活不是流逝的日子,而是被铭记的岁月。

  原译是句义误译,其误在于粗心。首先,译者忽略了原语 не те дни……а те 这样的句义对照,漏译了 а те(дни);其次将 Жизнь не те дни, что прошли 译为"人生的日子不应该流逝",误在没有读懂原句。改译据说是因为想到了普希金的《假如生活欺骗了你》中的诗句"那过去了的日子,都将会成为亲切的怀恋",认为与原文有某种相似,遂改译如上。此译兼有创造的成分,增加了修饰语,调整了句子的顺序,语言形式虽有变化,但原句

---

 ① 顾俊玲. 从拆字诗的翻译看"可译性"[N]. 中国社会科学报,2013-09-30.

承载的语义信息都译出,所以不失为正确译文。试译在语义、语形都与原句极似,也最大限度传递了原句的语用价值。

由例21和例22可见,判断语义误译要以原语为参照系,对比两种语言在信息的量和质上的相似度,若语义偏离影响交际功能的实现,即可为误译。

(二)信息误增

信息误增是指译者主观增加了原语没有的语义信息,使译语偏离原语的意义,导致交际失败。见下例:

㉓ Но полученные таким методом алмазы стоили очень дорого. Поэтому учёные искали другие методы получения искусственных алмазов.

原译:不过,用这种方法人工制取金刚石造价昂贵,所以科学家在寻找人工制造金刚石的其他方法。

改译:不过,用这种方法人工制取金刚石造价昂贵,所以科学家要寻找其他方法来人工制造金刚石。(阎德胜 译)

试译:不过,用这种方法获取金刚石造价昂贵,所以科学家在寻找其他方法获取人造金刚石。

很显然,原语中的第一句并没有"人工的"这个单词,而原译和改译都忽略这一点,将полученные таким методом алмазы译为"用这种方法人工制取金刚石"。"人工制取"即"人工制造取得",而原语显然表达的是"用这种方法得到/获取金刚石"。可见,原译是信息误增,偏离了原语。

(三)成分误译导致句子误译

孤立的语言单位很难完成交际目的,语言+语用价值=言语,言语的理解是要将语言的各级单位作为一个相互结合的整体来实现。无论什么层面的语言单位,如果错误理解其下一级语言单位,必然导致整个上一级语言单位的误译。具体表现为:句子中的单词误译会导致句子误译;句子误译会导致句群误译;句群误译导致篇章误译,等等。

1. 单词误译导致句子误译

㉔ Старься вместе со мной, лучшее ещё впереди.(课堂译例)

原译:和我一起变老,比走在我前面好。

试译:与我同老,未来更好。

原译因为误解了 лучшее 的含义，导致整个句子的误译。лучше 是 хороший хорошо 的比较级，兼有形容词和副词之义；лучший 也是个多义词，既可充当 хороший 的比较级（与 худший 相对），也做 хороший 的最高级，可做名词，лучшее 表示"最好的，最优者"。可见，原译者错把 лучшее 当作副词 лучше 理解。

㉕ Получив степень кандидата, Пигасов решился посвятить себя учёному званию: он понял, что на всяком другом поприще он бы никак не мог угнаться за своими товарищами.
原译：获得副博士学位以后，比加索夫决心为博士学位而献出全部精力；他知道，在其他领域他根本无法与自己的同伴相匹敌。
改译：获得学士学位后，比加索夫决心为这个学术称号贡献毕生，因为他清楚，在其他领域他根本无法追上自己的同伴。（杨仕章 译）

"副博士"这个学位的设立始于苏联时期（1934 年），并延续至今。这之前的 кандидат 指的是"学士"。例 25 出自屠格涅夫的《罗亭》，小说讲述的是 19 世纪中期的事情。那时候俄国并没有"副博士"这个学位，改译为"学士"才符合上例所处的时代文化背景，可见译者相关背景知识储备的重要性。在翻译过程中，有很多词语不用查词典的，因为它们在我们的心理词库里，可随意提取使用。但是有时这些貌似熟知的词也会蒙蔽我们的眼睛，如佛家所言"所知障"①。

2. 词组误译导致句子误译

词组在句子中的作用不能忽视，有时它决定句子的意义，如下例：

㉖ Он ручки у тебя лижет.
原译：他老是亲你的手。
改译：他很会拍你马屁。（胡谷明 译）
试译：他向你摇尾乞怜。

动词 лизать 有两个义项：①舔，舔食；②转义：（浪）冲刷，（火）延及，扑到，如 волны лижут берег（波浪拍岸）。此外还有一个固定搭配 лизать руки（ноги, пятки）"向……摇尾乞怜"。原译直接使用 лизать 的义项①，

---

① 杨仕章."所知障"[J]. 俄语学习，2009(1)：45-48.

改译虽然进行引申，但意思有所偏离，试译直接使用固定搭配的词组意义更能确切表达原译意义。

3. 成分判断错误导致句子误译

俄语的语法比较复杂，词汇在句中充当的成分有时不易判断。见下例：

㉗ Когда ты устал биться и готов уже отказаться от дальнего пути, подумай только, что тебя вдохновляло и заставило сюда дойти. (课堂译例)

原译：当你想要放弃的那一刻，想想为什么当初坚持走到了这里。

试译：当你疲于前行，准备放弃时，想想是什么支撑你走到这里。

что 在做疑问副词，只用第一格（俗语中可用第二格）译为"为什么，干什么"，如 Что так поздно пришёл? 仔细分析原句，从句并列的谓语 вдохновляло 和 заставило 显然缺少主语。что 是关联词，在从句充当主语，译为"什么"才符合逻辑和语法要求。

㉘ Чертёж всё показывает рабочим и техникам.

原译：图纸一直是给工人和技术员看的。

改译：图纸把一切的内容都向工人和技术员标明。（苏寿祁 译）

试译：图纸将所有内容都展示给工人和技术人员。

这是俄语教材中一个句子，很多学生把句中的 всё 理解为副词，实际上它是名词。改译略有欧化痕迹，试译的语言更为通顺流畅。

（四）语义重复

如果不是特殊的语用目的，语义重复在语言经济学中要被视为错误，因为它与"语言求简论"相悖，增加交际双方的视听负担。

㉙ Как бы трудно ни отрывался человек от привычного места, а есть в самой дороге утешение, и надежда. (课堂译例)

原译：不管一个人离开他所熟悉的地方是多么的难舍，旅行本身都会给他一种安慰、一份希望。

试译：不管熟悉的地方有多难舍，离开的途中都有安慰与希望。

"离开"和"舍弃"是语义重复,有叠床架屋之嫌,в самой дороге 充当状语,意为"在途中",原译将其处理为主语,导致整个句子成为病句,且原译语言啰嗦,不符合语言经济的求简原则。

(五)句子逻辑错误

翻译的过程是思维活动的过程,也是逻辑分析的过程。"逻辑分析的方法应当贯穿于翻译的全过程。"[①]语际翻译可进行的基础是人类的思维共性和人脑分析事物的逻辑共性。不同语言间的语法分歧,需要依靠共同的逻辑来理顺并互相翻译,因此,翻译过程的理解、转化、表达都要紧扣原作的逻辑结构。见下面几例:

[30] За дождём не видно было ни моря, ни неба.

原译:透过雨帘看不见大海,也看不见天空。(冯玉律,顾霞君 译)

改译:隔着雨帘看不见大海,也看不见天空。(赵为 译)

原译者将 за 译为"透过",应该是"能看见",原译文却又译成"看不见……",是逻辑问题。

[31] И в самом деле, на чём держатся Земля и планеты? Почему они двигаются вокруг Солнца по определённым путям, а не улетают от него?

原译:那么,究竟是什么支撑着地球和行星呢?它们为什么总是在一定的轨道上环绕太阳运行而不远离太阳呢?

改译:那么,究竟是什么支撑着地球和其他行星呢?它们为什么总是在一定的轨道上环绕太阳运行而不远离太阳呢?(阎德胜 译)

"行星"是属概念,地球是九大行星之一,是种概念。"地球"和"行星"并列使用导致种属逻辑混乱。俄语中,类似这样的表达很多,我们姑且不去做俄语的"语言警察",但是译为汉语时,我们要对本国读者负责。原译生硬照搬原文并列词组不合逻辑。改译通过增加"其他"一词来组织译文"地球和其他行星",消除了属种关系混乱的语病。类似的例子还有:

---

① 阎德胜. 翻译过程是思维活动的过程[J]. 中国翻译,1989(2):22-27.

32 Задача техники состоит не в том, чтобы пытаться обойти закон сохранения энергии, а в том, чтобы уменьшить потери энергии в машинах, двигателях, генераторах.

原译：工程技术的任务不是要回避能量守恒定律，而是要减少机器、发动机、发电机中的能量损失。

改译：……而是要减少发动机、发电机等机器中的能量损失。（阎德胜译）

此例的情况与例 31 原理相同，在汉语中，"发电机""发动机"都属于"机器"之列，所以改译更符合汉语的逻辑。

（六）复句误译

句子有简单句和复合句之分。复合句又分为主从复合句、并列复合句和无连接词复合句。主从复合句更容易出现误译。在翻译实践中，译者要仔细推敲从句与主句之间的语义关系，避免理解出错。

33 Он страстный рыбак и каждый раз ловит, пока что-нибудь не поймает.

原译：他是一个酷爱钓鱼的人，每次都去，目前还什么也没有钓到。

改译：他是一个酷爱钓鱼的人，每次都是钓到鱼才肯善罢甘休。（王玲 译）

试译：他是酷爱钓鱼的人，每次垂钓，无获不归。

原译把 пока 当成了副词，译为"目前、暂时"，这是对原文的语义偏离。因为 пока 在此句中充当时间连接词，与 не 连用，从属句中的 не 已经失去了平常的否定意义，译成汉语常用肯定句"直到……为止"。而改译的"善罢甘休"则添加了原语所没有的贬义色彩，是语用价值的过度添加。试译语言简洁流畅，语形、语义和语用都与原语极似。

34 Достаточно протянуть руку, чтобы взять его портфель.

原译：为了拿到他的皮包，就得伸出手去。

改译：只要伸出手，就可以拿到他的皮包。

这是一个由 достаточно... чтобы(как)构成的固定搭配模式，是表示条件关系的熟语化复合句，应该译成"只要……就……"，原译理解有误。

四、句群义误译

句群是由两个或两个以上的句子组成的篇章单位之一,又被称为超句统一体。句群义误译主要体现在它的组成成分的误译和漏译上,包括句子漏译导致句群信息损耗;小句误译致句群误译;句子误译导致句群误译等。

(一)句子漏译导致句群信息损耗

本书研究的对象是全译,句子的漏译必然会导致译语信息量减少,影响原语交际价值的传递。

㉟ Одно и то же явление, одного и того же человека люди воспринимают по-разному. Мы видим мир не таким, каков он есть, а таким, каковы мы сами. (http://sobiratelzvezd.ru/)

原译:世界取决于我们凝视他的目光。

试译:同一种现象、同一个人,人们理解各不相同。我们看到的世界不是世界本身,而是我们自己。

改译:同一种现象、同一个人,人们理解各不相同。我们眼中的世界不是它的本来面目,而是我们。(黄忠廉 译)

原译从语用角度分析,基本实现原语的交际价值,且句子简短。但是在全译层面,我们判断误译的标准是要求译语在语用、语义、语形三维度上与原语极似。显然原译亏损了语义信息,漏译一个句子。

(二)小句误译致句群误译

小句是全译的中枢单位①,小句的误译必然会导致句群误译。

㊱ чтобы оправдаться в собственных глазах, мы нередко убеждаем себя, что не в силах достичь цели. На самом деле мы не бессильны, а безвольны.(课堂练习)

原译:为给自己眼里的自我辩白,我们经常确信自己不能达到目标,实际上我们不是无能为力,而是没有意志。

改译:我们经常确信自己不能达到目标,是为了给自己眼中的自我辩白,实际上我们不是无能为力,而是意志薄弱。

试译:为了自我宽慰,我们常常使自己确信我们无力达到目标。

---

① 黄忠廉.小句中枢全译说[M].武汉:华中师范大学出版社,2008:187.

事实上，我们不是能力不足，而是意志薄弱。

原译和改译都在同一个小句上犯了错误，根源还是核心动词 убеждать 的用法没有掌握。убеждать 有两个义项：①（кого в чём 或接补语从句）说服，使信服，使相信。例如：Я убедил его в том, что он не прав. 我使他确信他是不对的。②（接动词原形或连接词 чтобы）说服，劝服。原语的小句 мы нередко убеждаем себя, что не в силах достичь цели 显然是使用 убеждать 的第一个义项，应译作：我们常常使自己确信我们无力达到目标。

小句 чтобы оправдаться в собственных глазах 译为"为了给自己眼中的自我辩白"，看似极为忠实于原语，实际包含冗余文字，不符合汉语表达习惯，有欧化味道，改译为"为了自我宽慰"简洁、贴切。整个句群因前句误译而偏离原语的语义信息，导致句群误译。

（三）句子误译导致句群误译

句子包括单句、复句，是句群的组成单位之一，句子若错译，整个句群也受损。见下例：

[37] Идеалом греков было иметь здоровый дух в здоровом теле. Поэтому они не восторгались тем человеком, который был только атлетом, как и таким, кто, наоборот, преуспел во всем, но спортом не занимался.①

原译：寓健康的精神于健康的体魄一直是希腊人的理想，因此他们不只是欣赏只热衷于当一个运动员以及百事成功而从事运动的人。

试译：寓健康的精神于健康的体魄一直是希腊人的理想，因此他们并不欣赏只热衷于当一个运动员以及百事成功而不从事运动的人。

原译因为一个句子误译导致句群翻译逻辑错误。原语中 не восторгались тем...как и таким, кто, наоборот...句式貌似复杂，仔细分析其实就是复杂的否定句：тем, который был только атлетом 和 кто, преуспел во всем, но спортом не занимался 并列充当 не восторгались 的补语从句。原译却将句群中的第二个句子的否定误译为肯定，与前句形成逻辑错误。

---

① 黄忠廉，白文昌等. 俄汉翻译教程[M]. 哈尔滨：黑龙江大学出版社，2010：7.

五、篇章义误译

篇章通常是指既具有意义联系又具有语法联系的连贯性言语单位。小到句子,大到句群,都可以构成篇章。与句子相比较,篇章具有自己的特点,即篇章不是一连串孤立句子的简单组合,而是一个语义上的整体,它有表达整体意义的特点。篇章在语义上必须是连贯的,必须有衔接成分,连贯是篇章的无形网络,存在于篇章的深层语义结构之中的是篇章中的语义关联。① 在语义逻辑上,全篇通常有首有尾,各句段所反映的概念或命题具有连贯性。②

原作既然是一个篇章,那么译作必须也是一个篇章,即具有篇章的区别性特征,符合语用和认知原则。所有语言单位的误译最终都会导致篇章的误译,语义层面的篇章误译通常体现在:语义照应不足、同义衔接不妥、语义不连贯等。

(一)语义照应不足

照应是指篇章中的一个成分作为另一个成分的参照物。语义须按一定的连接手段以合乎逻辑的方式发展,因此,自然而恰当的衔接方式才能让篇章更具完整性和连贯性。代词照应是俄语篇章中重要的衔接手段,汉语的人称代词"他、她、它"不如俄语的он, она, оно使用广泛。翻译时,译者若不能通盘考虑前后的照应,会造成语篇误译。因此在篇章操作中,要结合汉语的表达习惯,恰当地使用名词或代词回指,或将原文中的代词进一步明确,避免汉译篇章语义照应的不足。见下例:

38 Сколько живут ещё города? Многим из них уже десятки или сотни лет.

Немало городов ещё строится. И все они тоже создаются на века. Значит, можно считать, что жители их уже сегодня живут в городах будущего.③

原译:城市有多少年历史?很多已经存在了几十年,甚至几百年。
现在,许多城市还在建设,所有它们也都是为要预计存在几百年而建设的。也就是说,这些城市的居民今天已经居住在未来的城市

---

① 杨仕章.俄语篇章汉译研究:回顾与前瞻[J].中国俄语教学,2010(2):56-60.
② 黄国文.语篇分析概要[M].长沙:湖南教育出版社,1988:9.
③ 阎德胜.俄汉翻译与系统思想[J].外语学刊,1995(3):21.

里了。

改译:城市有多少年历史?很多城市已存在了几十年,甚至几百年。

现在,许多城市还在建设中,这些城市建成后也将存在几百年。亦即可以认为,这些城市的居民今天已经居住在未来的城市里了。(阎德胜 译)

原译在汉语表述上因代词指代混乱,导致译文语义前后照应不足。改译中把俄语的代词在汉语表达上使用了名词回指,译文不仅前后连贯,语意也清晰明了。

㊴ Деревенский дневник Е. Дороша отличает прежде всего деловитость. Отношение очеркиста к сельским проблемам основано на дотошном изучении фактов; он не любит скороспелых выводов: каждое его заключение подтверждено практикой.

原译:多罗什的乡村日记的特点首先在于它的真实性。特写作家对农村问题的态度建立在尊重事实的基础上。他不喜欢匆忙做出结论,他的每个结论都要用事实来证明。

改译:多罗什的农村日记的最大特点是求实。这位特写作家对农村问题的看法建立在仔细研究诸多事实的基础之上。他不喜欢急于下定论,他的每一条结论都是以事实为根据的。(杨仕章 译)

这是一个由对应关系衔接起来的句组。实现对应的手段是同义词,后一句中的очеркист就是指前一句中的дорош。原译对此未加留意,导致译文逻辑上不很连贯,让人感觉不到两句之间有什么语义关联。改译中在"特写作家"前加上"这位"则建立了两个句子的内在语义联系,前后照应。

㊵ Многие удивляются, почему американцы бомбят Афганистан только ночью? Я знаю почему, потому что когда в Афганистане начинается ночь, в Америке начинается рабочий день. Они на работу выходят в это время, а америка в это время смотрит войну по телевизору.

原译:很多人纳闷美国人为什么要在夜里轰炸阿富汗?我知道为什么,因为,当阿富汗是夜里的时候,美国那里正好开始工作。当美国是夜里的时候,阿富汗人都出去上班,而美国人这时候正好可以坐在家里看电视转播的战争实况。

改译:很多人都纳闷,为什么美国人要在夜里轰炸阿富汗?我知道为什么,这是因为当阿富汗是夜里的时候,美国开始了新的工作日。美国人这时候去轰炸,可以让美国国内收看电视转播的战争实况。(杨仕章 译)

试译:很多人都纳闷,为什么美国人要在夜里轰炸阿富汗?我知道为什么。因为当阿富汗是夜里的时候,美国是白天,工作日开始。美国人这时候去轰炸,可以让美国国内收看电视转播的战争实况。

根据原文上下文的意思,они 指的不是"阿富汗人",而是"对阿富汗进行轰炸的美国人"。на работу выходят 指的也不是普通意义上的"去上班",而是指"去轰炸",含有一定的讽刺意味。原译没有分析清楚 они 的指代,后面的小句还增加"正好可以坐在家里",与原文不符,造成译文逻辑有些紊乱。

(二)同义衔接问题

同义衔接是构成俄语篇章的一个重要手段。语篇中经常会遇到同义词的反复出现,以此作为上下文的衔接方式。在各种衔接手段当中,这种手段相对来说比较隐蔽,容易被汉语译者忽视,导致误译。

[41] Польша получит право покупать ежегодно 14 миллиардов кубометров российского газа. Сейчас потребности республики в этом виде энергоносителя немного превышают 10 миллиардов кубометров.

原译:波兰将有权每年购买 140 亿立方米的俄罗斯煤气。现在共和国对这种载能体的需求为 100 亿立方米多一点。

改译:波兰将有权每年从俄罗斯购买 140 亿方天然气。现在该国对这种能源的需求略高于 100 亿方。(杨仕章 译)

上例后一句当中的 республика 就是指前句当中的 Польша,因为波兰的全称是 Польская Народная Республика(波兰人民共和国)。原译把 республика 照字面译作"共和国",有损于前后句语义的连贯性。原文利用同义手段实现了句际衔接,同时避免相同语言的重复。汉语在翻译时如果简单复制,则会导致前后语义不连贯。改译根据需要进行适当调整,明确指代以实现语义连贯。

42 Население России сократится на треть к середине этого столетия, в самой большой стране мира к 2050 году будут проживать около 100 миллионов человек.

原译:到本世纪中叶俄罗斯居民将减少三分之一,世界最大的国家到 2050 年仅有大约 1 亿人。

改译:本世纪中叶,俄罗斯人口将减少三分之一。到 2050 年,这个世界上最大的国家将大约只有 1 亿人口。(杨仕章 译)

上例中,самая большая страна 是前句中 Россия 的同义短语。遇到这种情况,汉语翻译时一般要加上指示代词"这",以明确其所指,更好地实现前后句衔接。

43 Шамету повезло. В Вера-Крус он заболел тяжелой лихорадкой... Больного солдата, не побывавшего ещё ни в одной настоящей перестрелке, отправили обратно на родину.

原译:沙梅特很走运。在维拉克鲁斯他得了很重的热病,生病的战士没有上过阵,就被送回国了。

改译:沙梅特很走运。他在维拉克鲁斯得了很重的热病。于是这个害病的士兵,没上过一次阵,就被送回国了。(徐燕 译)

在该例子中,Шамету 和 Больного солдата 都指同一个人,这就是同义词重复出现。在译成汉语的表达上,在同义词前面添加上"这个"或者"那"等字眼来衔接上下文,既增强篇章译文整体的连贯性,又避免语言重复。

(三)语义不连贯

前面说过篇章的特征之一就是语义上的连贯,从俄语转换为汉语,更替了语言形式,但是内在语义信息的连贯性不能缺失。逻辑关系是贯穿篇章的潜在内线,正确的逻辑关系是译文条理清晰、内容严谨、语义连贯的前提。

1. 句群内语义不连贯

连贯问题既涉及语句内部连贯,也涉及语句外部连贯。局群内语义不连贯也是我们批评的对象。

44 —Мне нужно, чтобы я стала кому-то необходимой. Понимаете? Мне не скучно одной, нет! Мне тоскливо. Хотела к

чужим детям ходить, в их детский дом.

原译:"我想做一个对别人有用的人。您能理解吗？我一个人并不寂寞！不！我只是忧伤,想去孤儿院,去看看那些孤儿。"

改译:"我想做一个对别人有用的人。您能理解吗？我一个人并不寂寞！真的！我只是忧伤,想去孤儿院,去看看那些孤儿。"(杨仕章 译)

原文中 нет 一词是对前面 не скучно 所表达意思的重复,起强调作用,属常见手段。译文在处理这个词时,没有考虑汉语习惯,只是照直翻译,结果造成表达突兀,前后脱节。改译把"不"换成"真的",保证了前后句的语义连贯性。①

45 Я должен вам признаться, милые слушатели, что Борис Петрович—боялся смерти!... чувство, равно свойственное человеку и собаке, вообще всем животным... но дело в том, что смерть Борису Петровичу казалась ужаснее, чем она кажется другим животным,...

原译:亲爱的读者们,我得向你们承认,鲍里斯·彼得罗维奇很怕死！……感情,对于人和狗以及一切动物都是一样的……但是问题在于鲍里斯·彼得罗维奇比其他动物更怕死,……

改译:亲爱的读者们,我得向你们承认,鲍里斯·彼得罗维奇很怕死！……这种感觉是人和狗乃至所有其他动物固有的……然而问题是,鲍里斯·彼得罗维奇比其他动物更怕死,……(杨仕章 译)

上例中,чувство 一词不是孤立的。它与前面的 боялся смерти 构成同义联系。所以这里对 чувство 所作的议论,不是泛泛之说(如原译),而是有具体所指。由于 чувство 指的是"害怕死亡",所以它在这儿的意思应当是"感觉",而不是"感情"。

46 Но как и где мозг хранит информацию, которую мы называем памятью? Как мы уже сказали, учёные ещё не могут полностью объяснить это.

原译:但大脑是怎样并且在哪里存储信息的呢？该信息我们称之

---

① 杨仕章. 翻译教学中的误译分析[J]. 解放军外国语学院学报,2005(6):73-77.

为记忆。正像我们已经说过的那样,科学家尚不能完全解释这一点。

改译:然而我们称之为记忆的信息,大脑是如何保存以及在哪里保存的呢?如前所述,科学家们还不能完全解释这一点。(杨仕章 译)

上例中,前一句是个主从复合句。单就这一句而言,который 连接的从句与它所修饰的名词 информация 之间没有严格的限定关系,所以将它单独翻译本来是可以的。但是在这里,第二句中的 это 指代的是整个前一句内容(重点是 как и где мозг хранит информацию)。如果按照原译那样处理,"这一点"的指代对象似乎变成了"记忆"。这显然有悖于原文意思,读起来也有脱节之感。

2. 篇章内语义不连贯

确定多义词在篇章中的具体义项,必须综合考虑语篇的逻辑联系,兼顾上下文语境,包括语义、语法、语用等因素,否则容易造成语义不连贯,导致误译。

[47] Всё это понять, понять всё дело хозяина — не в моей власти. Но делать его волю, написанную в моей совести, — это в моей власти, и это я знаю несомненно.①

原译:要理解这一切,理解主人的全部事情,这不在我的权利之内,但执行铭记在我良心上的他的意志,这是在我权利之内的,而且我对此知道的确定无疑。

改译:要理解这一切,理解主的全部事情,我无能为力。但执行深铭在我心灵的主的意志,那是我力所能及的。这一点我毫不怀疑。(草婴 译)②

试译:要理解这一切,理解主的全部事情,我无能为力。但执行铭刻在我心灵上的主的意志,是我力所能及的。这一点我十分确信。

原译之误在于没有掌握整个语篇的语义联系。хозяин 有"主人,主(指上帝)"等多个义项,"主人"为高频义项,"主"则为低频义项。综观整个

---

① 牛丽红,易绵竹,杨志强. 俄汉误译的心理语言学分析[J]. 解放军外国语学院学报, 2012(5):85-89.

② 托尔斯泰. 复活[M]. 草婴,译. 上海:上海译文出版社,1983:269.

语篇可见，хозяин 在本段话中指"万能的主，上帝"。в моей власти 的意思是"力所能及，能做到"，原译者对该短语的翻译不是太恰当。可见译者必须综合分析言内、言外各种因素，充分考虑语篇的整体性和连贯性，才能正确推导出多义词在原文中的确切意义。此外，и это я знаю несомненно 与前面是递进关系，是对上面信息的进一步强调，改译在这方面的处理不足。

48 —Землю, по-моему, —сказал он, —нельзя ни продавать, ни покупать, потому что если можно продавать её, то те, у кого есть деньги, скупят её всю и тогда будут брать с тех, за право пользоваться землею. Будут брать. Деньги. А то, чтобы стоять на земле, — прибавил он, пользуясь аргументом Спенсера.

— Одно средство — крылья подвязать —летать,— сказал старик с смеющимися глазами и белой бородой.①

原译："照我看"，他说，"土地不能买进，也不能卖出。如果可以买卖，那么有钱人就可以买进全部土地，他们就可以凭土地使用权任意夺取没有土地的人的东西。你哪怕在地上站一下，他们也要向你收钱，"他引用斯宾塞的理论补充说。

"只有一个办法，就是把他的翅膀捆起来，看他还能不能上天，"留花白大胡子的老头眼睛含笑说。（草婴 译）②

改译："……有一个办法，就是绑两个翅膀，飞着走，"白胡子老头眼里含着笑说道。（杨仕章等 译）

原译对 подвязать 的意义选择不当：既有"捆起来，系住、系紧"之意，也有"把……系在下面"的意思。从原文中 летать（飞）可判断，подвязать 是对 крылья 的进一步说明，即"系上翅膀"；而"系上翅膀"则是对 одно средство 的确切解释：给人系上一对翅膀，让他能飞起来，这样才符合篇章的语义逻辑联系——人脚不挨地，就不用付钱了。

可见，确定多义词在篇章中的具体义项，必须综合考虑上下文语境，包括语义、语法、语用等因素，否则容易导致误译。

---

① 杨仕章，孙岚，牛丽红. 俄汉误译举要[M]. 北京：国防工业出版社，2008：140.
② 托尔斯泰. 复活[M]. 草婴，译. 上海：上海译文出版社，1983：271.

第三节 语用误译

本节所谈的语用是广义的,指语言进入使用时所具有的语用意义。关于语用失误的论断很多,何自然指出:"语用失误不是指一般遣词造句中出现的语言使用错误,而是说话不合时宜的失误,或者说话方式不妥,表达不合习惯等导致交际不能取得预期效果的失误。"[1] 也就是说,言语交际方使用了语言意义正确的句子,但违反了交际规范、社会规约等,导致交际受损或失败。何自然根据语言使用者是对语言语境还是对社会文化语境把握不当,将语用失误分为:语用语言失误和社交语用失误。[2] 我们认为只要没有如实反映原作者的交际意图,导致交际失败,就可视为语用误译。语用误译通常包括修辞误译、语境误译、文化误译、恶性欧化等。导致语用误译的因素很多,可能是语体风格把握不准,也可能是语义误译或语形误译,修辞误译和文化误译也都属于语用误译。

一、修辞误译

修辞误译是指原语的修辞价值在译语中被偏离或丢失。翻译是选择的艺术,翻译过程中,表达的艺术占70%,理解的艺术占30%,翻译的多数问题是修辞问题。

任何一门语言都有其独特的修辞习惯,虽然俄汉两种语言都经常使用隐喻、明喻、暗喻、借代、比拟等修辞手段,但喻体却有许多不同。如果根据汉语的表达习惯和思维惯例翻译俄语,就有可能同句子的实际意义相去甚远。我们归纳的修辞误译包括句子层面修辞误译、篇章层面修辞误译及风格误译。

(一)语句修辞误译

词汇除了具有基本的意义外,还含有不同的修辞色彩,如褒义与贬义之分、书面与口头之别、高雅与粗俗之不同,等等。[3] 这样的词汇入句,句子也因此获得语用价值。翻译时要准确把握词汇固有的修辞色彩以及在语境中获得的修辞意义,在译语表达时应尽量将这些语用意义传达出来,否则就是语句修辞失当。

---

[1] 何自然.语用学与英语学习[M].上海:上海外语教育出版社,1997:205.
[2] 何自然.语用学概论[M].长沙:湖南教育出版社,1998:228.
[3] 杨仕章,孙岚,牛丽红.俄汉误译举要[M].北京:国防工业出版社,2008:55.

1. 简单句修辞误译

　　① Подарок улыбнулся！
　　原译：礼物微笑了！
　　改译：礼物落空！（李锡胤 译）

　　原语是拟人的表达方式，形容"礼物"自由以后的快乐，汉译时必须将隐含意义显现化，否则译句就"成型不成活"，无法实现原语的交际价值。

　　② Империалисты пытаются держать под своей властью освободившиеся страны.
　　原译：帝国主义试图控制被解放的国家。
　　改译：帝国主义企图控制也已获得解放的国家。（杨仕章 译）

　　俄语 пытаться 尽管是中性词，但在原语的上下文语境中显然已经获得了贬义色彩，译语中也应该将这个语用意义传达出来。

2. 复句修辞误译
有些词入句后获得褒贬的修辞色彩应当在译语中体现出来。

　　③ Сила противника слишком мала, чтобы закрепиться на высоте.
　　原译：敌人力量太弱，坚守不了高地。
　　改译：敌人兵力很少，守不住高地。（杨仕章 译）

　　此例和例 2 的情况相同，既然已经知晓是"敌人"，在情感上必然是否定和贬义的，而原译的"坚守"是褒义词，与原文修辞色彩不符。

　　④ Весь день с девками шепчут, а под конец смены на помощь зовут. Надо же, мудрецы!（Бобровский）
　　原译：整天和姑娘们说笑，而到下班了来叫人帮忙，真聪明！
　　改译：整天和姑娘们说悄悄话，快下班了叫人帮忙，行啊，真是个滑头！（杨仕章 译）
　　试译：整天和姑娘们窃窃私语，快下班了叫人帮忙，果真是个"聪明人"！

原译有三处不足。首先,漏译了表示惊异的俗语 Надо же,意思为"果然,果真",漏译这个词组导致全句的语用价值受损。其次,мудрецы 一词据上下文语境可看出说话者的不满情绪和嘲讽意味,原译将其直译,且不使用任何标点体现"反话正说",导致译文呈现说话人所指对象的褒扬情感。但是全句其实表达不赞和反讽的感情色彩。最后,шептать 译为"说笑",偏离了该词的义项"低语、耳语、窃窃私议"等。改译较原译虽有改善,但在语形、语义和语用三方面仍有提高的空间。试译在上述三处不足方面做了更加恰当的处理:汉语中经常使用的反讽语用手段是加引号,在语用价值方面与原语更相似。

⑤ Ольга старанием утаить свою любовь ещё больше её обнаруживала.
原译:奥尔加竭力想掩饰自己的爱情,结果却欲盖弥彰。
改译:奥尔加竭力想掩饰自己的爱情,结果却流露得更明显。

原译"欲盖弥彰"这个成语含有贬义,是指"想要掩盖事实的真相,结果反而更加显露出来(指坏事)",和原文意思不符,也是典型的修辞误译。

3. 隐喻误译

隐喻是应用广泛的修辞手段,一般是非同类事物之间的比较,比较的双方有某种相似性或关联性。隐喻能修饰、丰富或者美化语言表达,增强语言表达效果。隐喻体现人类认知世界的复杂过程,因为隐喻意义的演变通常有一个渐进的过程。不同民族认识世界存在差异性,因此隐喻的本体和喻体都有可能不同。如果完全复制原语的隐喻形象,可能导致译语出现陌生的文化意象;如果完全换用译语的隐喻形象,那么原语的文化色彩又会尽失。正是隐喻翻译复杂多变的特性常常会导致误译,以学生翻译练习为例:

⑥ В докладе много воды.
原译:报告中水分很多。
改译:报告中有许多空泛议论,废话。(王育伦 译)

原译其实也不能算错,因为汉语读者也习惯这种表述方式,改译是把隐含的意义显现化。

⑦ Деньги-вода…пришла-ушла, только её и видели.
原译:钱乃身外之物,生不带来,死不带走。
改译:金钱似水,流来又流去,转眼间无踪无影。(王育伦 译)

原译没有按照全译的原则翻译,单单就 деньги-вода 开始自以为是的翻译,与原语根本不对应。改译把原语的隐喻变为明喻,做了较好的变通处理。

有些成语也是隐喻。成语是古代的史实或古人的遗训,而为今人所引用的语句,常常以短短数字,包含着深刻的意义。成语和隐喻的共同点是,它们都是具有隐含的深刻含义的语句。它们的不同点有二:一是成语都是短短数字,隐喻则字数不拘;二是成语通常有其典故,而隐喻则讲求创新性。① 若对成语背后的历史文化不熟悉也会导致误译,如下例:

⑧ ни пуха, ни пера
原译:一毛不拔
改译:祝你成功(王育伦 译)

这个成语原为祝愿猎人出行狩猎时用的反语,直译是"祝你一无所获",意为:已经预想到最坏的结果,实际若能有些许收获,也值得高兴。现在用作祝某事成功的一般祝词。在极少情况下,结合具体的上下文语境,该成语可按字面意思理解,如:У меня ни пуха, ни пера。

⑨ из молодых да ранний
原译:初出茅庐就露出狰狞面目
改译:年纪虽小心计多(王育伦 译)

带有隐喻的句子的寓意不在字面,而在字里行间寄托或隐含的意义。译者要透过表面的语言现象去挖掘深层的内容,透视文化,加深理解;切忌将寓于字面背后的含义在译文的表面袒露无遗,而应当想方设法采用与原作同样含而不露的方式再现原文所暗示的文化心理内涵。隐喻翻译给译者以多种选择方式:要么传递其意义,要么重塑其形象,要么对其意义进行修改,要么对其意义和形象进行完美的结合,而这一切又与语境因素、文化

---

① 李长栓.非文学翻译理论与实践[M].北京:中国对外翻译出版公司,2004:74.

因素、文本因素密不可分,需要结合实际情况灵活处理。

俄语的许多词汇有多种形式变体:表小、表卑、表爱、表尊等,篇章修辞也有多种功能语体,通常划分为科学语体、政论语体、公务语体、文学语体等,不同的语体有自己一些固定的表达方式、常用的词汇,翻译时先要做到的是忠实于原语的语体风格。言语活动中一些词语常用于某种特定语体,逐渐形成某种风格色彩,具有语体意义,比如与俄罗斯人进餐,介绍菜名"炒猪肝"时,不能用печень,因为它指的是科学术语,而要用печёнка,表示以печень为原料做成的成品菜。这体现了词汇的语体色彩。

(二)篇章修辞误译

在篇章中,句子中的词序不是随意的。实际切分法表明,句子通常按从"主位"(тема)到"述位"(рема)的顺序来排列。翻译时,如果不考虑这一点,就会造成句义重心发生偏移。需要指出的是,主位和述位有时可以通过语气词(如 а、же、и、только 等)来加以强调。翻译时,如果忽略了这些语气词,也会导致修辞价值的损耗。

1. 主位与述位问题

句子是交际单位,肩负一定的交际任务。根据交际任务,句子可分成两个部分:一是说话的出发点或称话题;二是对话题所作的叙述。前者是主位,后者是述位。述位就是主要交际内容。翻译中,应明确表达原文的主位与述位,以突出交际重点,若主位与述位错乱必然导致原语的交际价值损失,造成语用误译。

⑩ В осажденном городе выдающийся советский композитор Д. Шостакович написал свою знаменитую «Ленинградскую симфонию», которая была впервые исполнена в Ленинграде тогда же, в дни блокады.

原译:在被围困的城市中,苏联杰出的作曲家肖斯塔科维奇创作了著名的《列宁格勒交响曲》。在围困的日子里第一次正式演出是在列宁格勒。

改译:在这座被围困的城市里,苏联杰出的作曲家肖斯塔科维奇创作了著名的《列宁格勒交响曲》。它的首场演出也正是在列宁格勒被围困的日子里进行的。(邓军 译)

上例 которая 连接的从属句中,时间状语"тогда же, в дни блокады"属于述位部分。而原译反倒把它处理成主位了,有悖原文的意思,导致原文交际价值的损失。

⑪ Но преклонным моим годам дальний путь не по силам. А по силам пока ходить в магазин за своим ветеранским пайком да делиться им с одной знакомой нуждающейся семьей.
原译：但我年纪大了，走那么远已经力不从心。但我还能去商店取自己那份老兵口粮并把它分给一个贫困的家庭。
改译：可是我这把年纪已经走不动远路了。现在能做的也就是去商店领自己的那份老兵口粮，然后把它分给一户有困难的熟人家。

词组 по силам 在前一句中属述位部分，而到了后一句中则成了主位，并且因为与语气词 а 连用而被强调出来了。语气词 а 在这里并不表达转折的意味，而是起强调主位的作用。原译所表达的意思，是"我"虽然走不了远路，但"我"还有其他能力（取口粮并把它分给别人家），强调的是还"有"能力。而实际上这句话表达的意思是我现在走不动远路，能做的事情也很有限，强调的是能力"有限"。

⑫ Ночью начались аресты. Забрали и Артема.
原译：夜里开始了逮捕，阿尔乔姆被抓走了。
改译：夜里开始了大搜捕。阿尔乔姆也被抓走了。

在"阿尔乔姆被抓走了"这个语句中，"阿尔乔姆"是主位，"被抓走了"是述位。这显然不符合原句的意思。原句 Забрали и Артема 包含这样一个前提，即"有人被抓走了"，现在是说除了那个人（或那些人）之外，被抓的人当中又多了一个阿尔乔姆。

2. 语言的视觉效果损失

文学作品的描写顺序有时是作者刻意安排的，目的是显示镜头推进的远近效果，译语如果更改了原语的顺序则会造成这种视觉效果的损失。

⑬ Через базарную площадь идет полицейский надзиратель Очумелов в новой шинели и с узелком в руке. За ним шагает рыжий городовой с решетом, доверху наполненным конфискованным крыжовником. Кругом тишина... На площади ни души... Открытые двери лавок и кабаков глядят на свет божий уныло, как голодные

第二章　误译类型体系 | 109

пасти; около них нет даже нищих.（А.Чехов）

译文1：警官奥丘梅洛夫穿着新的军大衣，手里拿着个小包，穿过市集的广场。他身后跟着个警察，生着棕红色头发，端着一个粗箩，里面盛着没收来的醋栗，装得满满的。四下里一片寂静……广场上连人影也没有。小铺和酒店敞开大门，无精打采地面对着上帝创造的这个世界，像是一张张饥饿的嘴巴。店门附近连一个乞丐都没有。（汝龙 译）

译文2：警官奥楚美洛夫走过集市广场，他穿着新军大衣，手里拿着个小包，身后跟着个红头发警察，端着盘子，里头装满没收来的醋栗。四周一片寂静……广场上没一个人……小铺和酒馆的门开着，无精打采地望着红尘世界，活像一张张饥饿的嘴巴，附近连乞丐也没有一个。（邓蜀平 刘若 译）

译文3：警官奥楚美洛夫穿着新军大衣，胳膊下夹着个小包，穿过集市广场。一个红头发的警察跟在他后面，手里拿着个筛子，里面盛满了没收来的醋栗。四周一片寂静。广场上一个人影也没有。商店和小酒馆敞开的大门好像饥饿的嘴，凄凉地看着上帝创造的世界。附近连一个乞丐都没有。（诸逢佳 译）

译文4：警官奥丘梅洛夫身穿新大衣，手里拿一个小包，正穿过集市广场。他身后跟着一个红头发的警察，提着一筐没收来的醋栗。周围很静……广场上空无一人……那些小铺和酒馆敞开的大门，无精打采地望着这上帝创造的世界，像一张张饥饿的大嘴；店门前连个乞丐都没有。（冯加 译）

改译：警官奥楚蔑洛夫身穿新大衣，手拿小包，正穿过集市广场。他身后跟着个头发棕红的警察，端着满满一筛子没收的醋栗（合译，与原文形式略有差别）。（或：端着个筛子，里面盛满没收的醋栗）四下里寂静一片。……广场上空无一人。……店铺和酒馆敞着的门，凄凉地望着这个世界，活像一张张（复数）饥饿的大嘴；附近连个乞丐也没有。（陈云 译）

试译：穿过市场远远走来一个警察，那是警官奥楚蔑洛夫。他身穿新大衣，手拿小包，身后跟着个棕红头发的警察，端着个筛子，里面盛满没收的醋栗。四下里寂静一片……广场上空无一人……店铺和酒馆敞着的门，凄凉地望着这个世界，活像一张张饥饿的大嘴；附近连个乞丐也没有。

原语表达的视觉效果是由远及近、镜头推进的过程。而我们搜集到的几个译本中都将原语的顺序调整过来,抹去了视觉效果,这是对原语语用效果的偏离,属于篇章修辞误译。

3. 篇章逻辑误译

合理的译文必须注意句(段)与句(段)之间的逻辑联系,合理使用过渡手段,即采用一定的过渡词语或句式来连缀上下分句、沟通前后独立句和衔接连续两个自然段,从而组织合理的复句、句群和篇章,揭示原文复句和句群中句子之间、篇章中段落之间的内在联系和层次关系。① 俄译汉常会有这种情况:连续的两个分句、两个独立的句子以至两个自然段,如果照字面直译而不加任何过渡,会导致汉译文句子间或段落间失去联系、互不衔接,造成篇章逻辑误译。具体表现在缺少独立句过渡、段落过渡不妥等。

(1)缺少独立句过渡。从篇章的逻辑性来看,句群内独立句子与独立句子之间总是有一定的内在联系和层次关系的。俄汉翻译实践中,原文句与句之间的这种内在联系和层次关系,汉译文有时就需要通过增加过渡词语来加以表达。如:

⑭ Солнце является источником почти всей энергии на Земле. Но даже несмотря на это, только около одной двух миллиардной доли энергии, излучаемой Солнцем, приходит к верхней границе атмосферы, остальная же часть теряется в космическом пространстве. Основная масса солнечной энергии проходит через атмосферу, практически не изменяясь, пока не достигнет плотной нижней тропосферы, содержащей водяной пар, облака и пылевые частицы.

原译:太阳是地球上几乎一切能量的来源。但是,到达大气层顶的太阳能只有太阳辐射出的总能量的二十亿分之一左右,其余能量都损失在宇宙空间。而进入大气层的这一小部分太阳能,其中大部分却都能穿过大气,一直到达密度很大的,含有水气、云雾、微尘 的底层——对流层,确实没有什么减少。(阎德胜 译)

试译:太阳几乎是地球上一切能量的来源。但是,到达大气层顶的太阳能只有太阳辐射总能量的二十亿分之一左右,其余能量都损失在宇宙空间。那些进入大气层的太阳能中的大部分都能穿过大气,到达密度很大的,含有水气、云雾、微尘的底层——对流层,而实际没有什么减少。

---

① 阎德胜. 俄汉翻译过渡手段的运用[J]. 山东外语教学,1989(1):68 - 73.

原译的副动词短语"确实没有什么减少"与"大部分都能穿过大气"一起构成一个完整的句子,但是因为副动词短语后有 пока не...作为限定的条件,加在汉译句的中间,导致"确实没有什么减少"与"大部分都能穿过大气"在逻辑上脱节。改译通过增加过渡词"那些……而"弥补原译的不足。

(2)段落过渡不妥。俄汉两种语言的不同,不仅表现在普通语法手段的使用上,还表现在段落这一篇章手段的运用上。俄汉翻译如果一律照搬原文段落的语言形式,可能导致译文段落间的不连贯,而无法准确表达内在的意义联系和层次关系。① 见下例:

15 ...Однако, проверка этой таблицы, проведенная в 1840 году, показала, что планета эта движется по несколько иной орбите, отличающейся от расчетной. Оказалось, что на уран действует какая-то неизвестная сила притяжения, которая и вызывает отклонения планеты в ее движении.

Встала задача: найти местоположение этой неизвестной планеты на основе закона всемирного тяготения, или небесной механики...

原译:……但是,1840年校准这张图时发现,天王星的运行轨道与计算稍有偏离。原来,天王星受到另外一种未知的引力的作用,使它在运行过程中偏离轨道。

出现一个新的研究课题:利用万有引力定律,即利用天体力学规律,找到这颗未知星球的位置……

改译:……但是,1840年校准这张图时发现,天王星的运行轨道与计算稍有偏离。原来,受到某种未知引力的作用,天王星在运行过程中偏离轨道。

于是提出了一个新的研究课题:利用万有引力定律,即利用天体力学规律,找到这颗未知星球的位置……(阎德胜 译)

从上例的译文可见,俄汉翻译处理上下连续的段落时,可在下一段之首增加过渡语,使上下文合理过渡、自然衔接。且改译较原译语言更加简洁,符合汉语表达习惯。

(三)风格误译

1. 语体风格偏离

---

① 阎德胜. 俄汉翻译过渡手段的运用[J]. 山东外语教学,1989(1):68-73.

语体风格的忠实在翻译批评中意义重大,反之,就是对原作的最大背叛。风格的忠实体现在保持原作语体风格和作者个人的语言风格上,但不是拘泥于词类、词量或句子成分等表面形式的一致。翻译时如果照搬原文形式,则可能导致逐词死译和硬译。

⑯ Было доказано что одноименные заряды отталкиваются, а заряды разного знака притягиваются.
原译:已经证明,同名电荷相斥,不同符号的电荷相吸。
改译1:已经证明,电荷同性相斥,异性相吸。
改译2:已经证明,同性电荷相斥,异性电荷相吸。(王利众 译)

原译的"同名"译的不准确,未能达意,"不同符号"则不是物理学术语。原译的风格不符合科技文体的简洁、准确、术语化,属语体误译;改译简洁明了地译出了原文的语义、语用信息,且语形上的对称也较好。改译2较改译1在节奏和韵律上更佳。

⑰ —Говоришь ли ты по-русски?
—Да, я немного говорю.
原译:"你能用俄语言述吗?""是的,我略能用俄语言述。"
改译:"你会讲俄语吗?""是的,会一点。"

翻译的最低标准是"忠实通顺",保持"文字通顺"要运用符合译语规范、通俗易懂的语言来表达。原语是简单的对话,体现口语特征,原译用词生僻,佶屈聱牙,不符合译语表达规范。改译语言风格流畅,既符合汉语规范,又与原语风格达到极似。

2. 人物语言风格误译

文学作品翻译更容易出现语用误译,包括译作整体风格未能再现原作的特点;译作人物语言风格不符合原作塑造的形象;译作人物的语言不符合作品人物的身份等,都属于语用误译。我们非常熟悉普希金的诗体小说《叶甫盖尼·奥涅金》,它的汉译本有多个,原作中描写在农村时的达吉亚娜是一个天真、纯洁的农村少女,未受贵族上流社会"污染"。那时的她对叶甫盖尼的爱也是朴素、自然、纯真的,当时写给叶甫盖尼的求爱信也是语言干净、自然、真诚、淳朴。但是王士燮先生的译本将这封情书译得文字华丽,语体高雅,仿佛是一个将爱情作为事业的情场老手的表白,偏离达吉亚娜当时的身份和性格特征。文学翻译最重要的是"人言恰如其身份",所以我们判断其译文属于人物语言风格的误译。

3. 熟语误译

俄语的熟语具有口语、俗语属性,常被用于无拘无束、平易自然的日常口语中。但是在很多翻译实践中,一些带有鲜明口语乃至俗语色彩的俄语熟语被对译成散发着浓重书卷气味的四字成语,每每有牵强附会之感,例如:мелко плавать(斗筲之器)、для примера(以儆效尤)、бабьи сказки(无稽之谈)、по усам текло, да в рот не попало(馋涎欲滴)、как снег на голову(猝不及防)①。这些熟语的翻译只是语体风格的不符,语义信息还未偏离太远。但是下面两个的原译算得上误译了:

⑱ ни рыба ни мясо
原译:非驴非马
改译:中不溜儿(张家骅 译)
⑲ одного поля ягоды
原译:一丘之貉
改译1:半斤八两(张家骅 译)
改译2:一路货色(王利众 译)

因为莫洛特科夫(А. Молотков)主编的《俄语熟语词典》对这两条熟语的释义分别是"没有突出之处的、普通的、平庸的人";"彼此相像,一般指在性质、特征、地位方面"。原译在风格和语义上都偏离原语,所以可判定为误译。

语体风格忠实于原文在文学翻译中尤为重要,任何国家或民族的文学作品,都有自己独特的风格。脱离了汉语文化语境,"浑金璞玉"的李白诗就会变成浅薄、庸琐的打油诗,因为诗歌的精神、灵魂和光彩在翻译中流失掉了。② 所以人们也常常拿诗歌的翻译论证"不可译性",也足见风格传译之难。

4. 忽略语气词的翻译

有声的艺术形式,如歌剧、话剧、影视等,其生命的活力可以直观感受,

---

① 张家骅. 新时代俄语通论[M]. 北京:商务印书馆,2006:168.
② 郑海凌. 误译问题[J]. 外国文学动态,2003(5):47-48.

而小说所透出的生命气息主要通过拟声词、叹词、语调、标点等语言手段展示。[1] 在阅读汉译作品时,读者常常会感到人物语言不够生动,情感表达直白。其重要的原因是汉译作品没有充分再现原作中语气词的交际功能,没有适时、适境、适量、适当地使用语气词及其他语气表达手段。[2] 汉译时语气助词的妙用、不用和误用,会使原作的生命气息还原、失落和失真。[3]

[20] Что касается меня, то я с этим согласен.
原译:至于我,我同意此事。
改译:我嘛,同意此事。(黄忠廉 译)

原译将俄语完全对译为汉语,从语形、语义上看没有问题,但语言生硬,有欧化的痕迹。改译增加语气词"嘛",语言立刻生动起来,达到语用价值的极似。

[21] ...Наташа! Кто-нибудь... ко мне!...упала на пол в гостиной, не дойдя до кабинета.
原译:"娜塔莎!谁也行,快……来一下!"她倒在客厅的地上,没有走到书房。
改译:"娜塔莎!来人哪……救命啊!"她没走到书房,便倒在客厅的地上。(杨仕章 译)

原译将原句中的 кто-нибудь 译作"谁也行",意思上虽然没什么错,但是不符合呼救的语气。原文是小说主人公中毒后发出的呼救,кто-нибудь 指"随便一个人""无论谁",联系到其后的 ко мне(到我这儿来),可变通译作"来人哪"。

[22] Без практики невозможно было бы создать правильную теорию.
原译:没有实践是不可能建立正确理论的。
改译:要是没有实践,就不能建立正确理论。

---

[1] 黄忠廉. 汉译——捕捉原作的生命气息[J]. 外语教学,2011(1):86.
[2] 关秀娟. 俄语语气词汉译语用分析[J]. 外语研究,2011(2):84-87.
[3] 黄忠廉. 汉译——捕捉原作的生命气息[J]. 外语教学,2011(1):89.

原译漏掉 бы,导致语气假定含义缺失。改译将 бы 译成"就",将原语的简单句译成复句,完整传递原语的语用价值。

此外,黄忠廉教授认为,中国人熟悉的 ypa 一直被译为"万岁",但是战场上战士们冲锋陷阵时高喊的 ypa 是否也能译成"万岁"? 显然这不符合情景,此时译为"冲啊"才是正常。

二、语境误译

语境价值即语言单位在不同语境中产生的语用价值,概言之:何人何时何地为何对何人以何种方式出何言。话语的意义主要来自字面意义,而言外之意取决于语境。词的意义是和其相关语境组合在一起而存在的,其只有通过语境才能显现出来,才能被确立。离开语境,会给词的义项选择带来困难,甚至会引发歧义。在不同的语境中,同一句话可能产生不同的言外之意。译者必须把握原语宏观和微观的语境才能正确理解原作,否则容易导致误译。

(一)篇章语境误译

篇章语境对文化词的语用意义的实现非常重要,忽略语境效果,会导致篇章语义的连贯性缺憾,甚至导致译语读者理解的困难。篇章内的上下文常常是相互照应的,有时上文为理解下文提供了根据,而有时下文为证实上文提供了说明。翻译时必须考虑篇章语境的关联性。

[23] Он ［Берлиоз］ успел повернуться на бок, бешеным движением в тот же миг подтянув ноги к животу, и, повернувшись, разглядел несущееся на него с неудержимой силой совершенно белое от ужаса лицо женщины-вагоновожатой и ее алую повязку.(布尔加科夫《大师与玛格丽特》)

原译:他赶紧侧转身体,刹那间拼命把两腿收向腹部,但他已清楚地看到:女司机吓白了的脸和她那鲜红的头巾正势不可挡地向他猛冲过来。

改译:他还来得及侧过身子,并在同一瞬间疯狂地把两腿向小腹收拢;侧过身后,他清楚地看到:一张煞白煞白的女司机的脸和她那鲜红的头巾①正以雷霆万钧之势朝他冲来。(①苏联二三十年代的女共青团员和积极分子喜欢包大红头巾。)(钱诚 译)

试译:他赶紧侧转身体,刹那间拼命把两腿收向腹部,但他已清楚地看到:女司机吓白了的脸和她那标志着共青团身份的鲜红的头巾正势不可挡地向他猛冲过来。

上例是布尔加科夫的小说《大师与玛格丽特》中描写文联主席柏辽兹（Берлиоз）被电车轧死的情景。原译基本传达了原句的意思，语言也比较简洁，但是将 алая повязка 仅译作"鲜红的头巾"有两方面的不足。第一，没有完全传递原文所表达的文化信息。因为作者此处省略了与原语读者的共知信息"苏联二三十年代的女共青团员和积极分子喜欢包大红头巾"，但是这个文化预设对汉语读者而言是有较大的隐蔽性，译文如果不加以补偿，不利于译语读者理解原文。第二，有损语篇的连贯。因为在小说的第一章中，魔鬼撒旦预言柏辽兹将被"一位俄罗斯妇女、女共青团员"切断头而死。而此处的描写有俄罗斯女司机，还有柏辽兹被切断的头，却少了"女共青团员"这个信息。原句中的 алая повязка 已经包含了"女共青团员"文化预设信息，这对俄罗斯读者来说是不言自明的，但是对汉语读者来说则不尽然。考虑小说前后的连贯性，翻译时应该对此进行加注补偿。

（二）文化语境误译

文化语境又包括背景文化语境、历史文化语境、社会文化语境，这些都是翻译的难点。译者的文化储备如果不足，很容易导致误解和误译。

1. 陌生文化缺少补偿

对译语读者而言的陌生文化，译者应通过文内注释等补偿手段向译者说明，否则原作的交际价值就没有完全传递。

[24] Когда его одолевают загадки вселенной, он углубляется в физику, а не в гекзаметры Гезиода. （帕斯捷尔纳克《日瓦格医生》）

原译：现代人要解宇宙之谜，求教于物理，而不是求教于格季奥德的六音步诗。

改译：如果他为宇宙的奥秘而苦恼，他可以去钻研物理学，而不会去求教赫西奥德的六音步诗集。（注：以宗教宇宙为主题的诗集。）（顾亚铃、白春仁 译）

原译忠实传译了原语的字面意思，但是会使译语读者迷惑："格季奥德的六音步诗"与"宇宙之谜"有何联系？也就无法实现原语所具备的语用价值。改译通过注释对陌生文化进行补偿，弥补译语读者的文化背景缺省，改译的注释建立了译语与原语的最佳关联，有助于读者理解。

2.历史文化语境误译

在翻译古典作品时要考虑当时的历史语境,原文采用的语言必然是符合那个时代的风格,译者采用的语言形式既要努力反应当时历史的风貌,还要照顾当前的译语读者,兼顾二者的平衡才算是最大限度的传递原文的语用价值。古代作家服务的对象是那些与他们同时代的读者,而译作的服务对象也是与译者同时代的读者,虽然没有必要在译文中保留太多过时的言语表达形式,但是在词汇的语义选择上也要忠实于当时的时代。因为词汇的语义系统是开放的,会随着社会发展、人类认知的进步不断增添新词、词的新义项或者淘汰一些消极词汇。译者如果按照现在的词汇系统提取过去词汇的义项,可能造成误译,翻译的结果就会与原文的交际目的相矛盾。

任何语言交际都是在具体的文化语境中对语言的使用,因此,不能不受文化语境的制约和影响。只有了解语言的文化背景,才能真正理解语言的意义。在了解语言的文化背景方面,《俄罗斯思想》的中译本也留下了不少遗憾。下面这个例子的原译文按照朱达秋的分析有四处误译,我们认为都是对原语历史文化语境了解不足导致的。

[25] Русский мужик и рабочий... бесчеловечно казнил своего монарха, который еще так недавно, под именем «Царя-Батюшки», был своеобразной и, казалось, незыблемой национально-религиозной основой всего его государственного сознания; в Москве воздвигаются памятники Марксу и Лассалю, и Спасская башня древнего Кремля, устоявшая перед нашествием Наполеона, вместо «Коль славен» играет теперь «Интернационал».

原译:俄国的工人和农民惨无人道地处死了自己的皇帝;但是曾几何时,被冠之以"沙皇老爷"名号的君主,似乎还是其整个国家意识的特殊的和不可动摇的民族宗教基础。在莫斯科,为马克思和拉萨尔竖立起了纪念碑;拿破仑入侵前建起的古代克里姆林宫救主塔,现在不再演奏《光荣的科尔》,而是代之以《国际歌》。(贾泽林、李树柏 译)

改译:俄罗斯的农民和工人……惨无人道地处死了自己的君主,而这位被处死的君主不久前还被称为"沙皇—父亲",是整个沙皇国家意识特殊的,似乎不可动摇的民族宗教基础;在莫斯科修建了马克思和拉萨尔的纪念碑,在拿破仑入侵面前得以保存下来的古老的克里姆林宫救世主塔楼,现在不再演奏《我主荣耀》,而代之以《国际歌》。(朱

达秋 译)

  试译:俄罗斯农民与工人……残暴地处决了他们的君主——那位不久前还被尊称为"沙皇父亲"的君主,一个曾是他们独特而不可动摇的、全部国家意识的民族宗教基石;在莫斯科,马克思和拉萨尔的纪念碑被竖立起来,而那曾经受拿破仑入侵的古老克里姆林宫救世主塔楼,如今取代《我主荣光》奏响的已是《国际歌》。

  这是弗兰克《俄国革命的宗教历史意义》中的一段话,对照原文,可以发现有以下问题。其一,将 Царя-Батюшки 译为"沙皇老爷"不太符合俄罗斯专制主义和皇权思想的实际社会文化心理。据俄罗斯著名学者米罗诺夫在《俄国社会史》中指出:

  农民的政治文化心理使16—17世纪形成的权力神授思想直到20世纪初仍然保留,即沙皇是地上的上帝,是穷人关怀备至的父亲……"沙皇主人是我们人间的上帝。沙皇就像家中的父亲,而祖国就像母亲和姊妹。"这种质朴的思想是那样根深蒂固,就像在并不真正了解信仰和教义的象征意义时农民仍质朴地信仰上帝一样。①

  其二,将插入语 казалось 译为"似乎"不妥当。因为按照沙皇制度的意识形态,沙皇不是"似乎是"而"根本就是"国家意识形态民族宗教基础。
  其三,"拿破仑入侵前建起的古代克里姆林宫救主塔"与历史事实不吻合。拿破仑入侵俄罗斯发生在1812年,而救主塔最初建于1491年伊凡三世执政时期,1624—1625年改建成现在的哥特式塔楼,比拿破仑入侵早了几百年。原文的形动词 устоявшая 不是"建成"而是"保全下来"。这是因历史背景知识缺乏导致词汇义项选择错误。
  其四,Коль славен 译为《光荣的科尔》不妥当。根据俄罗斯国歌的历史变迁,在1816年到1833年为《俄罗斯人之祈祷》,而在十月革命之前,俄国的国歌是《上帝,保佑沙皇!》。在这两首国歌之间出现了一首由 Херасков 作词,Бортнянский 作曲的当时在俄国广泛使用的一首非正式的国歌 Коль славен。这首非正式的国歌在19世纪出版的歌单上都注明的是"俄罗斯国歌"。从1856年到1917年10月这段时间,克里姆林宫救世

---

 ① Миронов Б. Н. Социальная история России периода империи (XVIII-начало XX в.) 2-е исправл. изд., Т. 2, СПб, Дм. Буланин, 2000:238.

主塔楼上会演奏音乐的自鸣钟,每天四次会奏出 Коль славен 的曲子。十月革命之后,根据列宁的指示用《国际歌》代替了 Коль славен。

Коль славен 实际上是这首歌的第一句歌词 Сколь славен наш Господь в Сионе 前两个单词的变异。这句话的意思是"在锡安的我们的主是多么光荣",作为歌名当然应该简洁明了。这首歌其实已经有一个约定俗成的译法,即《我主荣耀》。①

以上四处误译可见,译者对翻译对象的社会历史文化背景知识的了解多么重要。

3. 社会文化语境误译

语言服务于社会,译语服务于当前社会的译语读者,译者在充分理解原作的基础上兼顾译作将要问世的社会文化语境,才能使译作更好地发挥社会价值。

26 ...социализм и республиканизм, атеизм и нигилизм——все эти мотивы, которые, по мнению мыслителей, прежде утверждавших своеобразие России, казались абсолютно чуждыми русскому народу, заимствованы с Запада.

原译:社会主义和共产主义、无神论和虚无主义,实际上都是与俄罗斯人绝对格格不入的、从西方借用过来的东西;但是,以前却有些思想家断言,所有这些东西,都是俄罗斯自己特有的。(贾泽林、李树柏 译)

改译:社会主义和共和主义,无神论和虚无主义——所有这一切东西都是从西方借用过来的,按照以前肯定俄罗斯特点的思想家的意见,它们实际上对于俄罗斯人来说绝对是格格不入的。(朱达秋 译)

这也是俄罗斯宗教哲学家弗兰克的《俄国革命的宗教历史意义》一文中的话,对照原文可见有两处问题:第一,республиканизм 并没有"共产主义"的义项,它是"共和主义、共和论"。原译将其译为"共产主义"也是对当时的社会文化语境缺少了解。第二,原译者错解原文的语法关系,导致整个译语语义信息背离原文。此处语法错误不是我们分析的重点,略去解析过程。

---

① 朱达秋. 再谈学术著作翻译的常态性批评——以《俄罗斯思想》的中文译本为例[J]. 中国俄语教学, 2013(1):3-4.

三、文化误译

翻译本身是一种跨文化、跨语言的信息传播和交际活动,是将一种语码所承载的文化信息用另一种语码表达出来。正如美国语言学家、人类学家萨丕尔所说,"语言的背后是有东西的。而且语言不能离开文化而存在。所谓文化就是社会遗留下来的习惯和信仰的总和,由它可以决定我们的生活组织"[1]。所谓文化误译是指对原作中应该处理的文化信息未作处理或处理不当,导致译语读者不解、错解或误解的翻译。[2]

文化误译的类型与文化信息的分类有关,韩民青将其分为物质文化、行为文化和意识文化。[3] 我们按照这种分类逐一分析文化误译。

（一）物质文化误译

物质文化又称物态文化,指与自然物质相对的文化物质,是可触知的具有物质实体的文化事物,如居所、服饰、饮食等。物质文化误译通常是译者对原语文化无知或者少知导致的。

[27] Гостиница производила впечатление желтого дома, покинутого сбежавшей администрацией.

原译:饭店给人留下的印象只不过是一幢逃走的经理人员所抛弃的黄颜色的房屋。（蓝英年、张秉承 译）

改译:旅馆倒有点像无人管理的疯人院。空空荡荡,乱七八糟。（顾亚铃、白春仁 译）

笔者认同改译,因为原文中的 желтый дом 是指"精神病院",而不是普通意义上的"黄色的房屋"。在俄语中,黄色象征"苦闷、分离、背叛",原译者显然没有把俄语中 желтый дом 的原意翻译出来,导致误译。这是对俄国文化不够了解造成的。

[28] Я бы хотел, чтобы вы приехали к нам на Алтай. Отведать нашего хлеба и соли.

原译:我真想你到我们阿尔泰来。品尝我们的面包和盐。

---

① 徐珺.文化内涵词——翻译中信息传递的障碍及对策[J].解放军外国语学院学报,2001(2):78-81.

② 杨仕章,孙岚,牛丽红.俄汉误译举要[M].北京:国防工业出版社,2008:193.

③ 韩民青.文化论[M].南宁:广西人民出版社,1989:120.

改译1:我真希望您能来到我们阿尔泰,接受我们的热情款待。(杨仕章 译)

改译2:我真希望您能来我们阿尔泰,品尝我们的面包和盐(俄罗斯款待贵客的礼节)。(郑永旺 译)

面包和盐是俄罗斯民族款待贵客的一种传统礼仪,原译隐含了这层言外之意,可能导致不了解俄罗斯民俗的读者的疑惑,在汉译的过程中应该加以注释,或采用意译。郑永旺则认为,如果将 хлеб и соль 译为"热情款待",就丢失了原语的文化意象,他建议保留形象,加上注释。

(二)行为文化误译

行为文化是指人类活动本身构成的文化。它既区别于动物本能,又区别于其他文化,行为文化有两大类别:一类是行为活动方式;另一类是行为活动规范。该类文化可表现在言行举止、风俗习惯、典章制度等方面。①

[29] Они вошли в её дом, как к себе в хату, прямо в комнаты, в шапках, в черных шинелях.

原译:他们走进她的家,就像进自己的农舍一样,直接走进房间,戴帽子,穿着黑色的军大衣。

改译:他们走进她的家,就像走进自己的屋子一样,帽子也不摘,黑大衣也不脱,一直闯进房间。(杨仕章 译)

原译把 в шапках, в черных шинелях 译作"戴着帽子,穿着黑色的军大衣",字面上没有错误,实际上没有反映出人物行为举止的含义。因为了解俄罗斯民族生活习惯的人知道,进入别人家后,通常要在门厅处摘下帽子、脱掉外套之后,再走进房间,否则就不礼貌。而在我们中国人看来,戴着帽子、穿着大衣走进房间是很常见的事情。所以在翻译实践中要考虑不同民族不同的文化行为。

[30] Только он не сумел упрочить за собою это внимание; он отвык от общества и чувствовал некоторое смущение, а тут ещё тучный генерал на него уставился. "Ага! рябчик! вольнодумец! —казалось, говорил этот неподвижный, тяжёлый взгляд, — приполз-таки к

---

① 杨仕章,孙岚,牛丽红.俄汉误译举要[M].北京:国防工业出版社,2008:199.

нам；ручку，мол，пожалуйте".（屠格涅夫《烟》）

原译：不过，他并不会牢牢吸引住这种对他的注意，因为他不善于交际，而且觉得有些不安，何况此刻胖将军正死盯着他瞧呢。这呆滞沉重的目光仿佛在说："哎哟！文人！自由思想者！终于爬到我们这儿来了，请递过小手吧。"（王金陵 译）

改译：只是他不知道如何把这兴趣据为己有；他不习惯于交际，觉得有点忸怩不安，加之那位胖将军眼睛紧紧盯着他。"啊哈！鄙野的平民！自由思想者！"这固定的重压的眼光好像这样说："跪倒在我们面前吧；匍匐着吻我们的手吧！"（陆蠡 译）

试译：只是他不知道如何抓住对他的注意力；他不善于交际，觉得有些窘迫/局促，更何况那个胖将军正注视着他，这僵硬的、沉重的目光仿佛在说："啊哈！文人！自由思想者！终于爬到我们这儿了，来乞求我们了！"

改译认为 пожаловать ручку 并非字面意思"请给予小手，请递过来小手"，而是指俄罗斯的一种礼仪——吻手礼。在俄罗斯，吻手是一种古老而庄重的礼节，尤其在十月革命前的上层社会十分盛行。男士遇见女士，下级拜见上级，平民迎接贵族及农奴迎接农奴主时，常常亲吻他们的右手以示尊敬或崇拜。原文中的胖将军傲慢自大，看不起"他"，认为"他"应向自己行吻手礼。所以改译中将其明示。

但我们认为此句应为：胖将军认为"他"（平民出身的李特维诺夫）来到这里是为了寻求贵族、高官的帮助，傲慢的目光仿佛在说："Ну что ж, дать тебе руку? Тебе помощь?"（哼！想行吻手礼？讨恩典吗？）

[31] И он, наверно, как в школьные экзамены, суеверно сплюнул трижды через плечо, посерьезнев, швырнул комок снега в сугроб.

原译：他就像在学校里考试时那样，向后连吐了三口唾沫，一本正经地把雪团扔到脚下。

改译：他说着，就像学校考试前就过早的说会取得好成绩那样，责怪自己话说得过了头，迷信地向后连吐三口唾沫，一本正经地把雪团扔到脚下。（杨仕章 译）

试译：他就像在学校里考试时那样，向左肩连吐了三口唾沫，一本正经地把雪团扔向雪堆。（据教会人士说，人的左肩旁站着的是魔鬼，人的右肩旁站着的是天使，向左肩吐几口唾沫就能把魔鬼赶走。）

第二章 误译类型体系 | 123

俄罗斯人典型的身势语之一是 плевать через левое плечо(往左肩后吐唾沫),而且常伴随三声 тьфу, тьфу, тьфу 等拟声词。据教会传说,人的左肩旁站着魔鬼,右肩旁站着天使,往左肩后啐唾沫的方式可以驱走邪恶和灾难,目的在于除晦气,以保健康、顺利、幸福平安。原语 сплюнул трижды через плечо 有必要加注,以免译语读者的不解。

(三)意识文化误译

意识文化也称为精神文化,是文化体系的核心部分。它包括价值观念、审美情趣、思维习惯等,也包括哲学、文学艺术等方面。意识文化是俄罗斯历史、地理、民俗、民族心理等文化背景知识的反映。意识文化隐藏在文本中,不同的文化背景和语言表达方式,给俄汉翻译造成很大难度,揭示文本中隐含的深层文化是翻译中的难点。

[32] Он ведь наш Кощей, за рубль — целковый удавится.

原译:他是我们的科谢伊,为一个卢布都能去上吊。

改译:他呀,吝啬得出奇,是我们这儿的科谢伊,为一个卢布都能去上吊。(科谢伊是俄罗斯文化中一个典型的民俗形象,他长相干瘪、心肠恶毒、贪婪吝啬。)

如果对"科谢伊"这一民俗形象不加以解释,读者很难理解,很可能只是当成一个简单的名字。改译通过加注的方式交代俄罗斯的特殊文化背景,弥补原译的不足。

[33] Базаров начал зевать. — Я полагаю, пора путешественникам в объятия к Морфею—заметил Василий Иванович.

原译:巴扎洛夫开始打哈欠了,瓦西里·伊万诺维奇说:"我认为旅客该去投入莫尔非的怀抱了。"

改译:巴扎洛夫开始打哈欠了,瓦西里·伊万诺维奇说:"我认为是旅客们投入梦神莫尔非怀抱的时候了。"

摩耳甫斯(Морфей)是希腊神话中的梦神,翻译时可以直接解释,帮助读者理解。

综上可见,语用误译多是译者拘泥于字面翻译,导致文化的、修辞的、语体风格的偏离。或因背景知识没有交代而致,或因不了解历史文化语境而致,最终生成的译语的语用价值与原语不等。在《误译判定标准》中,我们已经阐明"语用价值的偏离度是误译评判的首要标准",所以译者更应警惕语用误译的出现。

本章小结

　　误译是以静态语言存在于译品中,从语言学学理角度划分误译顺理成章,所以我们将误译分为静态的语形误译、语义误译和语用误译。本章结合具体误译实例,按照语言单位的大小,从词到篇章,分别分析它们在语形、语义、语用方面的翻译问题。

　　语形误译多是语言外在形式的错误,包括语音误译、语法误译和标点符号误译。语音误译多集中在人名、地名、品牌及企事业单位名称误译;语法误译则表现为词形误判、短语误解、句子语法结构不辨、篇章句法分析错误等;标点符号误译主要是引号、破折号、感叹号、分号转换的错误。

　　语义亏损程度是翻译批评的焦点,也是我们判断语义误译的出发点,语义误译主要体现在词汇义误译、词组义误译、句子义误译、句群义误译和篇章义误译上,而每一类还可继续细化。词汇义误译可分为:词义误解、词义误选、同义反义词混淆和熟语误译;句义误译体现在:信息误减、信息误增、成分误译导致误译、语义重复、句子逻辑错误和复句误译;句群义误译分为:句子漏译导致句群信息损耗、小句误译导致句群误译和句子误译导致句群误译等;篇章义误译体现为:语义照应不足、同义衔接问题和语义不连贯。

　　语用意义一般包括:词语的语体特征、语域、感情色彩和联想意义。全译时应该最大限度地传达原文所表达的这些语用意义,努力做到译语和原语的语用极似。语用误译通常包括修辞误译、语境误译和文化误译。修辞误译包括:语句修辞误译、篇章修辞误译和风格误译;语境误译表现为篇章语境误译、文化语境误译和社会文化语境误译;文化误译可分为:物质文化误译、行为文化误译和意识文化误译。

第三章　误译发生机制

伴随着翻译研究的深入,人们逐步认识到影响和制约翻译的不仅仅是作者原意的不可知性、文学作品意义的不确定性、译者的能动性和读者的参与性,还有其他诸多因素,如语言的模糊性、理解的历史性和局限性、文化的差异性等,这些因素都直接影响着翻译的成败。误译是失败翻译的表现形式之一。它的出现有哲学意义的必然、语言学差异的使然,以及心理认知的或然。本章拟从哲学、语言学、心理认知科学、思维学、信息学、文化学等几方面分别阐述误译的原因。

第一节　误译发生的哲学本质[①]

柯文礼教授认为,翻译从广义的角度来说是一种哲学活动。哲学活动渗透于整个翻译的过程。其一,哲学为翻译提供了理论基础。言为心之声,为意之形……意属形而上,言属形而下,前者为一,后者为多。翻译的哲学基础,即在于"人同此心,心同此理"。其二,在翻译的整个过程中,译者要时刻留心辩证地处理种种矛盾对立的关系,避免"过"和"不及"。[②] 误译是与翻译相伴而生客观存在的现象,日本学者小林秀雄曾说:"没有误译的译文是根本不存在的……翻译作品中肯定有误译存在,这如同空气中包含氧气一样。"[③] 矛盾是误译存在的哲学本源,具体表现在:语言间的矛盾、文化间的矛盾、主体间性矛盾等。

---

① 顾俊玲.误译哲学溯因[J].中国科技翻译,2013(4):37-40.
② 柯文礼.文学翻译与哲学[J].南开学报(哲学社会科学版),1999(4):76-81.
③ 转引自河盛好藏,刘多田.正确对待误译[J].中国翻译,1986(3):57-58.

一、语言间的矛盾：误译之源

(一)语言的复杂性

语言是一个开放的系统，包含生活各个方面的海量信息。语音、形态、句法、词汇—语义、修辞、词源等都是语言的子系统，每一个子系统又有一系列使用规则。各民族语言传情达意的规律大致相同，但也存在差异，体现为词汇空缺、语义矛盾、语用差异等方面，这些差异成为翻译的障碍。此外，语言还随着社会生活的发展变化而不断变化。语法体系基本是封闭系统，变化较小；而词汇系统是开放的，如同人体一样不断进行新陈代谢。面对这样一个动态、庞大而复杂的语言系统，译者对其驾驭能力毕竟有限，"以有涯随无涯"，误译的出现也十分自然。

(二)语言的差异性

语际间语形、语义、语用三方面的差异之处是误译频发之地。例如，child play 常被误译为汉语的"儿戏"，而这个短语的原意是"如儿童游戏般简单的事"；to eat one's words 被误译为"食言"，其正确含义为"承认错误"；to sleep late 被误译成"睡得迟"，而实际指"起得晚"；to lock the stable door after the horse has been stolen 常被误译为"亡羊补牢，为时未晚"，而正确的意思是"贼走关门，事后聪明"……

俄语中也有很多与汉语矛盾的表达方式，如汉语的"做梦"，俄语说 видеть сон(看见梦)；汉语中的"弹力袜"，俄语是 безразмерные чулки(没有码的袜子)；汉语说"死在手术台上"，俄语是 умереть под ланцетом(死在手术台下)；汉语中的"奶粉"俄语则是 сухое молоко(固体奶)……这样的例子不胜枚举。

可见，不同民族面对的虽是同一个客观世界，但他们对这个世界的认知视角、语言表述却不完全一致。任何语言系统对外部世界的反映和分析都有其独特之处，而且同一语言在不同历史阶段(如古代汉语和现代汉语)对世界的表述也不同。随着人们对自然世界认识的深入，必然出现新的言语和词汇来分析与表达新的认知世界。

人的思维决定语言，语言又给人的思维规定了某种模式。语言系统沉积了过去一代代人所积累的生产生活的经验，它向未来的一代提供一种看待与解释宇宙的方式，因此操不同语言的民族都有某种思维定式，描述的世界也各不相同。思维随着生产生活的发展也在不断进化发展，语言也因此得到发展，所以语言不是一种被动的表达工具，语言与世界也不是表达与被表达的对应关系。而不同语言的发展变化受本民族多方面因素影响也并非同步,若按照洪堡学派的观点,这些客观的障碍是无法克服的,翻译从根本意义上说是不可能的。这种观点虽过于绝对,但也从一定程度上说明翻译之难和误译存在的必然性。

二、文化间的矛盾:误译之根

(一)文化的多样性

世界文化各具特色,这是客观事实。联合国教科文组织也立法保护世界文化的多样性。在不同的文化和宗教背景下,人们对社会、生活、价值、信仰、人性等的理解有深刻的差异。在希腊文化背景下探讨人生问题,与东方文化背景的我们对生命的理解有很大差距。东西方文化的矛盾是不同自然地理环境、不同生活方式、不同思维方式、不同信仰等多种复杂因素决定的。但是俄罗斯这个民族的文化又具有骑墙的特点,人们无法决断地将其归为东方文化圈或西方文化圈。

罗斯在公元988年接受基督教以后,在文化上深受希腊—罗马传统的影响,但是历史上它又受蒙古族统治近两个半世纪,很多东方元素也渗透于俄罗斯文化的方方面面,加上其在地理位置上横跨亚欧大陆,长期以来的俄罗斯文化也游离于欧洲的核心文化圈外。有学者称,俄罗斯的文化是钟摆似的在东西方间摇摆,我们不能确定它的属性,也因此俄罗斯人的性格变化莫测。所以,在进行俄汉翻译时,我们要多增加一分理性和思考去理解与判断。这种文化间的矛盾成为误译的根源。

(二)文化的非对应性

每一个民族的文化特征都有丰富的词语来表达。譬如汉语中丰富的烹饪词汇,如炒、炸、滑、溜、扒、焖、煎、煮、炖等,常常使汉译外工作者感到穷于应对,英语、俄语中大量的表示"胡子"的词汇,法语中大量的关于"酒"的词汇,阿拉伯语中数以百计的描写骆驼及其身体各个部分的词汇,爱斯基摩语中不可胜数的关于"雪"的词汇,同样使外译汉工作者感到汉语在这方面的匮乏。[①]

就俄罗斯文化而言,俄国人尚右忌左,屠格涅夫的小说《木木》在描写女奴塔季扬娜(Татьяна)时特别强调她左脸上有几颗痣,以示其苦命;而汉民族尊右卑左和尊左卑右是并存的,其形成原因、表现方式和范围与俄罗斯人均不同。喜鹊,中国人认为是吉祥之物,但俄国人却将其视作"饶舌"、甚至"小偷"的象征。猫头鹰,中国人视作不祥之物,但俄国人却奉作"智

---

① 谢天振.翻译研究新视野[M].青岛:青岛出版社,2002:49.

慧"的代表。我们认为天上有"银河",俄国人认为那是"奶路"。我们认为白杨是挺拔伟岸的斗士,如茅盾的《白杨礼赞》,而白杨树在俄罗斯是不祥之树,是"胆小、怯懦"的象征……俄罗斯典型的身势语如敲木头桌子、往左肩吐口水、用手指弹脖子等这些行为文化在汉语民族的文化中没有对应项,也会让中国译者或读者迷惑。

正因为不同文化间存在着非对应关系,造成许多缺项,构成翻译的障碍,翻译的过程必然伴随着信息损耗、文化磨蚀,甚至误解误译。可见,文化大矛盾的客观存在是误译必然存在的哲学基础之一。

三、主体间的矛盾:误译之本

主体间性是由德国现象学哲学家胡塞尔于 20 世纪初率先提出的概念。根据哈贝马斯的交往哲学,主体和主体的交往形成了一种内在的主体间关系,即所谓的主体间性。[①] 主体间性理论的核心在于以交互原则取代主从原则,以对话取代独白。因为译者不是在真空下进行翻译活动,而是在特定的社会意识形态的氛围中进行翻译操作的。译者对主流意识的接受程度,总会在翻译过程中流露出来。

以主体间性理论关照翻译活动,作者、译者、文本、读者等之间的关系是一种共在的主体间性关系。翻译活动涉及原文作者、翻译委托人、翻译发起者、译文读者等各方利益。这些主体都能在某种程度上对翻译活动施加主体性影响,但是涉及误译的主体,我们认为应该是人,或者是由人构成的机构才能导致。

(一)译者与文本的主体间性:理解障碍产生误译

译者与原文本之间相互独立又相互依存的关系同样体现了主体间性。文本包含了文化背景的差异、思维理解方式的差异、语言表达方式的差异、社会文化环境的差异及风俗习惯和民族心理的差异。

文本是话语固定下来的书写,它一旦摆脱了作者写作的此时此地的当下性,就会产生与作者之间的疏离状态或间距。[②] 而文本与译者的间距更大,除时间距离外,还有空间距离,这些都使得以理解为基础的翻译必然会遇到种种理解障碍。就文学作品来说,每一时代的理解者总是按照自己的方式来理解历史流传下来的文本,文本是属于这个传统的一部分。[③]

---

① 王晓东.西方哲学主体间性理论批判:一种形态学视野[M].北京:中国社会科学出版社,2004:22.
② 利科.翻译与语言哲学[M].刘宓庆,译.北京:中国对外翻译出版公司,2001:397.
③ 李建盛.理解事件与文本意义[M].上海:上海译文出版社,2002:45.

在全译语境下,译者要尽可能地保留原文的语言特色和再现原文的风格,虽然这是译者追求的目标,但是仍然不能排除对文本的误解和误译,因为译者的"前理解"制约他对原语文本的精确理解。而语言的多义性、模糊性、发展性等为翻译设置的有些障碍是不可逾越的,此时对原文的误译便成了很难避免的结果。无数的误解案例即可印证文学语言具有抗拒精确理解与精确翻译的诸多特性。因此也有许多人拿诗歌等文学翻译作为"不可译性"的理据。

(二)作者、译者、读者的主体间性:视界差异导致误译

1. 作者与译者的主体间性

译者与作者的间性主要通过原文本来体现,原文本是原文作者思维的产物,是原作者意图的体现,充分体现原作者创作的主体性。译者在翻译过程中,要充分考虑到原作者生活的时代背景、地理环境、当时的人文特点、风俗习惯等因素,以期与原文作者达到"视阈融合",最大限度地把握原作者的意图。[①]

译者作为一个与原作者平等而独立的主体,受所处年代和自身人生阅历的影响,必然会对所译作品有自己的判断标准和价值观点,加之翻译时必须考虑现实读者的接受水平,所以译者主观的参与是不可避免的。译者如果不能调整自身固有的思维定式,而是带着某种政治立场和个人情感阅读,则很有可能对文本做出有意或无意的误读,进而导致误译。但是如果译者为了迎合特定读者的特殊需求而做了有意变通,则属于变译行为而非误译。

2. 译者与读者的主体间性

在近些年的翻译研究中,人们逐步认识到读者也是翻译研究中的能动参与者,而绝非被动接受者。因为译本是给读者看的,只有经过读者的阅读,引起他们的反馈,被读者接受,整个翻译过程才算完成。读者对译作的价值实现具有制约作用,译作只有在交际传播中才能最终实现其价值。

每一个译者都受个人的文化素养和创作个性影响而形成了一套习惯性的表达手段。也就是说,每一个译者都有自己的风格。[②] 读者因为自身阅历、审美趣味及所处时代的不同,对译作也有不同的期待。所以译者在进行翻译创作时一定要考虑未来读者的认知水平、接受力、社会文化背景

[①] 张琳.关于翻译主体间性的现象学阐释[J].世界哲学,2011(1):150-156.

[②] 傅惟慈.我译的第一部英国小说《问题的核心》[C]//郑鲁南.一本书和一个世界.北京:昆仑出版社,2019:53.

等因素,选择相应的翻译策略。读者的接受程度、认可程度直接决定了译本的成败。①

在作品阅读中有形形色色的读者,于是就形成了对文本的各式各样的理解。时代的发展也为多元阅读提供了更多的机会,因此从这个角度说,读者是自由的,有一千个读者就有一千个哈姆雷特。然而读者主体的自由又是有限度的,他只能在译者所提供的文本基础上,做出与他的审美修养、文化心态相对应的解释。在翻译作品的创作过程中,译者起着主导作用,他通过译作影响着读者,也创造读者,但是读者在选择和接受翻译作品时也往往会以自己的审美趣味和需求去评价译作,施加影响于译者。这些就是译者与读者的主体间性的充分表现。

许多误译实例多是译者与译语读者的视界差异、沟通不畅或者无法获得沟通共鸣导致的。

(三)转译的主体间性

转译,即从一种语言的译文翻译为另一种语言,相对于原作,中间隔了一道外语,形成第三国文字的作品。如果一次翻译有误,转译的译文如果不对照原文也会有同样的误译。1932年弗郎茨·库恩(Franz Kuhn)翻译出版的《红楼梦》德文节译本后续被转译成英、法、意、匈、荷等译本。我们在研究这些文本的误译时要弄清是转译文本本身的错误,还是译者又造成的失误。其中的主体间性更为复杂,研究时要区别对待。

关于庞德所译中国古诗的某些误译已被多位学者探讨,庞德所创作的《华夏集》的原始文本是由日语翻译而成的,在这个过程中,如果日语对汉语先造成了误译,那庞德的二次误译就是自然而然的。例如多首诗中的"青"被庞德译为blue,而同一首诗许渊冲将"青"译为green,显示出不同主体对同一客体理解的差异。

据说,美国东方研究学家厄内斯特·费诺罗萨(Ernest Fenollosa)②的遗孀出于对庞德的才华及其诗作主张的欣赏,将费诺罗萨的中国诗笔记交给庞德。这些笔记主要包含了李白、陶潜及道家的诗篇,费诺罗萨在笔记的每一汉字下加注了日语发音,并加以直译和注译。因此,研究庞德《华夏集》中"青"的翻译,就会发现正是由于日语对"青"的误译从而造成了这一

---

① 张琳.关于翻译主体间性的现象学阐释[J].世界哲学,2011(1):150-156.
② 厄内斯特·费诺罗萨是汉学家,在日本东京居住长达12年,一直研究汉文化。他的研究受到日本文化及语言极大的影响。

现象。① 日语中也有"青"这个字,与汉字"青"写法相同。日本人喜欢用青来代替绿,由于日本人长期用惯了"青",所以与其采用新的"绿",还不如用"青"来涵盖更广的领域。② 其实,有些时候日本人所说的"青"是一种比绿色还要深的颜色,几乎可以等同于蓝色。这样,在费诺罗萨对中国古诗进行初次翻译时,就误把所有的青色都理解为在日本文化中所应有的那种颜色——蓝色。那么当庞德把这样的文稿再译成中文时,出现的误译也就不足为奇了。

目前随着中国典籍走出去的又一个高潮,还涉及另一种转译环节:先是古文今译,然后是汉外翻译。古文今译属语内翻译,但也不能排除今人对古代典籍的误解和误释。如果汉外翻译的出发点就是错误的,译语自然也是错误的。例如《论语》的俄译本不下十几种,其中俄国译者的就有五种,始译本都是中国人做的古文今译,所以研究《论语》的误译也要区分错误的根源:究竟是哪个环节的主体误解、误释、误译。

此外,还有其他的语内语际翻译会有类似的情况,如口译活动可能会涉及方言,方言译为标准语,再转译为外语,这个过程也不排除误译和主体间性。

总之,翻译其实就是一种妥协、一种度的把握,译者角色应定位于这种多元对话的策动者、组织者、生成者和建构者。译者的主体性体现于翻译的全过程,而作者与读者等的主体性只是体现于翻译过程中的某些相关环节。翻译活动的主体间性主要体现在译者与文本、译者与原文作者、译者与译者、译者与读者等多重间性,主体间平等对话、交流与协商、达成共识才能最大限度避免误解、误释和误译,从而使多种文化和谐共处。

四、核心主体:导致误译的直接因素

原文作者、原文本、翻译发起者、赞助者、译语读者等都能实施某种程度的"主体"作用,在不同的程度上制约翻译活动。但我们认为翻译的中枢主体是译者,译者才是原语理解、思维转化、译语表达的直接主体。译者的任务就是化解原语与译语的文化冲突、语言矛盾、主体间的矛盾。然而译者的翻译能力千差万别,每个译者都存在不同程度的主观性,而且其生理客观状态及心理上认真与否也决定误译出现的概率。

---

① 王晓利,杨燕翔."青"译为"blue"还是"green"——庞德的误译美之外[J].北京第二外国语学院学报,2013(10):38.

② 朱宪文.日本人的色彩意识的实证研究[D].湘潭:湘潭大学,2007:12-15.

(一)译者翻译能力的限制

误译存在的多少主要取决于译者的翻译能力。由于修养、学识、驾驭不同语言的能力、经验、悟性等不同,翻译能力因人而异。最基本的能力可概括为三方面,即双语能力、百科知识、心理素质(就口译而言)/职业道德修养(就笔译而言),也称为"译者能力三角"。①

具体到每一次翻译活动,由于对翻译对象的熟悉程度不一,翻译成功的可能性会有大小之分,出现误译的概率和误译的类型也会不同。大部分误译是由于译者对原文的误解、误释以及语言表达能力欠缺造成的。对原文的误解大致表现在:①缺乏语篇内容分析,译者对语境把握不足而造成词汇义项选择错误;②忽视词义的外延、望文生义、误解词汇意思;③没有正确理解原文长难句等句型的句子结构。对原文的误释一般表现为:①背景知识不清,或缺乏专业知识导致的原语误释;②对原语文化了解不透导致的语用误差。译语表达失当体现在:①过分强调忠实度的死译,导致恶性欧化;②在译语中选词不当而造成表达错误,等等。

(二)译者的主观性

主观性与客观性相反,是以主体自身的需求为基础去看待客体、对待客体。一方面,它只接受对方适于自己需求的性质和关系;另一方面,又必然排斥对方由它出发、不适于自己需求的性质和关系。任何译者都是在一定的翻译语境中从事翻译工作的,作为翻译的主体,译者的审美意识和表达方式都会受到译语文化语境的影响,但是不同译者的主观性还是会表现在不同的译作中。译者的主观性体现在以下四个方面:

1. 翻译策略选择的主观性

翻译理论可以在原则和方法上指导翻译实践,译者根据自己接受的理论选择翻译活动的策略,在翻译操作中确定翻译方法,针对具体的文本,服务于特殊的读者,完成特定的翻译目的。这个过程是译者主观判断和抉择的过程。策略和方法选择的优劣直接影响翻译的结果,因翻译策略使用不当导致的误译可能表现在:增译过繁,减译减意,变通不通,化而不解,转换不和,分合不当,等等。

2. 原语理解的主观性

译者的第一个身份首先是读者,是原文的理解者。而理解不是孤立行为,它不能脱离客观世界,客观世界又包括文本的产生时代、当下时代、不同的文化社会、不同的教育背景等要素。理解者处在当下环境中,有自己

---

① 顾俊玲.牌匾公示语误译溯因[J].中国俄语教学,2013(1):54-57.

的视界,存在特殊性;文本有其产生时的视界,也有特殊性。在理解过程中,两种视界的碰撞必然会出现信息扭曲。特别是在文学翻译过程中,译者不可避免地会仰仗自身的生活经验、学识涵养、个性气质、审美理想和欣赏习惯等诸多因素对原作进行阅读和理解,以自己的方式与原作者进行对话,进而内化原作,而后将已内化了的原作再外化为译作。① 因此,翻译的过程就是译者能动地理解和诠释的过程,是译者主体自身存在方式的呈现,具有无法避免的主观性,因主观而导致理解的偏误落实到译语表达上就形成误译实例。

3. 译语表达的主观性

翻译是一个主观阐释的过程,译者是译作的生成者和建构者。无论译者以多客观的态度对待原文文本,都不能将原文中所有的思想内容、美学艺术在译入语中一一传达。因为许多因素是译者无法控制的——个人性格、所处的具体的历史、时间、空间、掌握原语和译语的能力、受教育的程度等都属于主观限定,这些因素都会影响译者阐释的有效性、倾向性以及所译内容、方式。② 无论译者多么尽力客观阐释原文,译语的表达还是主观的,翻译过程也无法保存原文中所有的价值,译者只能尽力在语形、语义、语用上与原语求得最大相似。翻译的过程是原作视域和译者视域融合的过程。这个过程不能排除译者的误解和误释,再忠实的译文也已经加入译者的理解和表达风格,形成融合后新生命的体现,而不是原著的完全复现。

郑海凌认为,在翻译过程中,主观与客观、主体与客体之间存在的种种矛盾从各个方面约束着译者,而翻译中固有的矛盾对译者的约束也是译语文化的内容之一。③

4. 草率从事和不假思索

翻译态度是否认真很大程度上影响译作质量,陈独秀曾在狱中对当时的翻译现状大发议论:

> 现在许多翻译的书,实在不敢领教,读它如读天书,浪费我的时间,简直不知道它讲些什么。如胡秋原这小子,从日文中译出这样一句话:"马克思主义在三楼上开展",这是什么话,我当然不懂,我想也没有人懂。我要问马克思主义为什么一定要在三层楼上展开呢?难

---

① 黄沛真.论翻译活动的主体间性[J].韩山师范学院学报,2011(1):94.
② 同上.
③ 郑海凌.文学翻译学[M].郑州:文心出版社,2000:194-196.

道二层楼上不能展开吗？我找到原本，查对一下，原来是说"马克思主义发展分三个阶段"。日文中的三阶段就写三阶段，而三层楼则写三阶。若说胡秋原眼误，未看到这个段字，那是不能原谅的。①

这种草率从事、不假思索所产生的劣质翻译不只出现在陈独秀所在的年代。当今社会受利益驱使或是抢占版权市场，翻译单位或个人不顾职业道德，粗制滥造出大量劣质译作，造成不好的社会影响，说到底是译者译德修炼不足，缺少认真负责的态度。

(三)生理上的误听误看

译者作为生物学意义的人，偶尔也会有听觉或视觉的混沌状态，加上语言本身的模糊性，这些也会导致翻译失误。这样的误译事例很多：韦素园在翻译高尔基的诗歌《海燕之歌》时，把 чайки стонут перед бурей(海鸥在暴风雨来临之前呻吟着)一句中的 стонут(呻吟)看成了 тонут(下沉)，于是把诗中海鸥和海鸭的"呻吟"都误译成了"下沉"。瞿秋白将乌云像火焰在"燃烧"(пылают)，误译为"浮动"(плыть，плывут)。② 瞿秋白在翻译普希金的长诗《茨冈》时，把俄文的 сень(庇荫或住处)误看成 сено(干草)，于是把 Везде была ночлега сень(到处都有过夜的地方)误译成"到处的草堆都算是他的床"。③

徐志摩就翻译错误曾说：

> 说起翻译，我怕我们还没有到完全避免错误的时候，翻的人往往胆太大，手太匆忙，心太不细。他自己闹过一个极大的笑话，在一篇曼斯菲尔德的小说里，有一段原文是 I am thirsty, dearest, give me an orange 意思是："我口渴的，亲爱的，给我一个橘子"，你说我给译成了什么，你再也猜不到我手段的高妙，我翻译作"我是 30 岁了，亲爱的，给我一个橘子"！thirsty 我误认为 thirty，又碰巧上文正讲起年岁，我的笔顶顺溜的就把"口渴"给变成"30 岁"了。④

---

① 濮清泉.我所知道的陈独秀[C]//陈木辛.陈独秀印象.上海：学林出版社，1997：135.
② 戈宝权.谈谈高尔基的《海燕》[J].北京师范大学学报(社会科学版)，1978(4)：55-64.
③ 戈宝权.漫谈翻译问题[J].外国文学，1983(11)：53-62.
④ 刘介民.类同研究的再发现：徐志摩在中西文化之间[M].北京：中国社会科学出版社，2003：132-133.

类似这样的误译通常能在译者自我校对和出版前编辑的审校中被发现和改正,但现实中,"……有些出版社为了追求经济效益,淡忘了出版责任。他们有的缺乏称职的外文编辑。借口文责自负,放弃对译文质量的审核与把关"①。受种种不正常学术风气影响,许多诸如"常凯申"这样的误译也会逃过层层"审校",直至读者手中。这种误译已经不是译者无意误看导致的,就译者而言是译德缺失,就翻译行业而言是翻译管理落后。

综上所述,从哲学角度分析,矛盾的客观性决定误译存在的必然性,具体所指是不同文化间的矛盾、不同语言间的矛盾、语言内容和形式的矛盾。同时,翻译活动的中枢主体——译者的翻译能力、译者的主观性、译者生理上的误听误看都是导致误译的原因。主体间性在翻译活动中的多个环节可能会导致误译,主体间基于文化平等的对话与协商是避免误解、误释、误译的有效途径。

第二节 误译发生的语言因素

语言是既简单又复杂的研究对象,同一民族同一语言,因交际场合、对象、范围、目的、话题等不同,不同语境下使用的语句也不同。不同的历史时期,表达同一命题的语言形式也不同。② 单语交流都有如此复杂的情况,更何况语际转化? 首先,在翻译过程中,译者的理解常常会有与作者相悖的地方。因为语言本身存在抽象性和歧义性,这在客观上提供了多种解释的可能性,作者的解释充其量是众多可能性中的一种。其次,作者将所思化为文字,总有言不及义的情况。最后,译者的推理与判断会受到"前理解"的影响。俄国翻译理论家科米萨诺夫将译者面对的困难分成三种类型:每种语言中语言单位的语义独特性所造成的困难;各种语言用来反映外界现实所构建的世界图景不一致造成的困难;译者所译语篇中描述的现实本身不同造成的困难。③ 而不同民族语言的根本性差异是造成误译的主要原因,追溯误译的原因必然要从对比语言学入手。我们认为俄汉双语语形的差异性、语义的模糊性、语用的复杂性是误译存在的语言学因素。

---

① 李景端.综合治理劣质翻译的呼吁[N].文艺报,2006-04-08.
② 王建平.语言交际中的艺术——语境的逻辑功能[M].北京:中共中央党校出版社,1992:126-127.
③ 科米萨罗夫.当代翻译学[M].汪嘉斐,等译.北京:外语教学与研究出版社,2006:17.

一、语形的差异性

如第二章所述,语形即语言的外在形式,是语义和语用的承载物,包括语音、拼写、语法结构等。具体而言,语言中数、人称、时态、语气、词性、语态以及敬语形式等都属于形态范畴。语言结构通常体现每一种语言的独特性,这种独特性在亲属语言之间移植比较容易,而在非亲属语言之间转换则很困难。因为非亲属语言间的语符需要完全换码,结构上的语言手段不存在信息相通的渠道,有的甚至是不可译的,因此,语言结构的差异也是导致误译的首要原因。

(一)语言外在形式差异

俄汉两种语言在语音、语序、语态、时态等方面存在较大的差异。俄语属于印欧语系的斯拉夫语族,汉语属汉藏语系的汉台语群,两种语言在形式上千差万别。有人形容汉语句构"如大江流水,后浪推前浪",俄语则"如参天大树,枝繁叶茂"。从翻译角度我们可从下面几方面进行比较:

1. 语音差异

任何语言都有独特的语音系统。它与社会文化、生理条件、心理习惯等有关,一般无法为另一语言所取代。诗歌之难译甚至不可译,常因此而致。诗的部分意境,可通过特定的节奏或韵律表达,这多受制于创作诗歌所用语言的独特语音系统,比如,音韵上的结构性手段等。[1]

俄语是拼音文字,以声音为出发点,由言说和倾听决定,意义通过字母符号的任意组合并与声音结合表达一定的意义。俄语语音单位包括音素、音节、语音词、语音句、语段。[2] 音位、音标、重音和语调等组成俄语语音系统。语音是有声语言的第一特性,语义受语音的影响和制约是显而易见的。俄语词重音落在不同的元音上,词义会不同;句重音落在不同的单词上,也会产生不同的语用效果,会让听者有模糊的揣测,使句子的语义飘忽不定,由此产生难以确定的内涵。口语中,由于说话者语速的快慢、发音的特点、重音的跳跃、断句停顿的不同,都有可能产生语义外延界限不确定,也增加译者理解语言的困难;通过说话者的语气还可判断传递信息的真伪等。

传统汉字是表意体制的语素文字,与语音单位没有直接的联系。传统的汉语音韵学根据中国文字的特点是从方块汉字入手进行语音分析的,古

---

[1] 刘宓庆.新编当代翻译理论[M].北京:中国对外翻译出版公司,2005:117-118.
[2] 张家骅.新时代俄语通论[M].北京:商务印书馆,2006:193.

人使用反切识字,就是用两个认识会念的字,取第一个的声母,取第二个的韵母,拼合起来就行了。《汉语拼音方案》作为中国的法定拼音方案于1958年2月11日被批准公布。汉语拼音是用来书写现代共同汉语的专用的符号形式系统,以26个拉丁字母作为基本字母,兼有音标和文字的性质。汉语拼音的符号形式与语音单位有直接的对应关系,因此具有音标的性质。①

汉语拼音与西方的拼音文字有所不同,其声母和韵母的配合具有很强的规律性,掌握声韵配合规律,十分重要。王力先生说过:"语言和音乐的关系十分密切。汉语的声调是可以用五线谱描写出来的,研究汉语的人应该懂音乐。"②汉字字音的基本结构包括声母和韵母和声调三部分(少部分字音中有介母存在),前声后韵,声韵相拼加上一个声调构成一个汉字的字音。而俄语属于音素制的拼音文字,元音和辅音的划分是拼读的基础,配合重音、调型和其他拼读规则构成俄语的语音体系。由此可见,俄汉两种语言语音体系的差异是根本性的。

由于俄汉两种语言语音系统的差别,二语习得者往往难以摆脱中国口音,很难掌握俄语的语音、语调、重音、节奏,这给口译活动增加障碍。本书主要研究笔译之误,在此对俄汉语音差异不做深入讨论。

2.语形的差异

俄汉语诸多差异的根源是形合语言与意合语言的区别。所谓形合,是指句子中词语通过变格、变位或词尾变化与核心词保持一致,分句之间用语言形式手段(如关联词)连接起来,表达语法意义和逻辑关系。所谓意合,是指词语和分句之间不用语言形式手段连接,更多地依赖于语义的配搭来反映词语的种种组合关系,句子中的语法意义和逻辑关系通过词语或分句的含义表达。二者差异的表现如下:

(1)语法关系表达手段不同。俄语是词序变化灵活的形合语言,句子的各个成分通过形态变化保持一致,句中词与词、成分与成分之间的语法关系主要靠形态变化表示,体现西方人追求精确性、确定性,注意形式逻辑和抽象思维,文化结构重细节分析等特点。而汉语形态变化不发达,句子语法关系主要靠词序和虚词表达。由于汉语的词序表达一定的语法意义,一般不能随意变化;此外,汉语有非常丰富的虚词,如"对""为"可表格的意

---

① 彭泽润,刘英玲.汉语拼音应用的优势、局限和问题[J].长沙电力学院学报(社会科学版),2002(2):105-108.

② 王力.我的治学经验[J].河南师范大学学报(社会科学版),1983(5):41.

义,"被""给"等可表动态意义,"了""着""过"等能表动词的时间,"吗""的""吧"能表示各种语气,"也""就""却"等能表上下语气的联系。

俄语的造句法是多主谓提携句,以主谓为两大中心骨架,以各种短语从句等为其支撑,形成"空间型营造学式"的结构,形联成句。汉语则是多主题句,同一主题下诸多小句以时间和事理逻辑为顺序,形成"时间型编年史式"的造句模式,意联成句。①

(2)长短句的比例不同。俄语句法对主谓关系、修辞关系、限定关系,以及成分之间的性、数、格和时态等往往有较严格的一致要求,长句、长定语较多,尤其是书面语体。而汉语则是以小句为主,比如马致远的《天净沙·秋思》"枯藤老树昏鸦。小桥流水人家。古道西风瘦马。夕阳西下,断肠人在天涯"。十几个意象自然组合、浑然天成,体现汉语流水句的意合特点。现代汉语中的长句也是受翻译影响逐渐被接受的欧化句。看下例中的两个译文:

① Машины такого типа высокопроизводительны при относительно небольшой мощности привода и сравнительной простоте эксплуатации.②

原译:这种机器是在比较小的传动动力和操作比较简单的情况下生产能力很大。

改译:这种机器的生产能力很大,传动动力比较小,而且操作比较简便。(阎德胜 译)

原译按照原语的句式译出,有较长的定语,有欧化痕迹,而改译将其处理为三个小句,灵活简洁。

(3)主被动语态比例不同。俄语中被动语态的使用频率很高,尤其是在科技、经贸等正式文体中,而汉语中被动语态很少使用,主要通过附加词"被"来实现。这是因为中国"人论"的主要思想是"人贵于物",而西方"人论"的主要理念是"物我两分"。中西方人论观的这种差异,使得各自的语言在表现法上趋于不同的倾向。③ 汉语在表达上注重主体意识,重"人称",习惯用能主动发出动作或有生命的事物(包括人类组织形式)充当主语。而俄语重"物称",在表达上则倾向于强调客体意识,句式多倾向于"被

---

① 王秉钦,李霞.简明俄汉翻译教程[M].天津:南开大学出版社,1999:117.
② 阎德胜.汉语知识在大学俄语培养翻译能力教学中的作用[J].外语学刊,1994(2):56-62.
③ 周玉忠.英美文学与翻译研究[M].银川:宁夏人民出版社,2007:185.

动"句式。俄汉语言在选用主语上的这种差异,致使我们在俄汉互译时经常碰到需要转换主语的问题。

(4)词序的灵活性不同。词序的灵活与固定的比较,是相对而言的。俄语因形合的特点决定其语序的灵活性,汉语则因意合的特征决定其语序的固定性。俄语句子的各个成分通过形态变化保持一致,通过其形态我们可以判断它在句中充当的成分,例如:汉语的"我爱你"如果变换三个字的位置,传递的语义信息完全不同,而相应的俄语 Я люблю тебя 则可以任意变换位置而不改变语义信息,因为三个词的形式已经决定它们在句中充当的语法角色。据统计,Я завтра утром пойду гулять 这句话可有 120 种排列方法,而意思基本不变。

当然俄语中也存在变更词序、意义就跟随变动的现象,如:не совсем царина 和 совсем не царина;Он встретил друга отца 和 Он встретил отца друга。汉语也有一些可以变化词序的特例。例如:一锅饭吃了三十个人/三十个人吃了一锅饭;两个人骑一匹马/一匹马骑两个人。不过在逻辑重点、修辞色彩上总还有些差别,如"我见过这本书/这本书我见过/我这本书见过",前者重点在于叙述事实,中间重点在于描述对象,后者则是在强调主体。"三只鸡"是通用式表达,"鸡三只"是算账式表达;"来了吧,你哥哥?"是口语表达,"你哥哥来了吗?"是中性语表达。[1]

(5)句构联接的差异。俄语中联接成分很多,常用的一些起连接作用的成分有关系代词、关系副词和前置词等。汉语中虽有连接词,但为数不多,而且在句子中也不是绝对需要的。汉语句中各个成分之间的联系,在多数场合下不需要起连接作用的成分。汉语结构比较简练,常常依靠上下文意义的连贯、语篇承接手段,常承前或顾后省略某些成分,语言形式也较灵动活泼。而俄语在形式上则比较严谨,其句法对主谓关系、修辞关系、限定关系,以及成分之间的性、数、格和时态等往往有较严格的一致要求,体现精确性、确定性,注意形式逻辑和抽象思维的特点。

(6)简洁与繁复的差异。俄语语法现象很复杂,语法结构很严密,同汉语相比较,两者便形成鲜明的对照:现代规范汉语恰以简练、经济为其突出的特点。吕叔湘在《语文常谈》中也曾指出,总的说来,汉语是比较经济的……几乎全赖"意会",不靠"言传"。汉语里真正的介词没有几个,解释就在这里。[2]"汉语里可以不用人称代词的时候就不用;即使因此而显得

---

[1] 王育伦.俄译汉教程[M].哈尔滨:黑龙江教育出版社,2002:150-151.
[2] 吕叔湘.语文常谈[M].北京:生活·读书·新知三联出版社,2008:75.

句子结构不完整,也不搞形式主义。"①丁声树等在《现代汉语语法讲话》一书中对现代汉语语法做了概括性结论:"这一类动宾结构最足以表示汉语的简练、经济"。郭绍虞先生在《汉语语法修辞新探》上册用专门一节的篇幅讲述汉语的"简易性",指出:这是"因为汉语的虚词是可有可无,可用可不用的"。②

从上述汉语语法学家们对汉语特点的论断可见,简洁性应该是外译汉要遵守的规范之一。试比较以下二例的两种译文:

[2] Если тело нагревается, оно расширяется.
原译:如果物体被加热,它就会膨胀。
改译:物体受热就会膨胀(阎德胜 译)

[3] Необычна была у него любовь к науке. Взявшись за опыт, он отдавал всего себя и не знал, что такое усталость.
原译:他对科学的热爱是非常的,做起实验来他总是全力以赴,并且不知道疲劳。
改译:他非常热爱科学,做起实验来总是全力以赴,不知疲劳。(阎德胜 译)

以上二例的原译是根据原文语法结构翻译而得,改译是按照"汉语的简练、经济"语法规律把各例原文中的有关连接词(主从的和并列的)、前置词(介词)和代词予以省略,有关词语和句构按照汉语组词造句的规律进行了调整和变动,使改译文字简洁凝炼,符合我们汉语构造的特点:一个结构套着另外一个,或是这个结构跟那个并列,并不需要很多结合的成分,合榫的地方都是天衣无缝的。③

(二)语言内部机制不同

俄汉两种语言外在形式的种种不同源自两个民族思维形态的不同,"以形会意的汉字与先声夺人的拼音文字的分野就反映了中西(俄)不同的心态文化,包括文字创造者(民族)的宇宙观、人生观、思维方式、行为方法、价值取向等"④,我们从语言内部机制再对俄汉双语简单比较。

---

① 吕叔湘. 现代汉语八百词[Z]. 北京:商务印书馆,1980:2.
② 转引自阎德胜. 汉语知识在大学俄语培养翻译能力教学中的作用[J]. 外语学刊,1994(2):56-62.
③ 同上.
④ 刘永红. 俄汉语对比方法论[M]. 武汉:华中师范大学出版社,2009:165.

1. 发生机制不同

俄汉双语表层的差异来自深层发生机制的不同。而西方语言的拼音文字以声音为出发点,是由言说和倾听决定的。西方的文字体系由字母组成,然后由一套完整的语法惯例(逻辑法则)组合调配,法则在他们的语言中具有强力性质,岿然不动地支配着语言的一切。

汉字是象形文字,它源于上古先民在天地间俯仰观看的姿势,是形象化的,这构成了汉字的出发点。也是因为汉语由观看决定的,体现为一种观看的姿势,所以汉语能够从它的字形体态中体察出它的意义来。它的曲伸变化的姿势生成了无穷的意义。由形到义、据义构形是汉语的一个"原则"。

2. 文字起源不同

俄语起源于共同印欧语,经历共同斯拉夫语、东斯拉夫语阶段的演化,后来从东斯拉夫语中分离。现代俄语标准语的书面文字沿用传统的表音文字,采用基里尔字母几经改革而来。它的符号性强,有古拉丁语传统,也具有西方文字体系的所有规则,甚至有比英语更严密的规则。

汉字起源于图画,据说"八卦"是汉字的前身,伏羲制八卦而文字生,汉字造字法"六书"(象形、指事、会意、形声、转注、假借)中的前三项象形、指事、会意就反映了它的原始形态。点线所构建的方块字,始终保留着对具体事物形象的模拟。但汉字之于画和事物,不是一种临摹,而是一种类象性的观照。汉字成为一种集图形与审美于一体的象征性的符号系统。每个字都让人感到它鲜活的意象和情景,充满生活的痕迹和理据。

汉语从纯粹的象形会意字发展到形声、转注和假借的过程,也是它从形象到抽象的过程:从文言发展到白话,再到近现代的白话文运动推动汉语逻辑化的过程;从实词发展出许多虚词,帮助实词更精确地表达意义,也使汉语的活用现象也越来越少了。汉语的逻辑规则化始于 1901 年的《马氏文通》。

3. 拼写规则不同

只有拼音文字才有拼写法,它规定字母表音的组成方法。俄语 33 个字母,像自然数一样,排列组合成成千上万的单词,生成无限的句子。俄语每个字母都具有几何图形性,如 A(等腰三角形)、O(圆形)、B(两个半圆),它们更具符号性和抽象性。俄语文字有一套拼写规则,包括字母表、书写体、表音功能、拼写的形态原则等。

汉字是以与事物相像的图画作为形象化的文字符号,其笔画如画画,故有"书画同源"之言。汉字的点线所构建的方块字,始终保留着对具体事物形象的模拟。在曲直运动中,构成千姿百态的方块文字,表明汉人思维的直观性和形象性。汉民族对抽象的概念描述也以象形为基础,会意包含其中,如两"木"为"林",三"木"为森;三"人"为"众",表示多。俄语的字母只表音,不会引起这样的联想,如 дождь 和"雨"二者并无类似的联想。

由此可见,两种文字的建构分野反映出汉语形象思维的人文性和西语抽象思维的数理性的区别。①

4. 构词/字方式的不同

俄语是形态性语言,它的构词方式也体现一种外倾文化的表征,其文字的性属的区分、数格的变化、词类转换、意义变迁,都可由词缀来完成。新词的产生也由词缀的加减,词根与词根、词与词的拼凑组合而成,组合方式也是灵活开放的,如 масскульт(大众文化),самоокупаемость(自负盈亏)。

汉字的建构是封闭独立的,字与字之间不能随便利用加减偏旁部首的单一象形造字法来构成新字,虽然有添加偏旁部首构成新词的,但多用以表示药品、化学物之类的事物。汉字创造新词,往往是利用旧字重新组合或赋予新意,如"走穴""锁定""菜单"。象形文字的封闭性与拼音文字的开放性可见一斑。

5. 书写不同

拼音文字的图形具有几何性,连写成轨迹性图形,如手写体、花体。俄语是写在直线上,体现一种时间的动态性,反映拼音文字的过程意向性。汉字是写在方格里,占据着方格,是空间的、静态的,反映象形文字的目的意向性。

通过从外在形式到内部机制的简单比较,我们可以看到俄汉双语语形及其本源的差异。正是这些差异,成为误译的根源之一。

二、语义的模糊性

交际中各种信息的核心是语义信息。全人类基本概念的相通性是语际可译性的基础,但是不同语言中与这些概念对应的词义却有着明显的差别,许多翻译难点就源于此。孤立词语的意义必然是游移不定的,任何词语、语句或语段都须处在一定的语境中才有确定的意义,因此语境是意义的基本参照系。② 但是语境也无法精确地"定量"语义信息,语际转换过程

---

① 刘永红. 俄汉语对比方法论[M]. 武汉:华中师范大学出版社,2009:167.
② 袁晓宁. 在具体语境中对词义的把握与翻译[J]. 外语教学,2004(2):80.

中也无法对原语与译语所指内涵做出精确地"定量分析","换码"必然产生语义可容性变值,转换过程中不可避免地要出现"意义丧失",①这说明"译中所失"的必然性。俄汉两种语言内在语义的不完全对应是二者互译的又一障碍。

(一)词义的模糊性

语言的模糊性是指语义外延界限不确定。模糊是自然语言的必然属性,主要作用是使语言更加丰富多彩,更加富有表现力。在文学作品中,模糊语言可以创造一种意境,表达某种情感,发挥其独特的文体功能。② 有些词汇表示的是语义自然的模糊性,汉语中词义的具体和概括也不同,"树木"指概括义,"树"是具体义,翻译时要根据具体语境来判断。

从普通语言学的角度看,各族语言的词汇大都具有这种情况,俄语当然也不例外,一个俄语词在特定的语言环境中表示的是具体意义还是概括意义要根据语境来确定。以例说明:

④ Такие строительные материалы иужны для производства домов, мостов, плотин, каналов...

原译:建造房屋、架设桥梁、筑堤坝、开河渠……都需要这种建筑材料。

俄语中的 дом(а), мост(-ы), плотина(-ы), канал (-ы),既可表示具体意义亦可表示概括意义。现代汉语中与它们相对应的概念也是如此,其具体意义分别是:房子、桥、坝、运河(水渠等),其概括意义则分别是:房屋、桥梁、堤坝、河渠(管道、沟槽等)。根据本例上下文的逻辑联系,这里显然是词的概括意义,所以本例在翻译时按照现代汉语的词语使用规范,译出了这些词的概括意义,译文通顺合理。③

⑤ В не очень далёком будущем все тепловые двигатели на земле, на воде и в воздухе будут работать на атомном топливе.

原译:在不太远的将来,无论是陆地、水面还是空中的一切热机,

---

① Newmark P. Approaches to Translation[M]. Oxford: Pergamon Institute of English, 1981:7.
② 王金安.论模糊语的文体功能[J].外语学刊,2008(3):80.
③ 转引自阎德胜.汉语知识在大学俄语培养翻译能力教学中的作用[J].外语学刊,1994(2):56-62.

都将使用核燃料。

　　改译：在不太远的将来，陆海空中的一切热机都将使用核燃料。
（阎德胜 译）

以上两种译文都合乎汉语语法规律，原译的译者并未按有关词的具体意义（地、水、空气）来翻译，而是根据本例上下文的逻辑关系译出了词的概括意义（陆地、水面、天空），译文通顺达意，改译用汉语"陆海空"这一紧缩形式表达出了原文三个概念的综合概括意义（陆地、江河湖海水面和领空的整个疆域），译文简洁凝练。①

（二）词义的多重性

语言作为一个严谨的符号系统，可以划分为语义、语法（属于语形）、语用的不同研究方面。语义方面研究语言符号与意识中的相应概念、外界的相应客体之间的关系；语法方面研究的主要对象是语言符号之间的结构关系；语用方面的对象则是语言符号与符号使用人之间的关系。和语言的这几个方面相对应，语言的词汇意义是由概念意义、指物意义、组合意义和语用意义几个层面组成。② 例如，我们提到 женщина 会想到其特征（成人、女性）和特点，不仅有身体的特点，而且还有心理和社会的特点（即有女人的天性，例如，易动感情、心软等），这是该词的概念意义。指物意义即是一个词的所指意义。词的语用意义包括其文体意义、情感意义等，例如，有的词可以用在各种场合，有的词只适合于特定的场合，有些词带有感情上的联想意义，能激起听者或读者的情感，如褒义词、贬义词、感叹词及带有评价性的词等。词汇意义的多重性表现为一词多义、一个义项多个变体形式等。

1. 一词多义项

俄语词汇单位中单义词数量并不多，主要是专有名词、出现不久的新词、具体事物名词、术语等。词的多义性是自然语言的常态，体现语言符号与意义之间的不对称关系，多义词通常是语义变迁的结果，一个词语义的多寡决定其语义链的长短。语义链愈长，则翻译难度愈大。译者要选取语义链上的一环，究竟哪个环节上的语义是所需的正确意义，这就需要译者一方面从词源学的角度对关键词的语义作历时性的分析，另一方面从语用

---

① 转引自阎德胜.汉语知识在大学俄语培养翻译能力教学中的作用[J].外语学刊，1994(2)：56-62.
② 张家骅.新时代俄语通论[M].北京：商务印书馆，2006：27.

学的角度对其作共时性的分析。前者的重点在于理清语义变迁对该词语的语义链的影响以及历史事件为该词烙上的时代印记,后者需要关注的是语义链上的哪一环节与该词所处的语言环境能达到最佳契合,两者缺一不可。否则,选词的结果是词难达意,或根本违背原文语义。① 多义词之所以成为翻译的难点,主要因为,在很多情况下一个词的诸义项严格说是一条连续统,甲义和乙义之间没有绝对界限,词典上分列的义项都是相对的。② 词汇理解包括对词义、词的感情色彩、修辞色彩及文体色彩的理解等,译者要具备正确辨别多义词词义的能力,能区分同音词、同形词,了解和掌握同义词的细微语义差别。下面列举一些错误译例:

6 Он снял комнату со столом.
原译:他租了一个带桌子的房间。
改译:他租了一个包伙食的房间。(王育伦 译)
7 Цвет казачий покинул курени и гибнул там в смерти…
原译:哥萨克的花朵抛弃了家园,毁灭在死神的怀抱。
改译:哥萨克的精英们离开了家园,一个个在外面死去。(王育伦 译)

例 6 中的 стол 还有"伙食""病号饭""机关、办事处的科室"等意义,这里是"伙食""包伙"的意思。例 7 中的 цвет 还有"精英""精华"的意义,此处应选这一义项。

上述译例错误都是因为译者不了解词的多义性。此外,不能正确区别同音词、同形词、词的普通意义和专业意义,也可导致类似错误。

德国翻译家库勒拉说:"单词的意义只有在词组中,在句子中,常常是在整篇文章中,在整本书中,有时是在作者风格中,才能完全揭示出来,因而单词的简单类似物是不存在的。词本身不过是一个空洞的声音。"③ 作为能指的词汇本身具有任意性,当它与所指建立对应关系,这个空洞的声音才具有意义。译者应避免先入为主,须查阅词典,仔细斟酌,根据上下文语境选择恰当的意义。

---

① 周方珠. 翻译多元论[M]. 北京:中国对外翻译出版公司,2004:74.
② 李锡胤. 俄语词汇的多义现象[J]. 外语学刊,1980(1):4.
③ 王育伦. 俄译汉教程[M]. 哈尔滨:黑龙江教育出版社,2002:76.

2. 一义多个变体

常会给译者制造困扰的还有一个义位在言语中体现为若干语义有别使用变体,这与一个多义词有若干义位很相似,但是翻译为汉语时必须在词汇选择上体现其语用差异。例如,уронить 可以用来表示:

(1)无意地失落:В спешке укладывая чемодан, она уронила платок. 她在忙着装皮箱时,把头巾掉在了地上。

(2)有意地失落:Увидев, что офицер, с которым ей давно хотелось познакомиться, приближается, она уронила платок. 看见那个她早就想认识的军官走近时,她把头巾弄掉在了地上。

(3)碰掉:Доставая книгу с верхней полки, он уронил стоявшую на ней вазу. 他从书架顶层上拿书时,把放在那里的花瓶碰掉了。

(4)碰倒:Пробегая через комнату, мальчик уронил стул. 跑过房间时,小男孩把椅子碰倒了。

上面四个句子中同一个动词 уронить 在不同的情境下汉语译文的选择也不同,但是根据张家骅教授的分析,它们表示的都是边缘情景,但都没有超出义位的概括范围,不能视为不同的义位,而只是一个义位的使用变体。[1] 由此例我们也可窥出俄语词义复杂性之一斑。

(三)俄汉词义的非完全对应性

人类语言共同的表感能力成为可译性的基础,不同语言中的词汇有一一对应的,但也有不对应的。词汇是颇富个性的语言形式之一,它是概念的载体,概念又与人类的生产生活经验相联系。经验有异同,这种异同通过思维反映到语言上,体现为词义的非完全对应性。

1. 一一对应

翻译中比较容易处理的是在词义上俄汉能一一对应的词,但两种语言的词汇单位在意义、色彩上完全对应,在任何上下文中都可以互相对译的毕竟是少数,它们通常都是单义词,在总词汇中所占比例不大。此类词汇单位多为在两种语言已约定俗成的科技术语、专有名词、地理名称及其他单义词,如:Россия 俄罗斯、Москва 莫斯科、Ленин 列宁、атом 原子、брутто 毛重、печень 肝(脏)、СПИД 艾滋病。

2. 一对若干

此类词大都是多义词,在总词汇中占有很大比重。多义词的翻译是翻译实践中的一个难点:译者须依据上下文在众多义项中选择最恰当的一

---

[1] 张家骅. 新时代俄语通论[M]. 北京:商务印书馆,2006:52.

个。双语中一些看似对应的词汇单位，或基本意义对应的词汇单位，在词义范围的广狭上、语用色彩的轻重上还是千差万别的，译者稍有不慎就可能出错。例如俄汉词义广狭的不同：

(1) 俄广汉狭。俄语的许多词汇意义比汉语包含的广，比如说表亲属关系的 дядя 叔父、伯父、舅父、姑父、姨父，невестка 儿媳、嫂嫂、弟妹、妯娌，брат，сестра，тётя，племяник，племяница 等。还有 нога 脚、腿，рука 手、臂，волос 毛、发，часы 钟、表，играть 可表示"吹、拉、弹、拨、奏"，жарить "炒""煎""炸""烤"，венок 可表示"花冠"（戴于头）、"花环"（挂于颈）、"花圈"（悼亡灵），等等。这些俄语词的确切意义确定要靠上下文，甚至是更加边缘的知识。

《参考消息》在1983年曾刊登过一则《读者与编者》。有位读者指出报上的一句话（"列宁的外甥维克托·乌里扬诺夫向科学研究人员……提供了重要细节"）中的"外甥"显然是侄子之误，因为维克托既然姓乌里扬诺夫，一定是列宁家的人，而不是"外甥"。他是列宁的弟弟德米特里·伊里奇·乌里扬诺夫的儿子，列宁的侄子。列宁的姐姐安娜婚后无子女，妹妹玛丽亚没有结过婚，因此列宁是没有外甥的。俄文中的 племяник 可译"侄子"，又可译"外甥"，这里译者需要的就不仅仅是语言知识了，还要有对列宁家庭生活的了解。①

再例如，普希金在《叶甫盖尼·奥涅金》长诗中不断赞颂的舞会上的 женские ножки 是"脚"还是"腿"？专家们研究后才断定是"脚"（足），因为普希金在手稿上画的是"脚"，更加之在那个时代女人露腿是不体面的。

(2) 俄狭汉广。汉语的"棉花"在表示棉花的时候在各种场合下都可以用，比如种棉花，买棉花，棉花胎，棉花球……但俄语中表示"种棉花""摘棉花"时用 хлопок，表示"买棉花""消毒棉花"时又用 вата（купить вату）。汉语的"开会"对应的俄语却有许多细化，如 собрание，заседание，совет，съезд，конференция，пленум，совещание，сессия，конгресс 等，可根据会议的大小、级别选用不同的词，这也恰恰是中国译者容易混用的地方。

3. 词汇空缺现象

词汇空缺现象在翻译中也很常见，一个民族特有的事物或科技新术语，在另一民族中无"对应物"，自然也就没有"对应词"。如爱斯基摩语拥有众多描写雪的词，其中多数为其他语言所罕见或不曾有。中国古代的生产和生活与马紧密联系，所以古代汉语有几十个指称不同种类、不同颜色

---

① 王育伦. 俄汉翻译教程[M]. 哈尔滨：黑龙江大学出版社，2002：85.

的马的词。再如,北美的普韦布洛族印第安人的语言中没有"迟到"和"等待"这样的词。这样的现象在语言类型学的研究中十分多见。语词的不对称给翻译带来一定困难,音译往往成为首选策略。英语有 tango,是一种舞蹈的名称,汉语中没有对等的舞蹈和词,所以音译为"探戈"。

正确翻译引进异民族的特有词恰恰是翻译工作者的任务。引进的外来概念词译得好,能在译语中扎根,就会成为译语词汇的一部分,例如林语堂当年译 humour 一词也费了脑筋,他说:"Humour 既不能译为'笑话',又不尽同'诙谐''滑稽',或可作'风趣''谐趣''诙谐风格'。无论如何总不如音译直截了当。"① "幽默"两个字早在《楚辞》中就有"孔静幽默"之用,即"寂静无声"之意。"幽默"成为音译词,承载新的意义,很快被国人广为接受。

俄语的特有词有 сарафан(俄罗斯妇女套在衬衫外面的无袖长衣,又译萨拉凡)、Дума(杜马)、Совет(苏维埃)。这些词我们通常采取音译,而音译词的汉字选择也有讲究,选择得好有助于流传。如果已经约定俗成的,我们就不要再自己新造,查查《专用语音译词典》,避免语音误译。也有一些俄罗斯特殊的文化现象我们采取意译,如:сайка(梭形面包)、рассольник(加鱼或肉的腌黄瓜汤)、самовар(俄式茶炊)。

4. 相同概念不同内涵

不同语言间大量的概念是彼此同义的,这是翻译的基础,互译时一般也不易产生歧义。但有些概念的内涵和外延在不同语言中并不完全重合,尤其是那些文化概念词。俄罗斯学汉语的本科毕业生就自称是"汉学家",因为他们的专家毕业证上写的是 филолог китайского языка。他们的"汉学家"和我们的"汉学家"内涵很不一致。俄语中的 интеллигент 常常汉译为"知识分子"。实际上,интеллигент 和"知识分子"并不是对应词。汉语中,知识分子代表有过教育、从事脑力劳动的人,是一个非常宽泛的概念。俄国的知识分子多具有"经世"作风,其世界观是一种"实践的世界观":他们从不满足于对世界的理论认识,而总是期望着在某种程度上改造世界,造福人民;他们的思想活动和艺术创作都是在传布道义或宣布理想,不习惯于为知识而知识,为艺术而艺术,不执着于各种理论体系,而总是把"学问"与"事业"联系起来,而"事业"正是实现人民幸福的"共同事业"。② 再如:"作家"在中国是极受推崇的,有较高的社会地位,不同于"作者"的概

---

① 胡范铸. 幽默语言学[M]. 上海:上海社会科学院出版社,1990:7-9.
② 弗兰克. 俄国知识人与精神偶像[M]. 徐凤林,译. 上海:学林出版社,1999:1.

念,但在西方国家,"作家"和"作者"经常共用一个概念 writer,没有什么区别,作家的待遇也很平常,一般的作家甚至经常与贫穷联系在一起。俄语的 писатель 倒是和汉语用法类似,意为"作家、文人"。

(四)词义模糊性对翻译的影响

词义的模糊性是语言的一大特征,也是模糊语言学研究的对象之一。模糊词的显著特征是外延缺乏明确的界限,即该词的两个或多个语义场之间存在重叠,这部分内容才应当是词汇语义模糊的研究对象。词义的模糊性不仅存在于时间词、年龄词、颜色词、味觉词、温度词内,也存在于动词、形容词、副词、数量词等词类中。词义的模糊性不仅具有词义外延不明确的现象,而且有时是随着语境的改变而游离不定的,即一个词置于不同的语境中,还会生成不同的语义内涵。① 以 дело 为例,根据情景不同,可在汉语中找到数十种译法,略举几例:

⑧ Надо быть человеком образованным, знающим своё дело, трудолюбивым …

应当做一个有学问的人,熟悉自己的业务,热爱自己的工作……

⑨ После операции, и дело уже пошло на поправку.

手术后,病情已经好转。

⑩ Крылов убеждён, что она невинна, и добился своего: прокурор приказал пересмотреть дело.

克雷洛夫相信她是无辜的,他的努力有了结果:检察官命令重新审理此案。

虽然语境是解决词义模糊的有效手段,但这种模糊的词义随着语境的改变还会产生模糊的语义场,给我们的翻译带来障碍。在同一语境中如何准确把握词义是译者需要推敲和拿捏的。许多学者认为这是一词多义现象造成的,但本质上是词义的模糊性给翻译实践带来的困难。我们看看下面一段选自《安娜·卡列尼娜》的不同译文:

⑪ Иметь жену? Иметь работу и необходимость работы? Оставить Покровское? Купить землю? Приписаться в общество?

---

① 何三宁,唐国跃.模糊语言的客观性对翻译的影响[J].广东教育学院学报,2004(4):110-111.

Жениться на крестьянке? Как же я сделаю это?

译文1:娶一个妻子吗?要有一个工作,非有一个工作不可吗?离开波克罗夫斯克吗?再买些田地吗?加入农民村社吗?娶一个农家女吗?我应该怎么办?(草婴 译)

译文2:讨个老婆?去干活及干活的必要性?撇下波克罗夫斯基村不管?买块地?登记加入个团体?和农民的女子结婚?我怎么做到这样?(靳戈 译)

译文3:要有妻子吗?要有活儿干,非干活儿不可吗?要离开波克罗夫村吗?要买地吗?参加村社吗?娶一个农家姑娘吗?我究竟怎样才能做到这一步呢?(力冈 译)

译文4:要有个妻子吗?要有份工作,而且必须工作吗?离开帕克罗夫斯科耶?买些地?加入农民公社?娶一个农家姑娘?我怎样才能做到这一步呢?(智量 译)

译文5:要娶妻吗?要劳动和有劳动的必要吗?离开波克罗夫斯科耶吗?买地吗?加入农民一起吗?娶一个农家女吗?我怎样办才好呢?(周扬、谢素台 译)

上面五种译文虽都是名家所译,但译文各不同。因为语义外延界限不确定和不分明使得不同的译者对 работа,общество,это 三个词的词义有不同的理解,也反映了译者对原文的主体认知的不同。如果让更多的人翻译这篇短文,也会有更多措辞各异的译文。

(五)句子模糊性对翻译的影响

模糊性是人类语言的一种客观属性,所以不同层级的语言单位都可能产生模糊性,包括句子。我们所熟悉的莎士比亚名句"To be, or not to be: that is the question"就有许多不同的理解和译文,始终难以达成共识,足以证明此句的模糊性。[1] 我们再分析一个句子:

⑫ И это девушка, соединявшая в себе все эти качества, любила его.

译文1:这位姑娘正是集种种优点于一身,并且爱着他。(草婴 译)

译文2:而且,这位结合了全部这些特点的姑娘,爱上了他。(靳

---

[1] 何三宁,唐国跃.模糊语言的客观性对翻译的影响[J].广东教育学院学报,2004(4):109-114.

戈 译)

译文 3:这个姑娘集中了所有这些美德,而且她也爱他。(力冈 译)

译文 4:这个姑娘,她集所有这些品质于一身,她现在爱着他。(智量 译)

译文 5:而这位身上具备着这一切美德的姑娘,爱上了他。(周扬、谢素台 译)

同一个句子在五个译者的思维层面形成五种感知,产生五种译文,很难评价孰高孰低。句子模糊性的客观存在提醒我们,如果我们不去认真分析句子的结构,我们的译文很容易背离原文语义。这种影响要求我们不仅要熟悉语法结构,而且要透彻理解文本。理顺语篇语境的连贯性、逻辑性以及统一性,才能更好地克服句子模糊性给我们带来的影响。

(六)语篇模糊性对翻译的影响

语篇作为大的语言单位同样存在模糊性,其主要原因有以下两点:其一,由于语音、词义和句子具有模糊性,就势必在语篇中产生模糊性。其二,由于语篇中的局部含义的不确定性,即语篇所涉及场景、事件、参与者等之间的关系不太明了,造成了语篇的模糊性,表现为客观世界与文字信息缺乏连贯性,使译者翻译时产生不同的理解和表达。[1] 请看下例:

⑬ Беззвучно сиял осенний день голубым чистым небом. Великая тишина стояла над пустыми полями, над оврагами, надо всей великой русской степью. Медленно плыла по воздуху вата с татарок, с иссохших репьев. На репьях сидели щеглы. Так они будут сидеть целый день, только изредка перелетая, перенося свою тихую, прелестную, счастливую жизнь.(布宁短篇小说选《最后一次幽会》)

原译:秋天的晴空湛蓝湛蓝的,悄无声息。这深深的岑寂笼罩着空空的田地与河谷,笼罩着整个俄罗斯草原。空中漂浮着蓟和枯萎的牛蒡草的絮绒。牛蒡草上有几只金丝雀,它们要在那里待上一整天,只偶尔飞过来飞过去,就这样过着它们的宁静、美好、幸福的生活。(陈馥 译)

试译:秋日碧空悄无声息,无边的沉寂笼罩着空旷的田野、峡谷,

---

[1] 何三宁,唐国跃.模糊语言的客观性对翻译的影响[J].广东教育学院学报,2004(4):109-114.

笼罩着整个俄罗斯大草原。蓟和干枯牛蒡草的绒絮飘在空中。牛蒡草上停着几只金丝雀,除了偶尔飞起,它们会在那儿待上一天,就这样过着宁静、美好、幸福的生活。

原语中的几个意象——天空、田野、峡谷、俄罗斯大草原、绒絮、牛蒡草、金丝雀——组合成一幅动静有致的秋日美景。由于语言的模糊性,读者从原译和试译中可看出译者对整个秋景图的想象和表达不同。

语篇是翻译的重要单位,许多语言的模糊点通过语篇语境可以确定,是译者真正考虑的语义单位。成功的翻译应兼顾微观宏观语境,对语篇中的模糊点进行阐释,恰当把握语篇中出现的模糊点,使原文和译文表现为整体语用价值的极似。而反面的情况就是译者对模糊点理解错误或过度阐释,导致译文偏离全译的最低标准,形成误译。

人脑的重要特点之一,就是能对信息进行模糊识别和模糊处理。因而,人们在进行传达信息的言语活动中,为了达到某种交际目的,会自觉或不自觉地大量运用了模糊语。钱冠连认为语言里的模糊性是与宇宙事物模糊性的一种对应……人类的非精确的综合判断不但是科学的,而且是非常必要的。[①] 模糊翻译正是一种"非精确的综合判断",在翻译过程中我们应当激活大脑这一百科知识库中存储的各种语言的和非语言的知识信息,运用科学逻辑、艺术逻辑和事理逻辑,尤其是运用模糊科学逻辑与模糊艺术逻辑,努力再创造出准确的模糊语言来。因为人类认知途径中有一种"无必要测量途径"(其背后即无必要精确),这种"无必要测量途径"比测量途径能更迅速、更准确地认知对象。

综上所述,语言模糊性的客观存在导致误译的客观存在,每一个单词的语义都具有一定的模糊性。这种模糊性体现语义外延的存在,译者如果忽略这种模糊性,就可能导致误译。语义外延的界限通常由译者来确定,译者的主体性、译者的个性和主观性都体现在其中。语义的模糊性允许译者在一定限度内进行创造和发挥,破解原文各种模糊点,填补两种文化中存在的空缺,使译文尽可能忠实通顺。

三、语用的复杂性

语言的复杂性并不仅表现在语形和语义两方面,语言的使用问题更是复杂多样。语用意义是指符号与符号使用者之间的关系,即符号对符号使

---

① 钱冠连. 语言全息论[M]. 北京:商务印书馆,2002:174.

用者产生的影响。正是由于人类建立起了具有特定结构的社会关系,语言从此有了你我之分。共同的文化和共同的语言并不等于语言文化集体在语言运用上的绝对单一;每个社会中都存在地域、社会、职业、年龄和其他方面的差异,不同的人群在语言手段的运用上都各有特点;同一人群在不同的社会场合使用的语言也有差异……误译在语用方面的原因在于地域方言的复杂性、社会方言的复杂性、语体和语域的复杂性,以及修辞的复杂性等。

(一)地域方言的复杂性

方言的形成经历漫长的岁月,它是民族社会历史以及文化演变的结果。它与历代社会变迁、人口迁移有十分密切的关系,反映各地区人文、地理的文化特征与风俗习惯。任何一种方言都是地域文化的符号,不同的方言反映不同的地域文化。

地域方言为翻译理论所关注,主要是因为这些地域方言给译者的翻译造成了实际的困扰。

方言形式在原文中的使用有两种情况。一种情况是,交际中使用的语言类型就是方言,即原语就是方言;另一种情况是,方言形式的使用是为了表现个别人物的语言特点。在第一种情况下,原语的方言形式和原文的内容没有任何关系,译者只需了解方言和它的使用特点以及它与原语标准语的区别即可。而第二种情况,译者要传达出原文中表明说话人地域属性的附加信息。这是很困难的,因为即使在译入语中确实有和原文相对应的方言形式,它的使用人群和原文中方言的使用人群也是两个完全不同的人群,自然与作者所赋予的附加语用意义的载体不同。《静静的顿河》和《未开垦的处女地》这两部小说中就有大量的地域方言。译者如果要给这些方言在汉语中找到某种对等方言,实际上是很困难的,因为汉语中没有与之相似的地域方言。

(二)社会方言的复杂性

语言的内涵意义通常与说话人有关,能反映某些社会因素。导致语言差别的社会因素主要有以下六个方面:年龄;性别;教育水平;职业;社会阶层或地位;宗教信仰。人们在这些方面如果有一个或多个因素彼此类同,那么说起话来也会彼此类同。不同的语言表达形式往往容易变成属于不同阶层的标志,人们为了保全这种标志会下意识地使用自己阶层的语言表达法。我们把这类语言形式称为"社会方言"。这种差别在各种语言中都有,所以在翻译中加以复制相对容易一些。但是社会方言和地域方言之间往往存在紧密的联系,某些方言既反映地域特点,也反映一定的社会地位,也就是说这既是地域方言又是社会方言。这种情况就成为翻译的难点,因为不同国家中社会分层的明显程度不同,反映到语言中的社会分层,其明显程度也随之不同,很难传译出极似的语用效果。

此外,语言中还有一种方言,反映的是不同职业的人使用语言的特点,如水手、士兵、大学生及其他行业人说的话都有一定的特点,主要是在词汇方面,这些不同的特点构成了一系列职业方言(或称行话)。多数情况下,不同文化中基本的职业分类大同小异,所以在翻译中可以直接使用对应的职业方言形式即可。

(三)语体和语域的复杂性

标准语、地域方言、社会方言、职业方言等属于语言的不同品种,语体是语言品种的次分类,即语言品种的使用者在不同场合所典型使用的该语言品种的变体。主要用于某一交际领域的语言手段又叫功能语体。功能语体的数量在不同语言中不尽一致,各语体间的界限也并不总是分明,但大多数语言中通常总有以下几种语体:文学语体(小说和诗歌)、政论语体、科技语体(科学技术和人文科学语体)、公文事务语体(各种公文语篇)、新闻报道语体、口语体等。由于各种体裁之间的界限有时不分明,语言手段的选择还取决于交际情境和交际活动参与者所扮演的角色。在不同的情境中人们讲话的方式是不同的,这种言语的变体通常称为"语域"。交际的情境多种多样,相应的语域也可以有不同的分类,最常见的分类包括庄重、正式、友好、亲密这几种。语体、语域的忠实传递体现翻译批评标准语用价值第一的原则。换言之,语体、语域偏离原文是最严重的背叛。

翻译中遇语体问题时,译者应考虑以下两点。第一是语体不对称现象。例如原语本无语体色彩,但译语却要求语体有所区分。"How old are you?"在英语中语体色彩不突出,其对象可以是包括儿童与长辈的任何人。汉语却不然。同样意思的问话,对儿童,须用随意体——"(你)几岁/多大了?"对同辈,可用正式体——"你多大年纪?"对长辈,一般要用更为郑重的语体——"您老高寿?"第二是语体和表达的关系。语体虽是语言的普遍现象,但它在不同语言中的表现形式却各异。由于译者与作者创造的文本间的时空差距,文本中人物社会属性的不同,语句和语篇的隐含意义的多样性等,译者要全面准确把握其实不易。冯华英在《俄汉新词词典》的序中说:"……活的自然语言都是开放的符号系统,使用者'人多口杂',使它随时变化,永无止境。人不能两次进入同一语流之中!"[①]

---

① 冯华英.俄汉新词词典[Z].北京:商务印书馆,2005:序.

(四)修辞的复杂性

修辞学是语言学的一个分支,修辞也是语用学研究的范畴。如果说逻辑是研究思维规律和思维形式的,要求把话说得"对"——合乎事理;语法是研究组词造句规律的,要求把话说得"通"——合乎语言习惯,那么修辞便是研究如何提高语言表达效果的,要求把话说得"美"——用以美化语言,有效地表达思想。这三者之间是有着密切联系的,语言事实的分析往往同时牵涉这三个方面,所以,一篇高质量的汉语译文,也应当是"对、通、美"的统一体。因此,要提高译文质量,使译文达到较高水平,必须在译文修辞上下一番功夫。① 比较下面两例的原译和改译,可以体会语言质量的差异。

⑭ Энергия никуда не исчезает и не создаётся из ничего.

原译:能量不会消失到任何地方,从任何东西当中也不能创造出来。

改译1:能量既不会自行消失,也不能无中生有。(阎德胜 译)

改译2:能量既不会无中生有,也不会化为乌有。(王利众 译)

⑮ Двигатель нашего времени отличается от прежних, как небо от земли.

原译:现代发动机和过去的发动机真像天与地那样有差别。

改译:现代发动机和过去的发动机真有天壤之别。(阎德胜 译)

语言学是翻译学的母源学科,从语言学视角分析误译的原因是研究的基础。俄、汉两种语言在语形、语义、语用三方面的本质区别,导致二语习得者的负向迁移。研究发现语言的误译是翻译的"重灾区",因为二者的互译不是简单的字对字的更换,而是内容、形式和语用价值的转换,是立体的、三维的、动态的。译者转的是语用价值和语义信息,化解的是语言形式的矛盾,这个过程包含译者的智慧和创造,也伴随着差错和误解。

第三节 误译发生的认知动因

"认知"指能使认识主体获得知识和解决问题的操作和能力。② 根据

---

① 阎德胜.汉语知识在大学俄语培养翻译能力教学中的作用[J].外语学刊,1994(2):59.

② 刘绍龙,肖善香.认知、元认知与第二语言习得[J].西安外国语学院学报,2002(4):37-41.

认知语言学原理,译者的解读也是一种认知活动。译者要依靠自己对不同文化的认知并通过信息转换来加工和重构信息。中外学者对翻译心理过程早就有所觉悟。林语堂先生在20世纪30年代说:"其实翻译上的问题,仍不外乎译者的心理及所译的文字的两样关系,所以翻译的问题,就可以说是语言文字及心理的问题。"①苏联翻译理论家巴尔胡达罗夫说:"翻译是一种心理过程,即大脑皮层活动的某些形式。"②塔玛拉·亚历山德罗夫娜·费申科(Т. А. Фесенко)指出,翻译过程的信息加工具有认知特点,因为人类认知系统就是转换级(程度),翻译的质量取决于译者的认知资源。③ 尤里·亚历山德罗维奇·索罗金(Ю. А. Сорокин)认为翻译是一个过程,而结果就是认知(文化)可能性的实现。④

翻译活动所涉及诸多主观认知因素使得翻译过程具备了许多不确定性,给误读和误译留下必然的空间。受译者心理认知原因而形成的对原语信息的错误传达,就是其中的深层原因。由于翻译的理解、转化与表达三个环节都与心理认知密切关联,我们仍然结合误译的动态分类从认知角度分析误译的深层原因。

一、理解错误的心理认知溯因

翻译重在理解,理解是翻译成败的关键。理解就是对原文从表层结构到深层结构进行感受和想象的过程。⑤ 原语理解反映的是译者从语言表层提取到构建深层意义的积极的心理推理过程。具体表现为话语信息通过光或空气传至译者的视听觉器官,经过神经的生理活动转化为可供大脑双语中枢处理的语言码,通过在心理词库中检索获得单词的意义,再经过句法、语义、语用分析获得句子或话语的意义,形成话语的概念系统。全译的理解是动态的,从词汇误解到句子、语篇理解错误,我们都可以找到心理认知的理据。

(一)词汇误解的心理认知溯因

1. 单词识别错误的心理学溯因

单词识别是指人们通过视觉器官接受书面语言的刺激,并在知觉系统

---

① 罗新璋. 翻译论集[M]. 北京:商务印书馆,1984:419.
② 巴尔胡达罗夫. 语言与翻译[M]. 北京:中国对外翻译出版公司,1985:28.
③ Фесенко Т. А. Специфика национального культурного пространства в зеркале перевода. Тамбов:Тамбовский гос. ун-т, 2002:229.
④ Сорокин Ю. А. Переводоведение: статус переводчика и психогерменевтические процедуры. М.:ИТДГК, 2003:160.
⑤ 王甦,汪安圣. 认知心理学[M]. 北京:北京大学出版社,1992:148.

中分析单词的特征,进而达到对单词意义的把握。① 阅读是翻译过程的第一个环节,译者首先阅读原文,通过视觉器官接收文字符号信息,然后经过大脑的解码和编码加工,才能建立文本的意义表征。而在阅读过程中(特别是快速阅读时),人们通常不会将每个字词的所有形态特征都存入视觉储存器,而是自动提取词形特征,即只对单词的外部轮廓和内部的大致特征做出迅速的分析,而很少(或者说不必要)仔细提取它的每一个特征或笔画。② 这个过程恰恰是误读和误看的高发阶段,因为"读者通过眼动自动提取词形特征,受到词频、语境、语义等多种因素的影响"。③ 见下例:

① A ночью снилась Евгения. Странный сон ... он часто видел сны, но всегда забывал их, как только просыпался...

原译:夜间梦见了叶甫盖尼亚,也梦见了大儿子,常常梦见了大儿子,但总是一醒来就忘记了他们。

改译:夜里梦见了叶甫盖尼亚。奇怪的梦……他常常做梦,但总是一醒来就忘了是什么梦。(王育伦 译)

原译把 странный сон(奇怪的梦)误看成 старший сын(大儿子);把 сон 的复数形式 сны 误看为 сын。句中 сон 及其变体形式出现两次,相较于其他成分出现的频率要高。"词频"在心理学中是一个表示熟悉程度的变量,词的使用频率越高,其辨认阈限越低,识别的时间就越短,但同时也是误看几率最大的。因为"高频而又形象性强的词,是最容易提取和回述的;低频而又形象性弱的词,是最难提取的"④。因为容易,可能更易忽视或在心理上轻视。

由于错误提取词形特征而引发的误译,通常是无意的疏忽而造成,因此译者的职业规范就要求我们认真严谨、一丝不苟,必要时应反复阅读,通过视觉的回移强化文字符号的刺激,确保正确提取词形特征。

2. 心理词汇提取错误的心理学溯因

自然语言心理表征的重要构成之一就是心理词库,它以一定的结构形式和特有的方式存储在人的大脑之中,以语言符号编码,以言语形式输出。

---

① 彭聃龄. 语言心理学[M]. 北京:北京师范大学出版社,1991:113.
② 同上:113-114.
③ 同上:311.
④ 桂诗春. 新编心理语言学[M]. 上海:上海外语教育出版社,2000:280.

大脑中的词汇知识就是储存语言各种知识信息的心理词典,即心理词库。① 译者必须具有原语和译语两套心理词库才能完成翻译活动,翻译活动中译者对原文的解码和对译文编码过程就是要不停地从心理词库提取已储存的这两种语言的词语。

翻译过程中译者如何提取心理词库的词语取决于其心理词语的组成方式,即心理词汇的结构。根据柯林斯(Collins)和洛夫斯特(Loftus)的观点,心理词库中的词项按音形的相似性构成词汇网络,而词项的意义则表现为概念节点。语义网络与词汇网络既相互独立又相互联系,当认知系统激活一个节点或词项时,就会加速其周围与互有语义关联的词项的调取,这种现象称为语义启动。② 译者阅读原文时,两个词汇系统已被同时启动,双语词汇的语义关系以及被激活的强弱也就成为判断目标词的主要依据,即激活程度最强的就是目标词。而同时非目标词就成为目标词提取的干扰因素,此时译者的大脑就需要对非目标词进行抑制,如果抑制不成功,就会错误提取词汇的语义信息。以例说明:

[2] Иван Фёдорович, услышавши, что дело идёт о книге, прилежно начал набирать себе соусу.(果戈理《狄康卡近乡夜话》)

原译:伊凡·费多罗维奇听见提到一本书,就全神贯注地去舀酱油。(满涛译)

改译:伊凡·费多罗维奇听见提到一本书,就全神贯注地去调味汁。(王艳华 译)

根据《大俄汉词典》,соус 有以下两个义项:①调味汁、浇汁、酱油;②(绘画所用的)石墨汁,页岩墨汁。中国人一般将此词译为"酱油",但是俄罗斯的烹饪很少使用酱油。依照饮食习惯,他们喜欢在饭菜上撒上各种各样的调味料佐食,如蘑菇汁、番茄酱、沙拉酱等。在这个语境下,译者就需要对非目标词"酱油"进行抑制,原译显然是抑制不成功,导致错误提取词汇的义项。

由于两种语言的词汇不可能完全对应,大脑根据视觉激活的两个心理词典的语义也不对应。例如,俄国人以面包为主食,所以面包的品种多样、形状不一,用来指称各类面包的俄语词汇也不同。但是此时被激活的汉语

---

① 章宜华. 语义学与词典释义[M]. 上海:上海辞书出版社,2002:147.
② 同上:151.

心理词库却只有"面包",如果提取"面包"来指称,显然不能表达相应俄语词的内涵,这就是信息遗漏。而理想的状态应在细致了解俄国饮食文化下选用不同的名称,必要时还应加上注释,否则就会造成原语饮食文化信息的亏损。

3. 词汇歧义消解错误的心理学溯因

歧义又称多义性,指一个语言结构体同时有两种或两种以上解释的语言现象。"歧义可大致分为语音、词汇、语法和修辞歧义。歧义是语言中普遍存在的现象,理解词义的过程就是从许多潜在的意义中进行选择。"[1]任何一个民族的语言都有自己的多义词和多义句,译者能否快速、准确地从心理词库中搜索出歧义词在篇章中的某一具体意义,直接关系到其对原文的理解正确与否。

语境是消解歧义的重要依据,多义形式置于具体语境时,一般不可能是多义的。很多学者认为语境偏向性的强弱是一个连续维量,是词汇、句法、语义、语用等因素的函数。语境偏向性越弱,意思相对频率(即歧义词主要意思和次要意思的使用频率)的作用越大;语境偏向性越强,语境的作用越大。"当语境偏向歧义词次要意义时,由于意思相对频率和语境偏向性的作用,将会造成主要意义和次要意义激活之间的竞争。"[2]此时,如果上下文语境强度不足,译者就很容易受歧义词意思相对频率的影响,错误选择歧义词的主要意义。以"Операция длилась три часа."一句的операция为例,如果没有上下文语境,我们很难判断它的义项究竟是"手术""战役""交易""工序"还是"运算"。

4. 词汇误译的认知科学溯因

一个民族认知模式的形成与他们生活的自然地理环境、经历的历史发展进程有密切联系。人们的认知源于实践,又受制于经验、文化氛围和思维定式,认知的差异体现在语言世界图景各异。

(1) 范畴化的差异。范畴化是人类的一个关键性认知方式,它是一个物种得以生存和进化的基础之基础。[3] 人们通过这一过程或活动就可赋予世界以一定结构,使其从无序转向有序,这是人们认识世界的一个关键性认知方式。范畴化活动与人们的主观因素密切相关,难免要打上民族和个性的烙印,因此从世界范围来看,范畴划分既有相同之处,也有不同之

---

[1] Лурия А. Р. Язык и сознание. Ростов-на-Дону: Феникс, 1998:226.
[2] 周冶金,陈永明,杨丽霞. 词汇歧义消解的研究概况[J]. 心理科学, 2002(2):210.
[3] 王寅. 认知语言学探索[M]. 重庆:重庆出版社, 2005:121-137.

处。属于一定文化的人群总是按照自己独有的方式认知周围世界的,这种独特性也体现在词汇的用法和意义上。俄广汉狭、俄狭汉广及词汇空缺现象就体现出俄汉两民族范畴划分的差异。

汉语构词的主要方法之一是逻辑学上的"属加种差"法,即"修饰语＋中心概念词"。这里的"属概念"或"中心概念词"常用基本层次词或其上一级范畴词来担当,汉语由于较多地运用了这种定中构词法,基本层次词使用频率较高;其外延也就相对地大,从而造成了俄汉两民族对"范畴"或"基本层次"的概括和理解出现了差异,例如从汉语用"馆""室""场""所"构成的词语来看,俄语似乎很难找到它们的对等词。这些空缺可能是两民族对范畴的认知方式、概括层次、社会背景、构词功能等方面的差异所致。

(2)概念切割差异。不同民族对客观世界认知的差异也体现在概念切分的不一致上。不同语言对"时间"概念的划分也不完全一样。对已逝去的年月,汉语常说"上溯"到某时,而英语却说 date back to....。秘鲁的奇楚亚人认为"过去"是已知的、可见的,所以它位于面前,"未来"是未知的、无法观察的,所以它处于背后。如果要把我们所说的"向前者"译成奇楚亚语,必须调整概念排列的结构才能适应奇楚亚人的认知结构。讲墨西哥西班牙语的人认为,"同意"是个非常严谨的概念。在他们的日常口语中,"同意"至少被分成五种不同的层次来表达,形成一个从永恒承诺到勉强认同的连续统,每一阶都有固定的语言表达式。为了达到极似的翻译,译者首先要了解每一阶梯表意的细微差别,弥合它在译语世界认知结构的非对应性,否则会引起误解或理解上的混乱。

(3)客观事物切割不同。每种语言均按自己的方式切割客观事物,从而形成了独具特色的"语言世界图景"。这不单是指我们常说的种种异国风情,诸如:爱斯基摩人对雪有多种不同的叫法,分别指称不同的种类;阿根廷牧人对于毛色各异的马也有数量众多的称呼,等等。这里还是指许多普通事物的名称。只要比较一下俄语的 рука(手;胳膊)与汉语的"手""胳膊",英语的 hand(手)和 arm(胳膊)就可以看见,一个俄语词包含了汉语的两个词,或者相反,一个英语词相当于两个俄语词。不言而喻,对事物的不同切割使译者在选择译法时会遇到各种障碍。

(4)框架的差异。框架是一种隐性的心理构造,它不表现于语言符号,而是寄居于深层结构上,构成自然语言之意义。根据框架理论,语言符号的意义来自框架,框架之意兼有概念意义和意象意义。要想明白某种语言符号的意义就必须激活储存于心智的对应的框架,从而获得语言符号的含义。

首先,框架决定多义词义项。框架中的各个角色关系相互关联,触动框架中的任一角色,就可激活整个框架。一个词语在不同的框架中含义会不同,我们根据被激活的框架来理解词语表达的意义。比如,операция 出现在"医院"框架中,决定了其含义为"手术";而在"商业"框架中,则其确切含义为"交易、业务";出现在"军事"框架中,其确切含义是"战役、作战"。因此,翻译过程中,多义词的具体意义要根据该词语所在的框架进行取舍选择。原语理解时如果不考虑词汇所在的框架,势必导致误解,进而形成误译。

语言符号的意义与被激活的文化框架密切相关,导引文化框架的词语存在联想意义。由于文化框架的民族特异性,往往会出现原语语言符号和文化在译语中不存在或者不对应,即表现为文化框架冲突和缺省,这种情况在翻译实践中较为常见。

其次,文化框架冲突。文化框架冲突是指有些框架在原语和目的语都存在,并且有可能是同一框架或者相类似框架,但具体到构成框架的元素却大相径庭。如果译者把它们看成同一框架,就可能导致文化上的误读。"不同文化中的框架及其元素的差异大致有三种情况:框架元素的多寡有别、框架元素同中有异、框架完全不同[①]。"

俄汉两个民族存在较大的文化框架冲突,给译者正确理解原语民族文化带来了巨大的困难和挑战。因为译者在接触原文的文化现象时,有时容易受自身文化框架的影响对原文进行识解,这样就容易曲解原文的意义,造成文化误译。举例来说,受基督教文化影响,数字 семь(7)是俄罗斯民族最喜欢的数字,有相当数量的成语、谚语、俗语中有基数词 семь 或序数词 седьмой,例如:Семь раз отмерь——один раз отрежь. У семи нянек дитя без глазу.而汉语世界对 7 却没有像在俄语中赋予那么多的意义,这是框架元素多寡有别。медведь 和"熊"的框架元素是同中有异,都有"憨厚、笨拙"的元素,但是汉语中对"熊"却没有俄罗斯人的喜好、热爱。在汉语文化框架中,"黄色"的意象元素是"尊贵、权利"等;而在俄语文化框架中,желтый 的意象元素却意味着"苦闷、分离、背叛"等。也就是说,"黄色"框架在俄汉两种语言中都存在,但其框架元素却存在较大差异。再比如一个很俗套的例子,汉语的"龙"和俄语 дракон 框架元素差异巨大。

最后,文化框架缺省。所谓文化框架缺省,是指与原语文化框架在译

---

① 朱晓莉,汪立荣.文化框架与广告词翻译策略[J].广州大学学报(社会科学版),2010(7):87.

者头脑里根本就不存在。一种文化里独有的事物相对于其他文化的读者来讲,就是一种文化缺省。例如,"五行""江湖"以及太极文化和中医文化当中的"阴""阳"等框架只存在于汉文化中,"村社""决斗""农奴"框架只存在于俄国文化中。在翻译过程中,原语文化框架在译者文化框架中的缺省,常导致译者无法导引出相关背景知识,由此造成的误解导致误译的产生。我们看俄国人译的《论语》,其中不乏有文化误译。同理,中国学者在将我国典籍外译时遇到的巨大困难就是文化框架缺省。

综上所述,民族认知的差异具体体现在范畴的差异、概念切割、具体事物切割不同,以及概念框架、文化框架不同,在词汇系统上体现为词义不对称和词汇空缺。词汇是构筑语篇的最小语言单位,词汇误译成为其他更大语言单位误译的基础。

(二)句子理解错误的心理认知溯因

全译的中枢单位是小句[①],理解原文的第一步也是要对小句进行句法分析,这是一个将表层结构的句子成分赋予语言范畴的过程。原语作者构建语篇的顺序是从总题旨或语篇主题出发,一步步演绎为语篇中渐次缩小的片段,即小主题、更小的主题、最小的主题,一直到一个个单句。这种自上而下的演绎是由创造语篇的说话人根据自己的交际意图来实现的。译者作为语篇的接收者则按相反的方向,也就是自下而上来重建这个等级结构,从内容的细小部分上升到对全文的整体理解。句子理解错误可从心理学和认知科学两个角度分析。

1. 句子理解错误的心理学分析

词汇理解是句子理解的基础,句子理解又是语篇理解的基础。在对句子进行加工的过程中,长时记忆已储存的信息有一部分要被激活,并且在当前的加工活动中起作用,这部分记忆就是工作记忆。工作记忆的容量有限,它与句法分析之间具有一定的关系:工作记忆可以为句法分析提供储存所需的结构,但复杂的句法结构往往加重工作记忆的负担,从而为读者带来理解上的困难。[②] 在处理较为复杂的句子时,译者通常会分解处理,但是这样可能会引起误解。因为分析完第一个分句的结构和意义,要将分析结果暂时储存在工作记忆中;第二个分句的程序也类似;最后把两个分句的意义结合起来。译者在理解第一个分句时可能因为缺少足够的语境

[①] 黄忠廉.小句中枢全译说[M].武汉:华中师范大学出版社,2008:187.
[②] 转引自牛丽红,易绵竹,杨志强.俄汉误译的心理语言学分析[J].解放军外国语学院学报,2012(5):88.

而出现误解,在处理后面的句子时,可能因"工作记忆"负担加重也导致误解。例如:

[3] Бессмысленно было надеяться на спасительность военного переворота, когда сам военный верх не имел какой-либо политической идеи, кроме разве что анахроничного «титовского» коммунизма, в который действительно верили одиночки, и который потерял популярность в югославском обществе еще в 80-ых годах с развитием в нем капиталистических отношений и политических свобод.①

原译:希望军事变革来挽救是毫无意义的,当军界高层只有极少数人信仰过时的"铁托"共产主义,此外再无其他政治信仰。而这极少数人在80年代随着资本主义关系和政治自由的发展,在南斯拉夫已经失去人们的欢迎。(学 生 译)

改译:随着资本主义关系和政治自由的发展,早在80年代,"铁托式"共产主义就在南斯拉夫社会过时了,真正信仰它的人只有少数几个而已。也许除了这落后的"铁托式"共产主义,军界高层本身并没有什么其他的政治思想,所以指望他们发动军事政变来拯救国家是毫无意义的。(杨仕章译)

原译者之所以理解错误,与原文比较长、结构比较复杂有关系。此外,这里第二个代词 который 与被限定成分 коммунизм 被隔开了(… коммунизма, вкоторый действительно верилиодиночки, и который потерял популярност...),这种"在句法有联系的成分被分离的结构,增加了工作记忆的负担,使读者产生理解困难,因为它要求保持早些时候遇到的成分,而在晚些时候才把它和后面的成分相联系"②。

2.句子理解错误的认知分析

一个民族认知模式的形成与他们的自然地理环境、生活习性和历史发展进程有密切联系。不同民族也有不同偏好,对世界感知的方式不同,对世界的表述也不一样。因此,两种语言之间的文化模式也存在不小的差异。比如,中国的几千年发展历程经历了无数饥荒灾难,所以能吃饱是中

---

① 杨仕章.俄汉军事翻译[M].北京:军事科学出版社,2004:178.
② 张必隐.阅读心理学[M].北京:北京师范大学出版社,2004:132.

国人的理想生活,体现在语言上是,中国人见面时习惯问"吃了吗",而俄国人见面,习惯谈谈天气。为了表达事业不是一蹴而就,中国人说"冰冻三尺,非一日之寒",或者"一口吃不了个大胖子""一锹挖不出一口井",体现劳动、自然、生活等认知感受,而俄国人却说"一下子砍不倒一棵橡树",体现俄国树木采伐的劳动认知体验。在形容人倒霉的时候,我们说"人要是不顺了,喝口凉水都塞牙",仍然和"吃"的认知感受相连,印证中国"民以食为天"的传统,而俄国人则说"人倒了霉,平地也会栽跟头",等等。

对周围世界认知的特点也反映在一些典型情景的描写方式上。比如,中国人通常把感知主体纳入对感觉的描写中。试比较:汉语的"突然我们听到了噪声",俄语说 Вдруг шум слышен нами(突然听到了噪声)。汉语的"上海将修建世界上最高的建筑物",在俄语中的表达会是 Самое высокое здание будет построено в Шанхай。这两种表达方式体现出汉藏语的"人称"式语言(表主动)和印欧语的"物称"式语言(表被动)的认知差异。因为西方人往往以物本为主体,以自然为本位,他们认为人超然于自然界之外,具有绝对的支配和改造自然的力量,能征服自然,主宰天地,因而逐渐形成把客观自然世界作为观察、分析、推理客体性的思维方式。而我们则不完全相同,国学大师钱穆先生曾精辟地分析,"中国文化以人文为中心,以人生为本位,最富人文意识,最重人文精神,中国文化本质上是一种人本文化。这种人本文化的长期积淀,中国人形成了以人为中心来思考一切事物的方法"[①]。文化模式的差异是原语理解错误的认知根源。

根据框架理论,翻译的实质就是译者在译语中采用恰当的语言符号激活与原语相同或相似的框架。框架及其元素存在语言文化的差异在翻译实践中就表现为:当原语符号所承载的框架与译语的框架相冲突或在译语的认知语境中缺省时,译者或无法激活与原语对应的框架,或不能找到相关的框架,误解和误译也就难免。如第二章第三节文化误译例句"Гостиница производила впечатление желтогодома, покинутого сбежавшей администрацией."中,желтый дом 给以汉语为背景的人的概念凸显是"黄色的房子",但是在俄语文化语境中,黄色激活的是"苦闷、分离、背叛"的框架,желтый дом 是指"精神病院"。译者大脑中如果缺少这个框架,势必会将其误解为"黄色的房子"。

(三)篇章理解错误的心理认知分析

句子理解之后的更高一级便是语篇理解。在语篇理解中关键是要把

―――――――――
[①] 陆永昌.俄汉文学翻译概论[M].上海:上海外语教育出版社,2007:213.

握句子之间的联系。句子信息中包含已知(тема)和新知(рема),新知信息通过已知信息和语篇前面的句子发生联系。语篇的理解有三步:①确认句中的新信息及已知信息;②为已知信息寻找前置的信息;③将新信息放在前置信息所确定的位置上。如果找不到前置信息,就需要做些连接性的推理。在语篇理解中,工作记忆起关键作用,工作记忆既要处理新输入的信息,又要维持一部分已知的信息。二者关系处理不当,理解就会出现偏差,输出的译文也可能偏离原文,甚至出现谬误。

1. 语篇理解错误的关联理论分析

关联理论认为,话语的关联程度依赖于语境效果和处理努力,语境效果与关联成正比,处理能力与关联成反比。作者把处理努力理解为认知语言环境所消耗的脑力,关联性越强,话语就越直接,认知所耗的脑力越小,给受话者带来的认知负荷就越小;关联性越弱,话语就越隐含,消耗的脑力越大,受话人的认知负荷越大,交际失败的可行性也越大。

篇章理解是译者根据关联原则从潜在的认知语境中选择正确的语境假设,适当调整自己的认知心理图式,激活原语文本的相关文化心理图式,寻找原语文化与译语文化间的最佳关联的过程。在言语交际过程中,影响话语理解的正是构成语境的这些假设,而不是具体的情景因素。"语境假设就是认知假设,译者在原文作者明示的基础上凭借其认知语境中的三种信息——逻辑信息、百科信息和词汇信息做出语境假设。"①从原文的语音层、句法层、语义层和语用层等各交际线索中推断出原文作者的意图,从中寻找与自己语境假设之间的最佳关联,达到理解原文作者的意图。如果原文话语意义隐含晦涩,那么原文作者企图传递给读者的语境假设在译者的认知假设中可能不存在,就会导致译者对原文信息的错误理解,进而导致误译。如本书第二章第三节之例:

[4] Когда его [современного человека] одолевают загадки вселенной,он углубляется в физику,а не в гекзаметры Гезиода。(帕斯捷尔纳克《日瓦戈医生》)

原译:现代人要解宇宙之谜,求教于物理,而不是求教于格季奥德的六音步诗。

改译:如果他为宇宙的奥秘而苦恼,他可以去钻研物理学,而不会去求教赫西俄德的六音步诗集。(注:以宗教宇宙为主题的诗集。)(顾

---

① 赵彦春.关联理论对翻译的解释力[J].现代外语,1999(3):278.

亚铃、白春仁 译）

读者若无法建立"格季奥德的六音步诗"与"宇宙之谜"的最佳关联,自然也就无法实现原语所具备的语用价值。原译者没有为读者建立这种联系,因此也不算成功的翻译。改译则弥补了这个不足。

2. 语篇理解错误的图示理论分析

人一生下来就在同外部世界的交往过程中开始认识周围的人、物体、各种事件和各种情景,在大脑中形成不同的模式。这样的认知模式是围绕不同的事物和情景形成的有序的知识系统。人们把这种知识系统称为图式。它是人的头脑中关于外部世界知识的组织形式,是人们赖以认识和理解周围事物的基础。[1] 桂诗春认为,图式是语义记忆里一个结构,它对一群信息做出规定排列。[2] 人们在理解、吸收新信息时,需将新信息与已知信息联系起来。对新信息的理解依赖于人脑中已存的信息图式,新信息必须与这些图式相匹配才能完成信息处理的系列过程。

语际交流之所以能够进行,依赖的是人类共享的认知文化图式。译者在解读原文时,大脑中的图示随时被激活并参与译者对原文中各种文化现象的认知、判断和推理。正是借助了译者和作者共有的文化图式和关联推理原则,译者才能正确理解原文,把握作者的交际意图。在理解语篇时,译者需要利用其长时记忆中存储的图式来进行引导,当人们缺乏一个与当前故事相适应的图式时,理解和记忆都会很困难,因为他们无法了解所描述的事件的含义。如果面对的新信息在译者大脑中没有现存的类似图式,就会影响理解,可能出现误译。

对译者而言,作家在创作中略去的、原语读者与他共享的、无须赘言的文化信息常常会成为理解的难点。处于同一文化语境中的读者,在阅读过程中都能激活记忆里的有关图式,自觉填充文化缺省所留下的空位,明白作者话语的实际所指。而译者和作者关于原文的认知文化图式不一致,则会导致翻译实践中出现文化误译。例如,俄罗斯读者都明白"用手指弹喉咙"意味着是什么,因为他们头脑中都储存了理解这个手势语的图示,自然无须作者赘述。但是中国读者记忆中却没有这种文化图示,就需要译者在译文中补充这种缺省。

3. 语篇理解错误的框架理论分析

---

[1] 刘明东. 图式在翻译过程中的应用[J]. 外语教学, 2002(11):58.
[2] 桂诗春. 新编心理语言学[M]. 上海:上海外语教育出版社, 2000:445.

框架是一种隐性的心理构造，它不表现于语言符号，而是寄居于深层结构上，构成自然语言之意义。语言符号的意义来自框架，要想明白某种语言符号的意义就必须激活储存于心智的对应的框架，从而获得语言符号的含义。根据框架理论，翻译的实质就是译者在译语中采用恰当的语言符号激活与原语相同或相似的框架。当原语符号所承载的框架与译语的框架相冲突或在译语的认知语境中缺省时，译者或无法激活与原语对应的框架，或不能找到相关的框架，误解和误译也就难免。

语篇是连续的话语段落或句子所构成的语言整体，因此构成语篇的各个组成部分之间具有内在的联系。语篇的这种特征其实可用框架理论解释。根据框架理论，"框架是一种概念系统，理解该系统中的任何一个概念都必须以理解整个系统为前提；引入其中任何一个概念都会涉及系统内其他所有概念"①。我们借助第二章第三节的例子：

⑤ ... в Москве воздвигаются памятники Марксу и Лассалю, и Спасская башня древнего Кремля, устоявшая перед нашествием Наполеона, вместо «Коль славен» играет теперь «Интернационал».

根据框架理论，提到某个框架或者这个框架的某个元素之后，框架内的其他概念或者元素就会被激活。该例中的«Коль славен»大写的 Коль 一经出现就容易激活"专有名词"框架，进而可能会用音译来直接处理导致错误。只有激活"俄罗斯国歌的历史变迁"的文化框架，才能选择正确的意象，正确翻译这首歌名。

语篇其实可以看成框架场景，不属于语篇的成分一般不应出现在语篇之中。因此翻译时，如果译者没有意识到框架的存在，没有注意到语篇的完整性和内在统一性，也会导致理解错误，从而造成误译。

二、转化错误的思维学溯因

在翻译的阅读理解阶段，译者所获得的原文本信息应该是完整的，具有逻辑性的，但对于译语而言，也许这些信息只是一些片断的、零散的、没有高度逻辑化的信息，而且很不成型，无法马上激活译者大脑的译语系统。由于两种语言系统并非一一对应，译者需要将从原语获得的信息再次整

---

① Petruck M. Frame Semantics[M]//Ostman J O, Blommaet J, Bulcaen C. Handbook of Pragmatics. Amsterdam：Benjamins，1996：1.

合,生成符合译语表达规范的、符合逻辑的、连贯的意义构思。这个环节就是思维转化。为了顺利完成语际转换,译者大脑常常要进行紧张的分析、推理、综合和概括。受原语篇章的难易程度的制约,译者处理语言信息的自动程度不同,思维过程有长有短,或在瞬间完成,或需长时间的思考。翻译的思维活动必须以扎实的双语知识、娴熟的语言运用能力及广博的百科知识为物质基础。缺少这些条件,思维活动无法进行,或者只是简单低级的活动,生成劣质或错误译文。

(一)不同民族思维模式的差异

误译的根源离不开语际差异的分析,俄汉互译之所以难于俄英互译,是因为俄语和汉语是非亲属语言,译者和作者思维模式和认知方式存在很大差异。从思维科学层面追溯误译产生的原因离不开思维差异分析,影响思维差异的因素很多,语言、文化、社会、历史、地理的不同都会在某种程度上反映在思维层面。而思维的差异则外化在民族语言心理倾向上,即是说每一种语言都体现了使用该种语言的民族思维特征,具体表现在以下几方面:

1. 理性思维与感性思维之差

中国文化在伦理性、情感性方面比较显著,以此为基础的认识方式也以知觉、体悟为主要特点。中国人的思维方式以直观、经验、综合为特点,注重意会和领悟,不重形式和分析。西方文化在科学性、理智性方面比较突出,其对世界的认识方式是"认知"而不是"体知",西方的思维方式讲究从感性到知性再到理性,注重客体分析的科学性,较早发展了形式逻辑。受古希腊、罗马文化的影响,俄罗斯的思维特征与西方相似,俄国历史上众多获诺贝尔物理学奖、化学奖的人数远超华人,也可从思维差异上略作解释。

2. 分析思维与整体思维之差

分析思维在俄语上的表现为客观、严密、谨慎,用大量的限定成分、修饰成分构成长句。整体性思维有整合作用,它使汉语轻于对句子成分的细微分析,重于对语句的融会贯通,凭着经验,凭着上下文的语境去意会和补充语句的整体内容。对整体了解越多,对语句个别词义的了解也越多。

注重整体性是中国传统思维的基本特征。从《易经》的八卦思维开始,及至老子、庄子的混沌思维,两宋道学的太极思维,都注重对天、地、人的探索。这种探索从来不是孤立分开地进行,而是把天、地、人三者有机地贯通起来进行研究,把自然、社会、人生看成是一体化的系统,互相比附、联想,这便体现整体性的思维方式。①

3. 垂直思维与曲线思维之差

虽然说俄罗斯地缘位置的亚欧性,但比较而言,俄国人受西罗文化影响更深,在思维模式上也更倾向于西方人的模式。西方人理性思维发达,具有严密的逻辑性与科学性,因此西方人重形式逻辑,他们通常是按逻辑直线推理的方式进行思维的,而中国人感性思维发达,具有较强的情感性和直观性,因此中国人重视辩证思维。中国人的思维也往往是曲线的,喜欢用迂回曲折的方式进行思维。

东西方人这种思维差异反映在语言的表达形式上。汉语语法的基本手段是采用语法单位的有序排列的方法建立语句结构,语序的形成与中华民族的有序思维定式有密切关系。俄罗斯人的分析思维体现在语言上是大量使用严密谨慎的修饰限定成分的长句,物称语言的大量被动句等。诸如此类的差异容易使译者出现误译。

(二)译者的"前理解"对语际转化的影响

所谓"前理解"是指受个体的生活阅历、工作经验、审美特点等影响,译者对翻译程序无意识地持有某些先入之见。换言之,"前理解"是进行翻译的背景知识。伽达默尔认为,人是作为历史的人而存在,我们总是携带一大堆熟悉的信仰和期望进入认识的世界。所以说"理解"具有历史性,理解的历史性导致理解的偏见,进而决定了理解的创造性。翻译中存在的"前理解",是人们无法超越的客观存在。因此读者或译者对文本的每一种理解都是从个人的历史情景出发进行的有限理解。"由于理解的历史性,文本的'视阈'与译者的'视阈'难以达到完全统一,偏见与误读即产生……理解本质上就是历史与现在、文本和译者之间的对话,从而形成无限开放的'视阈融合'。"②这也是从思维角度对误读误译现象的解释。例如讨论近百年的"牛奶路"与"银河"之辨,中国译者的前理解就是"银河",它与西方人视阈中的"奶路"很难融合。

(三)译者的主观性对语际转化的影响

对于某一件事,人们可以完全理解它的意思,但这并不保证他们对这件事就能做出与别人一样的反应。人们对任何一种信息的主题思想,都会按照各自文化或社会所特有的价值方式来理解,因此我们必须认识到,事物不仅仅是事物,词语也不仅仅是词语。它们总要受到与它们相关联的东

---

① 郭锦桴.汉语与中国传统文化[M].北京:商务印书馆,2010:72.
② 贾焕杰.阐释学关照下的复译和误译[J].前沿,2010(6):156.

西的影响，它们的意义也总是要根据人们的感情反应来估价。①

由于译者是人而不是机器，任何译者都难免不给译文加进主观成分。在理解原文信息，选择译文词汇、语法形式以及文体特征时，他必然会受到自己对原作者及原信息所持态度的影响。尤其是在翻译文学作品和政治、宗教文献时，由于可能直接涉及译者的感情和处世态度，译文中出现的主观成分也就最多。有时，译者会低估读者的水平而使译文过分啰唆繁复，导致译语语形蓬松、语用不足。有时，译者可能高估读者的水平而使译文过分"专业化"，造成译文晦涩难懂，导致语用问题。理论上讲，译者应尽量把不合原语信息原意的主观因素限制到最低，降低主观印象对原语的影响，不歪曲原文信息以适应自己思想和感情上的需要，但客观的操作会有一定的难度，所以语际思维转化才可能会有语形、语义、语用三方面的损失。

三、表达错误的心理认知溯因

语言的产生大致有四个步骤：首先是把意念转换成要传递的信息；其次是把信息形成语言计划；再次是执行语言计划；最后是自我监察。在制订语言计划时有两种模型：弗罗姆金（Fromkin）的串行模型②和鲍克（Bock）、莱威尔特（Levelt）的并行模型③，两者各有优势。串行模型认为，语言计划的制订要经历一个阶段性的过程：话语的整体概念、句法结构、语调形式、词汇、语音或书写。相反，并行模型认为，语言信息是在语义、句法、词汇等层次上组织起来的，任何一个层次的激活都可以引发其他层次的激活。言语计划是言语产生中很重要的一步。言语计划包括宏计划和微计划：宏计划是指要从宏观整体上把握译文的基调、文体风格、语言、风格等；微计划是指从词、句、语篇的层面制订如何表达的计划。④

（一）言语计划

宏计划和微计划是计划的两个阶段，在宏计划里，说话人把一个交际意图发展为一个言语行为的内容，一般是从义段入手，构建句群，在句群框架内将词语入句，积句而成群；在微计划里，每一个言语行为的内容被赋予

---

① 谭载喜.奈达论翻译[M].北京：中国对外翻译出版公司，1984：79.
② Fromkin V A. Speech Errors as Linguistic Evidence[M]. The Hague：Mouton，1973：348.
③ Bock J K，Levelt W. Language Production：Grammatical Encoding[M]//Handbook of Psycholinguistics. San Diego：Academic Press，1994：945-984.
④ 转引自桂诗春.新编心理语言学[M].上海：上海外语教育出版社，2000：483.

信息结构,而且被赋予前语言信息所必须的各种特征。① 翻译过程中,译者在计划表达什么时,面临一系列相互联系的问题。这些问题的解决是在话语、句子或成分的层次上进行的。在总体层次上,表达必须给出话语的结构,为了安排信息流的次序,使表达达到预定的目标。事实上,译者的言语计划在实施中也是不断调整的过程,通常他会先计划好句子的框架,然后再充实各个成分。有时也可能先计划的还只是不太完全的框架,在具体实施中再调整。尤其是在翻译长难句时,言语计划也是在右向推进的过程中不断调整。

(二)言语表达

在译语表达时,译者通常是以"小句为中枢单位"②,是对"微计划"的实施。每个小句都是一个局部计划,一次简单计划。实施计划的过程也同时伴随译语的不断调整,甚至是多次调整,因为这个层次上译者要解决的问题是,什么句子将把话语引到适合译语读者的最终计划上。翻译时译者必须着重在突出的可言语表达的事件和状态,而且必须找到适合的命题。③ 译者需要挑选与原语作者风格极似的、使读者能理解的命题,选择适合计划的话语,设计每个句子,使主语和谓语、框架和插入词语、已知信息和新信息都相适应。这个过程在近亲的同族或同语系语言中比较容易实现,而对于差异巨大的俄语和汉语却很难。

印欧语言重形合,常使用各种附加成分、短语、大量的动名词、前置词词组等,组成一个带有多种修饰成分的、很长的简单句,或使用各种连接词,把许多句子组成一个带有多种并列关系的、层次重叠的、很长的复合句。④ 译者翻译这种句子常常会受俄语构句模式的影响,制订的言语计划也是欧化结构,包含很长定语、修饰成分等,最终产出不符合汉语表达规范的佶屈聱牙的欧化句。例如:

[6] The coming into civilized man's orbit of two vast new continents, alive with strange civilizations and richly endowed with natural wealth of all sorts, widely expanded his economic and political concepts ...

---

① 桂诗春.新编心理语言学[M].上海:上海外语教育出版社,2000:485.
② 黄忠廉.小句中枢全译说[M].武汉:华中师大出版社,2008:187.
③ 许丹凌,陈红.俄语翻译的认知心理过程研究[J].哈尔滨工业大学学报(社会科学版),2006(4):153-156.
④ 林学诚.俄语长句翻译浅说[J].外语与外语教学,1994(2):40.

原译：活跃着新奇文明与具备着各种自然富源的广大的新大陆两个洲之归入文明人的世界，扩大了文明人的经济和政治的观念……

改译：这新发现的南北两大洲，幅员广阔，处处可以看到种种奇异的文明和得天独厚的自然财富。现在这两大洲投入文明人的怀抱，这就大大地开阔了人们在经济和政治方面的眼界……（黄邦杰 译）

原译力求和原语语形一致，导致主语过长，读起来佶屈聱牙，不合汉语规范。这种"硬搬过来"的句子，实际上是一种粗拙的死译，是恶性欧化，没有考虑读者的接受能力和译文的接受效果，翻译目的不明晰。从汉译规范角度对译语进行的语形批评，着眼点在于判断它是否符合汉语的规范。

此外，"形成语篇的根本是逻辑，理解语篇的根本也是逻辑，一切语篇无不深藏着思维的逻辑"[1]。俄语是分析型语言，长于显性连贯，而汉语是综合性语言，善用隐性连贯。这种语篇的连贯就是思维逻辑性的体现，因此，在这两种具有不同特点的语言之间进行转换时，尤其是在构建译语语篇时，如果忽视逻辑这根"弦"，就会产出错误的译语。

我们把人类语言的感知与理解研究的成果引入翻译研究中，有助于揭示并解释翻译实践中译文出现错误的深层原因。译者处于分裂状态的身份定位及其自我冲突的心理过程，构成了其错误行为的心理背景。译语建构层主要涉及记忆、问题解决、推理和言语理解。

第四节　误译发生的信息因素

从信息论角度讨论翻译，它是把一种语言承载的信息用另一种语言表达出来，旨在传递信息的解码与重新编码活动。信息可分为语音信息、构词信息、句子构造信息、句子交际功能信息、文体风格信息等。曹国维认为"原文提供的不是一种信息，而是多种信息的复杂组合……翻译实际上是对于原文的不同信息组合的动态的把握"[2]。作为两种语言的媒介，翻译的结构系统包括原文与译文的语言符号系统、思维系统、信息系统以及功能价值系统。所谓翻译的对象是语言，就其形式而言，系指语言符号系统

---

[1] 何善芬.英汉语言对比研究[M].上海：上海外语教育出版社，2002：467.
[2] 曹国维.翻译——信息的接收和处理[J].中国翻译，1986(6)：11.

本身;就其内容而言,乃是包括语义内容与文体风格在内的信息系统。①

一、信息论与翻译

(一)信息论

"信息"一词在日常语中指的是消息、情报、指令、密码等,通过符号(如文字、图像等)、信号(如语言、有某种含义的手势动作、电磁波信号)等具体形式表现出来。美国数学家申农在1948年发表了题为《通信的数学理论》的论文,创立了通信系统模型,标志着信息论作为一门独立学科的诞生。

信息论最早产生于通信领域。所谓通信就是两个系统之间传递信息,由信源发出信息,通过信道传送信息,再由信宿(收信人)获取信息,这就构成通信系统。信息论认为,任何一个通信之所以需要,就是因为信宿在收到信息之前,不知道发送的信息是什么,信宿对发送的信息具有"不确定性"。当获得了信息之后,这种"不确定性"就可以减少或消除。信息量的大小用消除"不确定性"的多少来表示。

从信息论的观点来看,通信系统的效率就是传达信息量的效率。通信系统模型不仅适用于通信系统,也可以推广到其他非通信系统,在非通信系统中,可以称之为信息系统。②

(二)信息论视角下的翻译

翻译是传播社会信息的重要方式之一,信息运动贯穿于整个翻译过程,翻译创作再现了信息,翻译传播传递了信息,翻译艺术保证了信息的接收。翻译从瞬息即逝的社会生活中捕捉那些具有重大意义的信息,用各种形式的符号,如文字、语言、音符、造型等,传递给其他社会。

翻译活动是一个信息系统,是交际者通过译者的中介互相传递信息,由甲方(信源)发出原语信息,通过译者的信道接收、转化为译语信息传送出去,再由乙方(信宿)获取译语信息,构成一个完整的通信系统。在口语交际中,这样的通信系统是往复进行的,甲方和乙方的角色不停在信源与信宿间轮换。人类的任何一种交际形式都可以视为一个通信系统。语内交际"不确定性"会比语际交际要小,因为语际交际通常借助译介者的信道中转,势必增加信息的损耗,信息的不确定程度高。

由此可见,翻译的过程是信息变换和传递的过程。寻找翻译规律就是寻找信息的获取、度量、解码、变换、传递的规律。译者从信息载体(说话

---

① 张泽乾.翻译百思[C]//许钧.翻译思考录.武汉:湖北教育出版社,1998:472.
② 张光中.社会科学学科词典[Z].北京:中国青年出版社,1990:15-17.

者、文本、磁带、电影等)那里接收信息,通过信道(大脑)处理信息、进行解码和编码,翻译的质量受信道容量的制约,信息密度、冗余信息也影响"不确定性"的大小。信宿接收的效果好,说明信息的"不确定性"比较小,译文的质量就高。

二、信息不守恒律

信息的传播实践表明,用任何方式传输信息都会降低它们所含的信息量。信息经过传播其量是不守恒的,维纳本人说过:"信息和熵是不守恒的。"①

(一)语言信息的传递性

翻译是将甲语文化信息转化为乙语,以求信息量相似的活动。语言信息作为一种特殊的物质一旦从信源发出,在时间和空间中就已经发生变化(声音在空气中传递会产生质量的变化,文字在写下之后就已经不是作者"此时此刻"的所思所想)。信息在时间上表现的是储存过程,在空间上表现的是传递过程。② 语言信息的可传递性是翻译活动的基础。

在信息传入译语文化时,信息量有增有减。信息除了与量有关外,还与其内容、含义、价值和使用价值相关,而后者实际上就是信息的"质"。有时获得原作信息量不大,但质很高,效果很好。等量的信息不一定有等效,这是讲信息传递的语用价值。

(二)语际信息传递的不守恒性

语言信息在语际转化中必然有损耗,因为译者的信道容量决定"不确定性"的大小,解码原语的过程是一次信息损耗,译语编码过程是二次损耗,信宿接收过程仍然要通过译语读者的信道(其宽窄受读者的接受意识、审美需求、期待视野、鉴赏趣味等影响),此时是信息的三次损耗。经过上述过程,原语信息和译语信息的"等值"已经不可能,所以黄忠廉认为"全译过程就是求极似的过程","不似"的部分就是损耗的信息。当信息损耗已经影响原语所具备的交际价值,导致交际失败时就是误译。从信息学视角追溯误译的原因需要按照翻译信息传递的顺序分析。

三、误译:信息不守恒律使然

(一)信息传递的一次损耗:原语理解

翻译活动的三个阶段都存在信息损耗,原语理解是翻译的第一步。原

---

① 维纳.人有人的用处[M].北京:商务印书馆,1978:93.
② 芮廷先.信息科学概论[M].上海:上海财经大学出版社,2000:58.

语理解分两步走,第一步是收码,即通过原语听/读接受语言信息码的过程,属于语际交流的物理—生理活动。话语信息负载于语音或文字,通过光或空气传至译者的视听觉器官,经过神经的生理活动转化为可供大脑双语中枢处理的语言码。第二步是解码,即通过语言码的转换或恢复获取信息,掌握信息的内容,是理解过程的主体。① 译者的错误理解率(误码率)决定原语信息传递的第一次损耗率。

原语文本包含了文化背景的差异、思维理解方式的差异、语言表达方式的差异、社会文化环境的差异以及风俗习惯、民族心理的差异。这些客观事实制约译者的信道容量,信道的容量决定信息传递的质量,同时,信息载体的干扰和冗余信息也影响信道对原语信息的接受。

1. 译者信道容量的干扰

信道即信息传递的通道。翻译活动传递信息的介质通常是译者,这个特殊的信道对信息传递的干扰与"噪声干扰"有所不同。我们认为,信道的容量取决于译者的翻译能力。关于"翻译能力",国内学者的定义不一。文军将其总结为语言能力、文本能力、学科能力、文化能力及转换能力。② 李明秋认为翻译能力分为智力因素和非智力因素,前者包括语言能力、知识能力和口译能力,后者包括心理因素、健康素质和职业素质。③ 我们认为可将其简化为双语能力、百科知识和职业素养。④ 具体而言,知识信息储备、认知模式、思维模式、生理、心理等因素决定信道的容量,也决定信息传递的质量。如果信道过窄,导致原语信息理解出现偏差,也就是信息解码的错误,输出的译语必然也是谬误的。

从言语交际的特点可见,每个交际参与者掌握的只是他个人的语言和背景知识。不同交际参与者听到和理解的话语,通常是不相等同的,即一个人的所说所写与另一个人的所听所读和理解不完全相同,心理学上称之为译者的"前理解"。受译者"前理解"的干扰,信息会出现物理学意义上的"布朗运动"(悬浮微粒永不停息地做无规则运动的现象叫作布朗运动),即译者阅读、查阅工具书、反复推敲、思考等行为对信息的作用。布朗运动导致"说/写"与"听/读"之间存在必然的信息损耗,无论是语内交际还是语际

---

① 黄忠廉. 小句中枢全译说[M]. 武汉:华中师范大学出版社,2008:11.
② 文军. 翻译课程模式研究——以发展翻译能力为中心的方法[M]. 北京:中国文史出版社,2005:64.
③ 李明秋. 口译能力要素对译员素质培养要求分析[C]//邱鸣,潘寿君,张文. 同声传译与翻译教学研究(第二辑). 北京:中国传媒大学出版社,2009:80.
④ 顾俊玲. 牌匾公示语误译探查[N]. 中国社会科学报,2012-08-27.

交际,区别只是信息损耗的多寡。

2.信息载体的干扰

信息载体即承载信息的物体,有语言载体、文字载体、电磁波载体、声像载体等。翻译面对的信息载体是语言或者文字。

系统论的核心思想是系统的整体观念。贝塔朗菲强调,任何系统都是一个有机的整体,它不是各个部分的机械组合或简单相加,系统的整体功能是各要素在孤立状态下所没有的性质。

语言是一个系统的整体,"词汇+词汇＜言语",说明言语系统的整体性。信息载体的干扰通常表现为语言差异、文化差异、认知心理差异等。

原作信息的载体是从作者大脑转变为文本,作者在创作中隐去了自己和原语读者共知的背景信息。而译者如果与作者不属于同一个文化圈,这样文本会对信息传递产生干扰。此外,从第三种语言转译的文本干扰性更大,因为经过翻译的文本信息已经损失过了,后来的译者面对的已经是带有前译者"痕迹"干扰的文本,转译的信息损耗必然会大,出现的误译概率也大。

口译活动受载体干扰的因素更大,因为不同人的口音、语速、言语风格不同,翻译的难度也最大,但口译不是本书讨论的重点,我们在此略去。

3.信源的干扰

(1)原语文本的疑难之处。信源信息的发出者,即信息本身,在笔译中以文本来体现。文本对信息传递的干扰体现在一些疑难词汇、句法、语体、风格等方面。例如:一些科技、艺术等特殊专业词汇,文学作品的特殊形式、作家的特定语体风格等都是干扰信息传递的因素。译者们的共识是科技语体较文学语体的信息干扰要小一些,因为文学语言具有抗拒精确翻译的特性,即所谓"文学的不可译性"。

(2)冗余信息的处理。信息在传递中不可避免地会受到噪声干扰。为了保证信息传递的准确无误,信息发送者(作者)在编码时需要对信息进行重复或累加,使信息接受者(读者)收到比实际需要多一些的信息,以帮助破解信息发送者所要传递的真正信息,从而顺利完成信息传递。这些多出来的信息便是冗余。在信息传递中保持适度的冗余是必要的,冗余过多或过少都会影响信息传递的准确性。

语际信息传递的质量还体现在译者对信源中冗余信息的处理上。在语内交际中,冗余成分可以帮助信息接受者(读者、听众)在受到噪声干扰(心不在焉、有人打扰)时保持信道容量(理解接受能力)不变,准确理解信息发送者所要表达的意思。而在语言交际中,如果把一种语言中原本适度的冗余成分原封不动地搬到另外一种语言中,这些冗余成分往往不是过度便是不足,与另一种语言信息接受者的信道容量难以吻合,从而影响交际的顺利进行。①

从信息论角度来看,译者的任务之一便是调整变换原语中适度的冗余成分,使其适应目的语接受者的信道容量,保证信息交流成功。俄译汉时,如果不考虑汉语读者与俄语读者接受能力的差别,把俄语原文逐字转换为汉语,常常会产生两种情况:第一,冗余不足,无价值信息量过少,一些俄语特有的文化信息很难理解;第二,冗余过多,价值信息量减少,汉语读者觉得原文用词堆砌,啰嗦累赘。这两种情况都会妨碍交际价值的实现,所以译者应妥善处理信源中冗余信息的干扰,保证信息传递的效用。

全译活动要求译者在语用、语义、语形三个维度与原作求得极似,三者按重度排列也是语用价值第一,语义信息第二,语形对应第三。实际翻译操作中,尤其是科技翻译活动,如果委托人提供的原语存在过度冗余信息,为了求得语用价值最大化,信息效用最大化,减少译者的无效劳动,译者可以略去冗余信息的干扰,虽减少信息"量",但提高信息传递的"质"。如果信息难以为译语读者理解(例如一些陌生文化),则需通过增词加注等手段进行补偿。

(二)信息二次损耗:译语转化

原语理解与译语表达是机制不同的两种思维活动。语言可以描述抽象思维,也可以描述形象思维。译语表达是将原语信息解码后再编码为译语的过程,是从概念信息到新意象信息的转化,是概念的普遍含义随语境的形象化过程,是信息从一种载体向另一种载体的转移。

译语表达与作者的创作过程不完全相同,同单语的编码和发送的过程也不完全一样。在解码后,译者明白了原语所描述的世界,然后利用译语中相应的语码,按译语的语义规则和语法规则,从心理词库中选取恰当的词语,将其有机地编排起来,信息就成功附载于译语中进入信息发送阶段。翻译时编码与发送并不截然分开,往往是边编边发,即边看边转换边写。

译语转化时信息损失的原因一方面在于,译者从理解原语到在心理词库搜寻到合适的译语词汇,这段时间需要先将信息暂时储存,提取到若干与之相似的词语后,再将它们对比选择,往复间的作用导致信息产生布朗运动,并且随时间和译者的作用力出现损耗。

另一方面源于文化和语言间的矛盾。不同语言传情达意的规律存在

---

① 王金波,王燕.从信息论的角度看汉英翻译的冗余现象[J].中国科技翻译,2002(4):1.

不同,形成许多词汇空缺、语义矛盾、语用差异。这些非对应关系,构成实实在在的翻译障碍。[1] 如本章第二节《误译语言学溯因》所分析,俄汉双语的本质差别(词汇、语义、语用、语法不对称,语言起源不同、发生机制不同等)导致译语转化时信息偏离或错误。在此不赘述。

(三)信息传递的第三次损耗:读者理解

信息的效用指信源所发出的信息被信宿收到后所起的效果和作用,即信息的价值问题。信源发出信息后,对不同的接收者,其效用或价值是不同的。读者是翻译信息传递系统的信宿,他的理解和接受是信息传递的意义所在,是信息传递的效用。

读者接受译语的过程是信息经过的第二个信道,信道的容量也受信宿(读者)的期待视野、摄取心态和读者的"前理解"等作用。译语读者都是生活在一个特定的文化社会中,这个社会的文化和传统对人们的影响是深远的,因为"前理解"始终贯穿于人类认识活动的全过程。读者因为自身阅历、审美趣味、知识结构、知识水平以及所处时代的不同,对译作会有不同的期待。所以读者接受的信息必然是经过其信道过滤后的,与译者传递的信息有所不同,这是翻译信息传递的第三次损耗。

黄忠廉、李亚舒认为,翻译中信息可靠性的传递往往会受到干扰,因而有时失真,导致信息的增值、贬值、偏差和中断,在信息可靠性占第一位的科学翻译中,信息的增减、传递渠道的增加、传递方式的改变、信息的重复和补充等方法可解决干扰问题。[2] 我们认为这些措施也在一定程度上改善信息传递的"损耗度",信息不守恒律决定翻译过程信息损耗的必然性,当译语承载的信息因损耗而无法达到原语相似的语用价值,译语信宿无法获得与原语信宿相似的信息效用时,就会导致交际失败,这就是误译。

第五节 误译发生的文化动因

"文化"广义而言,是一个民族或一种特定人群普遍自觉认同的观念和规律系统,是一个社会群体所特有的文明现象的总和。翻译的对象是语言,语言承载的是文化信息。翻译转换的不只是语言,它还涉及各种文化因素的传播与交流。在文化翻译中,许多误译表现文化的冲突和对峙,也

---

[1] 顾俊玲.误译哲学溯因[J].中国科技翻译,2013(4):37.
[2] 黄忠廉,李亚舒.科学翻译学[M].北京:中国对外翻译出版公司,2007:161-168.

凸显文化因素的复杂性和差异性。语言知识欠缺导致的语形误译、语义误译好比翻译的"硬伤",文化处理不当导致的语用误译则有一定的隐蔽性,必须是深谙异域文化的人才能清晰辨认。文化误译出现的根本原因还是在于不同民族文化价值观的差异、文化预设的空缺和错位以及文化的异质性。

一、文化价值观差异导致误译

文化价值观是指不同的民族在各自久远的发展过程中形成了有别于其他民族的独具特色的风土人情、审美情趣、宗教信仰和价值观念等。这些综合文化知识一经习得,便储存在译者的长时记忆中,形成特定的文化价值观,影响这个群体理解、判断、接受异域文化。这种价值观一旦形成,较难彻底改变,且具有代代传延的特点,所以可能成为语用误译的诱因。

(一)文化价值观决定译者的"前理解"

文化价值观影响译者对异域文化的理解、转化和表达,从根源上埋下误译的诱因。译者的文化价值观成为他的"前理解",可能会对异域文化进行不自觉的过滤、偏离或有意改变,导致文化信息的遗漏、误解或变化,最终形成误译或者变译。

我们作为历史的人而存在,总是携带着一大堆熟悉的信仰、价值观、文化观等背景知识进入认识的世界。思维中存在的"前理解",是人们无法超越的客观存在。我们的理解是历史的,理解的历史性又构成了理解的偏见,进而决定了理解的创造性和生成性。译者对原语文化信息不解、错解或误解都与其前理解关系密切。

(二)文化价值观制约译者的翻译能力

翻译是一种跨文化的交际活动,其本质在于主要求同,而实际上它又是异质文化之间的互涉、互证、互补、互融的变异活动,是引入文化与本土文化不断相互影响、交叉、重叠与转换的永恒运动。① 谈到翻译能力时,通常要求作为文化中介的译者应具有海纳百川的文化接纳能力,适当调整自己的文化价值观,努力寻求原语和译语的最佳关联,根据和作者共同享有的文化图式和关联推理原则,尽量准确把握原文的文化信息。但是,如前所述,文化价值观一旦形成,较难彻底改变,且具有代代传延的特点,所以译者已经形成的文化价值观仍然会有形无形地影响其理解能力、变通能力

---

① 秦文华. 在翻译文内新墨痕的字里行间——从互文性角度谈翻译[J]. 外国语,2006(2):54.

和转化能力,尤其当遇到译语文化价值障碍时,翻译就可能失败。

二、文化预设空缺与冲突导致误译

预设,顾名思义就是"预先设定",是人脑中已有的相关背景知识,与认知语言学的"原型"有某种关联。预设是交际双方预先设定的先知信息,具有"合适性和共知性"的特点。[①] 文化预设是指交际行为中省略的双方共知的文化信息。这种文化预设的形成与整个民族的物质文化、生态文化、社会文化、历史文化等密切相关,它们都可能成为翻译的巨大障碍。正如罗进德所说,译者如何阐释出语言表达的文化信息受他所处母语文化环境的制约。

(一)文化预设空缺导致误解和误译

文化预设空缺是指读者头脑中缺乏作者在语篇中预设的文化信息,语篇内有关文化内涵的符号就无法激起读者头脑里相对应的文化图式,只理解了符号的表层意义,领悟不到词语表面下的深层文化内涵。翻译不仅仅是语言活动,更是一种文化活动。译者如果对作者预设的文化信息缺乏必要的认识,就很难觉察到语言符号所传递的"文化知识"。

译者作为语际文化交流的中介,应先是作者的一名理想读者,具有作者意向读者所具有的一切预设知识,才能正确解读语篇。但在翻译实践中,情况并非如此。由于文化的博大性,译者个人知识的有限性,可能会因为文化预设的空缺误解原文,最终生成误导译语读者的译文。也可能译者自己具有类似的共知信息,但是忽略译语读者的理解能力,没有将省略的文化信息补足,导致文化交际过程的中断。因为译语读者处在与作者不同的文化语境下,他带有自己的母语文化,与原语作者间缺少共知信息,很难理解原语的某些内容。这就要求译者具有较好的文化调适能力,在译文输出时合理补充原文作者省略的文化预设信息,否则也是不合格的翻译。以例说明:

[1] Она была очень набожна и чувствительна, верила во всевозможные приметы, гаданья, заговоры, сны, верила в юродивых, в домовых, в леших, в дурные встречи, в порчу, в народные лекарства, в четверговую соль, в скорый конец света ...

---

① 何自然.语用学概论[M].长沙:湖南教育出版社,1987:123.

俄罗斯的读者很清楚"星期四的盐"背后隐含的文化信息，这是他们和作者共同的文化预设，所以可以省略解释，但是译语读者没有这种预设知识，如果译者不在译文中加注说明，就会导致译语读者和原文作者间交际的失败。

再如，普希金的作品中写道：女地主拉琳娜（给人剃额头），她实际上究竟做了什么？这在译语世界是一个文化空缺。（按：旧俄地主常为惩罚农奴而将其送去参军，新兵入伍时必须剃去额头的头发。）同样在汉语中，提到"钟馗"我们都知道此人善于捉鬼，能保护民宅，而俄国译者对此若没有这样的文化预设，就容易导致误译。遇到这种情况，译者不仅要了解这些对方文化特有的现象并能在译文中将其再现，还要翻译得使译语的读者能够明白。①

（二）文化预设冲突导致误解和误译

文化预设冲突是指译者头脑里的文化预知识与作者预设的信息发生冲突。译者的翻译活动始终会受他生存于其中的文化的制约，因为受本国文化传统的熏陶，译者头脑里打上了深深的文化烙印，形成独特的文化价值观和思维模式，习惯上按自己熟悉的一切来理解其他文化。在解读语篇中，一旦遇到与自己文化不符的地方，译者总免不了用母语文化的思维模式和习惯去观照异质文化，潜意识里试图使异质文化向自己的文化靠拢，取代异质文化，造成了语篇解读上的错位和译语生成的误译。

俄汉两个民族存在较大的文化不同，给译者正确理解和传译原语民族文化带来了巨大的困难和挑战。举例来说，受基督教文化影响，数字 семь 是俄罗斯民族最喜欢的数字，而汉语世界对 7 却没有赋予更多的意义。汉民族受佛教文化的影响，对数字 9 偏爱有加，девять 在俄语中并没有什么特殊含义。汉语的不同文化背景的人们对同一行为的看法、态度也同样存在差异，如在中国，领导询问下属的家庭生活情况是表示关心，而在西方就是侵犯别人的隐私权。如翻译 trespass 这样的词时，字面上虽然可以把它译为"侵入"，但远未传达出该词真正的文化预设含义。因为对我们中国人来说，举例说，两家紧挨着的邻居，屋后的场地仅隔着一排高不及腰的栅栏，一旦有东西掉入对方场地，当即越过栅栏去把它捡回来是很寻常的事，决不会想到他的这种不经过主人许可就擅自进入邻居场地的行为已经构

---

① 科米萨罗夫. 当代翻译学[M]. 汪嘉斐，等译. 北京：外语教学与研究出版社，2006：156-165.

成了 trespass。①

总之,作为特殊读者的译者如果不具备作者建构语篇赖以依靠的预设知识,他在解读语篇时一定会遇到诸多困难,有时未必能把语篇里的符号意义与语篇外的相关文化背景知识联系起来,做到理解的最终性和准确性。

三、文化的异质性导致误译

文化是一个纷繁复杂的概念。当代西方学者萨莫伐尔在《跨文化传播概论》中认为,文化是一个复杂而棘手的概念。给文化下定义看起来很简单,但如果细细考虑定义的内涵,则"文化"一词就显得十分宽泛,从而难于把握了。他认为文化是持续的、恒久的和无所不在的,它包括了人们人生道路上所接受的一切习惯性行为。②

文化的包罗万象和纷繁复杂带给翻译研究与翻译实践的困难显而易见。各国文化有共性,但不同的地理、生活环境决定着各国文化带有鲜明的民族特性。不同的地域与传统产生了不同的文化氛围,不同的文化氛围左右人们的生活,会成为不同民族交往的障碍。有学者认为"原语言中的文化遗传因子无法翻译,文学文本的民族样式不具有普遍意义因而也无法翻译"③。李锡胤先生一生大部分时间从事词典编纂工作,常年穿梭于俄语词汇的海洋,并尝试用最准确的语言将其译为汉语。他对语言有深切的感受,认为语言是一种"思维索引",通过范畴化和结构化把人们的思维格式化了,而且在格式中又积淀了年深月久的文化陈迹。若想把这些文化陈迹全部译成汉语是一件很有挑战性的工作,因为"年深月久",距离当今的译者太远。④ 利奇(G. Leech)也认为"人们改造客观世界活动的多变性决定了词语的文化意义也会随之而变化,因此两种文化背景下同一词语具有不同的意义"⑤。

不同民族的文化存在共通性,这是可译性的基础;而异质文化的差异体现在文化空缺、文化冲突、文化错位三方面。这和前面所述的文化预设的空缺和冲突有重合之处,文化预设的信息则是文本或者篇章中的文化,是具有语用意义的文化,而我们在本部分重点论述的是文化本身的差异

---

① 谢天振. 翻译研究新视野[M]. 青岛:青岛出版社,2002:51.
② 转引自刘宓庆. 文化翻译论纲[M]. 武汉:湖北教育出版社,1999:2.
③ 王宏印. 新译学论稿[M]. 北京:中国人民大学出版社,2011:35-38.
④ 李锡胤. 语言·词典·翻译论稿[M]. 哈尔滨:黑龙江人民出版社,2007:31.
⑤ 转引自杨芳,何慧英. 试论语言与思维及文化的关系[J]. 前沿,2006(3):194.

性,即脱离文本的客观文化。文化本身又可划分为物质文化、行为文化和意识文化。[1] 我们在此仅按照文化的类型分析东西方文化的差异给翻译带来的困扰,不再辨析文化的差异体现为"空缺"还是"冲突"或"错位"。

(一)东西方物质文化的异质性

物质文化又称物态文化,指与自然物质相对的文化物质,是可触知的具有物质实体的文化事物,如饮食、服饰、住所、器物等。物质文化与人们生活的自然世界、生态环境密切相关。爱斯基摩语中关于雪的词就有十几个之多,而其他语言中一般只有几个。这是因为爱斯基摩人生活在北极圈内,那里终年冰雪覆盖,天长日久,他们便发现雪花的形状与他们的打猎生活有很大的关系,于是他们便给这些不同图案形状的雪花一一取了不同的名称,他们对雪的描述还有颜色之分。中国古代人的生活对马的依赖很强,所以在语言上也反映出来,各种以"马"为偏旁的字有几十个。苏丹以产牛著称,在苏丹的阿努亚克人的语言中就不乏"牛"的词汇。古希腊由于哲学上的伟大成就,希腊语中就有极其丰富的哲学术语,意大利由于音乐、美术的高度发展,意大利语中就有很多音乐美术方面的专门术语,等等。可见,语言、文化是与一个民族的生产生活密切联系的,物质文化的差异是双语文化预设不同的原因之一。

俄汉词典将дача译成"别墅",而中国人理解的"别墅"是豪华的私人住宅,而实际上俄语дача只是苏联政府分给城市居民市郊的一块地,800~1500平方米不等,一般建一栋简单的木房子,种一些果树、蔬菜,供市民周末或假期休息度假使用。汉语的"别墅"对应的俄语词是коттедж,即"独栋小楼"。

中俄两国人民的语言中使用的喻体存在很多差异。比如,在中国人的心目中,喜鹊是吉祥、报喜的象征,听到喜鹊在树上叫,总觉得喜事就要降临,新婚之时,许多人在家中都挂着画着喜鹊的画……但在俄罗斯,人们讨厌喜鹊,喜鹊是"多嘴多舌的人""小偷儿"的代名词。再如,猫头鹰都是夜间活动,由于人们对它认识不多,加之其叫声吓人,在中国,人们都把它看成不祥之鸟,认为谁碰上它,谁就倒霉,猫头鹰一叫,就要死人。而在俄罗斯,猫头鹰深受人们的喜爱,被看成智慧的代表……

物质文化与生态环境密切相关,不同的地理位置造成的气候条件差异不但影响到生活的方方面面,也制约着文化。在中国,特别是南方,由于气候温暖,遍地都能看到竹子,竹子也成了很多诗人抒发情感的对象。竹子

---

[1] 韩民青. 文化论[M]. 南宁:广西人民出版社,1989:101.

左右文化,我们形容事物发展得很快,喜欢说"如雨后春笋",但是由于在俄罗斯气候寒冷,竹子无法生长,根本看不到竹子,俄罗斯在表达类似的意思时,只能以他们的自然环境做比拟。俄罗斯是个多森林国家,盛产蘑菇,下雨之后,林中遍地是蘑菇,他们说"雨后蘑菇"(Как грибы после дождя)。不仅如此,蘑菇还形成一系列俄罗斯文化,有许多比喻用蘑菇做喻体。在中国,我们说"大河向东流"国人都能理解,因为中国的地势是西高东低;相应地,在俄国就应该说成"大河向北流",因为那里绝大部分河流注入北冰洋。这样的例子不一而足。

正是由于地理、气象上的差异,同一词语具有国情语义,隐含着民族文化色彩。有许多译者在处理这类文化信息时通常采用"归化"法,这就导致译语读者失去了解异域文化的机会。不同的文化有着自己不同的文化图式,如завтрак在大多数中国人心目里意味着馒头、油条和稀饭,而对俄国人来说却是面包、奶酪加黄油。在外汉翻译"排队领救济面包"和汉外翻译"巧妇难为无米之炊"时,有一些译者会自作主张将其"归化"。这样做虽然便于译语读者理解,但并不利于读者了解多彩多姿的世界文化。所以在目前翻译批评界基本达成共识:翻译作为文化接触的主要途径之一,译者肩负着如实介绍"文化他者"、促进交流理解的任务。对异质文化所体现出来的差异性,译者应尊重文化的丰富性,积极介绍译语文化,拓宽读者的认知视野。

(二)东西方意识文化的异质性

意识文化也称精神文化或心态文化,是意识因素占主导地位的文化。意识文化是文化整体的核心部分,是人类在社会实践和意识活动中长期育化出来的,包括价值观念、思维方式、道德情操、审美趣味、宗教感情、民族性格等因素。[①] 宗教文化是人类意识文化的重要组成部分,是由不同民族的不同宗教信仰而形成的,它反映了不同民族的人们对敬重与禁忌的不同态度。生长在西欧传统文化环境中的人,"和母奶一起"吸纳相应的宗教——神话意识。宗教意识很大程度上不是信仰问题,而是文化熏陶的遗迹。[②]

中国文化受到道教、佛教、儒教的影响,其中佛教对中国文化的影响较深,因而汉语熟语明显地留下了佛教影响的烙印,而俄国文化则受东正教的影响多,俄语熟语则带有浓厚的基督教色彩。中国人在翻译涉及宗教的俄语时,容易受汉语中佛教用语的影响,导致语用误差。我们看一例:

---

① 杨仕章,孙岚,牛丽红.俄汉误译举要[M].北京:国防工业出版社,2008:199-200.
② 陆永昌.俄汉文学翻译概论[M].上海:上海外语教育出版社,2007:205-214.

② Молодой архиерей произнес надгробное слово. В простых и трогательных выражениях представил он мирное успение праведницы, которой долгие годы были тихим, умилительным приготовлением к христианской кончине.①

原译:一位年纪轻轻的神父致悼词。他纯朴动人的语言赞颂这位有德之人悄然归去,多年善积阴功,方能成此正果——这是基督徒的善终。

改译:一位年轻神父念了临葬悼词。他用纯朴动人的语言,讲述了这位虔诚的女教徒是如何悄然离世的。多年以来,她一直性情温和,心怀感动,所以才有基督徒的善终。(杨仕章 译)

原译中的"正果"一词是佛教用语,不符合基督教神父致悼词的语体。译者或者是对宗教文化了解有限,或者是过于受佛教文化的影响。

每一个民族都有自己独特的历史文化,这些时间伴随着的文化积淀成为代代相传的文化基因。这些基因散布在自己的民族语言中,唯有在经历语际转化时,这些才会被凸显。只有完全理解语言中包含的文化内涵和历史内涵,才能翻译准确、到位。

(三)东西方行为文化的异质性

行为文化是指人类活动本身构成的文化,既区别于动物本能,又区别于其他文化。行为文化有两大类别:一类是行为活动方式;另一类是行为活动规范。该类文化可表现在言行举止、风俗习惯、典章制度等方面。对于翻译理论和翻译实践来说,那些直接反映一个文化集体生活条件和风俗习惯的言语表达最需重视。

人际交往离不开一定的规则和礼仪,这是民族文化使然,也是民间习俗最集中的体现。俄罗斯民族是非常重视交际礼节的民族,特定的地理环境、社交条件和文化传统,形成了它鲜明的具有民族特点的人际交往礼仪。② 译者如果不了解这些行为文化,就可能造成误译。

俄语中有自己独特的祝贺方式,对于即将参加考试的学生说 Ни пуха ни пера。这句话的直译是"连根毛都碰不到",此典故出自古时村子里的猎人去打猎,四邻亲朋齐聚为他们送行时说的话,意思是家人已经做好接受他们空手而归的思想准备,如果能打回来任何猎物都是值得高兴的。后来

---

① 杨仕章,孙岚,牛丽红.俄汉误译举要[M].北京:国防工业出版社,2008:200.

② 同上:221.

就正话反说表达祝愿。中国人听到人家说自己"身体很棒",喜笑颜开,而说俄国人身体很棒,俄国人会马上敲敲桌子,或者连吐三声"呸、呸、呸",来破除晦气。要是俄国人生了孩子,你夸奖他们的孩子长得漂亮,身体结实,而俄国人认为这会给小孩带来不幸;俄罗斯人高举着紧握的双手,以示"友好""握手言和",美国人认为这样的动作"傲慢""盛气凌人"……

中俄两国虽然是邻邦,传统却相差极大。到俄罗斯人家里,如果是贵客,主人一般会捧上面包和盐,这是招待、迎接贵客的高档品。中国人一下子不一定能理解,其实,这有着历史渊源。一方面,在古代,盐是祭品,人们迷信它有祛邪的力量;另一方面,盐的价格因受当时生产技术和运输条件的限制而极其昂贵。伊凡雷帝时期,一普特盐(16.38千克)可换一套住宅。因此,老百姓把盐视为珍宝,家庭中要是有人打翻了盐,就会受到斥责;发生争吵时,只有将打翻的盐撒在头上才能解除争端和不幸。民间还有俗语,"盐罐打翻,引起争端",这些历史传统一直延续到今天。中国有着漫长的海岸线,海水晒一晒,就变成了食盐,可以说,很少发生盐荒。①

总之,文化差异客观存在,但文化的某些共性是不同民族交流沟通的基础。理解和尊重文化的多元性和文化视角的多样性是跨文化交际的基本条件。② 承认并尊重差异是保证人与人、文化与文化之间良性交往的必要条件。

翻译是实现世界文化交流的重要途径,译者应该突破自我民族中心意识,广泛了解、有选择地吸收外来文化,包括先进的思想,也包括优秀的语言表达方式。翻译应该顺应时代的发展,根据人们接受程度、人们精神需求,与时同步,永远无愧于历史赋予的伟大使命。③ 事实上,人类文化的普遍性与差异性并非两个对立的静态概念。从历史发展的角度来看,各种文化的差异性总是通过不断的交流渗透而逐渐向着普遍性转化。在保持文化差异性的基础上追求开放共生的普遍性应该作为当今全世界文化交流的主流趋势。

综上所述,从文化学角度追溯误译的原因可见,文化价值观的差异是译者理解偏差的思维根源,文化预设的空缺和冲突是误译的文本因素,而不同文化的异质性是误译出现的客观基础。因此"对于真正成功的翻译来

---

① 陆永昌.俄汉文学翻译概论[M].上海:上海外语教育出版社,2007:213.
② 尚晓明,张春隆.语用文体文化[M].哈尔滨:黑龙江人民出版社,2002:260-270.
③ 陆永昌.翻译与时代[N].中华读书报,2003-10-15.

讲,双文化能力比双语能力更为重要"①。

第六节　误译发生的社会学诱因

翻译不是中性的、远离政治及意识形态斗争和利益冲突的行为。② 翻译事业具有深刻的社会属性,误译作为翻译的存在形式之一,必然也与社会学有着密切的联系。本节分析翻译活动出现谬误的社会学属性的因素,也许能给误译研究带来新的启示。

一、翻译的社会属性

社会学是一门系统而客观地研究人类社会与社会互动的学科,它是从社会整体出发,通过社会关系和社会行为来研究社会的结构、功能、发生和发展规律的综合性学科。它有三个主要的理论分析视角,即功能主义、互动论和冲突论。翻译具有深刻的社会属性,翻译学也与社会学有着千丝万缕的联系。

(一)语言的社会性

翻译是一种语言的活动,但是语言本身还是一种社会事实,语言行为在人类社会中的功用便是满足个人与个人、个人与社会、社会与社会之间交流的需要。翻译活动作为一种语用模式和社会生活中语言行为的重要组成部分,其重要目的是要服务于社会,它无法也不可能独立于社会,因此翻译的语言学研究也不能忽略其社会性的一面。当今法国译坛也把从社会语言学角度出发进行翻译探讨作为一条重要的研究途径,借鉴社会语言学理论来观照翻译研究,有助于揭示出以往被忽视的翻译活动的社会层面。

(二)翻译的社会性

如果跳出语言圈的局限,站在社会的大环境看翻译,可以发现,翻译活动存在的根源在于它的社会属性。由于人类建立了特定结构的社会关系,语言有了社会分类,言语交流中自然会产生理解断层的问题,此时,翻译便成为交流的媒介,这是翻译活动存在的社会必要性。同样的道理,翻译可

---

① Nida E A. Language, Culture, and Translating[M]. Shanghai: Shanghai Foreign Language Education Press,1993:110.

② 贾焕杰.阐释学关照下的复译和误译[J].前沿,2010(6):156.

以进行的基础也是取决于人们建构社会关系、进行人际交流的能力。

对翻译创作而言,其社会价值的体现同样经历了生产、流通(传播)、消费(应用)这些社会化的过程。① 具体而言,翻译创作在一定的物质基础上进行,如译者需要笔墨纸砚,译者需要劳动报酬等。翻译作品的生产过程会引发一系列的社会关系,如版权关系、各方主体间的关系等。翻译传播是沟通翻译创作和翻译应用的中间环节,要借助于出版社、图书馆、书店、报纸杂志、广播电视等社会设施。翻译消费也直接关系到翻译社会功能的发挥,体现翻译活动的社会价值。因此翻译生产必须考虑到读者的要求和社会的需求。

随着翻译事业的迅速发展,其产业化操作也逐渐明朗,其社会影响也迅速扩大。社会的发展引起翻译作品题材、内容、体裁、形式等的变迁,促使翻译行为方式不断发展,同时对翻译行为的功能效应也提出更高的要求。

(三)社会研究应包含翻译研究

法国翻译理论家让·皮特斯合指出,作为一种人类特有的现象,翻译活动理应被包括在对于社会运行的整体研究之中。根据法国社会学家让·加涅班的社会学探索,人类的特性是具有四个相互区分而又平行共进的功能:通过言语表达意义;使用工具改造世界;建构社会关系;确定行为规范。② 我们可以将这种功能划分应用于翻译活动,翻译行为也包括根据社会需求的原作选择、翻译技术操作、译作的社会运作和翻译行业的规范运作四个层面。

翻译是一个时代的真实缩影,它如同明镜,能真实、生动地反映社会生活各个方面。通过阅读翻译作品,我们可见各国、各民族的历史命运,可了解异域丰富复杂的社会生活和不同国家人民的多样人生,与之对比,我们能更清楚地认识自己所处社会的特点。可见,翻译不仅是纯粹的语言转换活动、文化交流活动,它更是一种社会活动,是一种有明确目的的社会行为。

二、误译的社会学因素

社会是一个大生态环境,翻译身处其中,也有自己的环境和生态。翻译环境中的社会、政治、文化、经济各有千秋。翻译生态中,著(原作)、(翻)

---

① 俞佳乐.翻译的文艺社会学观[J].外语与外语教学,2004(5):46.
② 转引自俞佳乐.翻译的社会性研究[M].上海:上海译文出版社,2006:5.

译、经(营)、管(理)、(出版)商,各色人等,各显神通。① 如果所有主体都能和谐共生,翻译就能成功,译作也会是符合社会需求的产品;如果生态系统的某个环节与其他部分出现矛盾,则会出现误译,翻译行为失败。所以社会学的多方面因素对翻译活动产生的影响都可能导致误译。

(一)原作语言的社会因素可能导致误译

在《翻译的社会语言学基础》一书中,莫里斯·贝尔尼埃揭示了语言对翻译产生阻碍的根源在于社会所制定的语言特性。多种多样的语言是在不同社会文化的滋养之下产生的,因此它们无时无刻不在反映着各自代表的社会与文化。社会文化的多样性造成了语言的差异,使语言之间产生隔阂。② 例如社会性的"语言变体"、人物个性的"语言变体",都与社会因素有密切联系,这些语言隔阂都可能成为误译的诱因。

1. 社会性的"语言变体"

导致语言差别的社会因素主要有年龄、性别、教育水平、职业、社会阶层或地位及宗教信仰。人们在这些方面如果有一个或多个因素彼此类同,那么说起话来也会彼此类同。一方面是,"物以类聚、人以群分"。当人们处于这种关系之中,而要进行语言交际的时候,就会无意识地相互靠拢,把各自语言间的距离缩得越来越短。另一方面,特定的语言表达形式会逐渐变成不同阶层的标志之一。为了保持这种标志,同一语言圈的人又会刻意使用本阶层的语言表达法,更强化了这些语言变体。我们将这类语言形式称为"社会方言"。

此外,某一特定地域又会形成自己的"地域方言",特定的职业圈会有自己的"职业方言"……所有这些社会因素都会影响到语言内部的类同与差异,成为翻译的难点。

上面所讨论的不同社会团体的语言差异是社会性"语言变体",变体的类型与该行为者永久性的特点有关。方言是与行为者在地理、时间或社会范围中的出处或所属有关的语言变体。③ 这些言语变体是体现原作人物角色特点的需要乃至作家作品风格的需要,但是对译者而言却是翻译的难点和误译的高发区。

2. 人物个性的"语言变体"

个人习语是与行为者的个性有关的"语言变体",它与人物的年龄、性

---

① 方梦之.论翻译生态环境[J].上海翻译,2011(1):4.
② 俞佳乐.翻译的社会语言学观[J].中国翻译,2000(6):41.
③ 卡特福德.翻译的语言学理论[M].穆雷,译.北京:旅游教育出版社,1991:99.

别、社会地位、家庭环境等有千丝万缕的联系。

各种文化差异和性别差异等方面的困扰其实是都有深刻的社会根源,与社会大环境紧密联系。译者要想真正理解原文,必须透彻了解作品的社会背景,还要有多方面的调查研究,否则出现误译也不稀奇。

(二)译者的社会性可能导致误译

一定的自然环境(其地理、气候、物产等)会造就这一区域特定的地域文化和与地域特点相联系的心理结构和审美价值观。译者作为翻译的核心主体,其主体素质也包含社会性。

1. 译者的认识能力受制于社会历史条件

译者的语言能力和知识储备形成于一定的社会历史条件,一定社会历史条件又会制约译者的生活阅历。此外,译者的情感体验能力、艺术直觉能力和艺术表现能力等艺术修养形成于社会实践中。身处一定的社会文化背景中的译者对文本的认识必然会受当时的历史条件、科学技术发展水平、客观事物发展程度的制约。因此,一定的历史条件下认识主体的认识能力有限,一定的历史时期译者的社会实践水平也有限。①

2. "前理解"决定译者阅读的主观性

每个译者在解读原作时都带有一定的个性色彩,即所谓的"前理解"。由于译者的"前理解"受到自身所处社会历史、文化背景的影响,还受自身语言文化能力、实践经验等因素制约,每个译者对文本内容的理解方式会有不同。译者对原著人物所持有的情感也会影响其文本解读。正如阐释学代表人物伽达默尔认为,所有人类的理解都受到历史的影响,所有的理解都涉及某种"偏见";偏见还是一种"前见",一种我们借以认识和理解世界的预先存在的框架。② 既然是主观的、历史的,就不可能是绝对正确的,也就会出现"一千个读者,一千个哈姆雷特"的现象。③

(三)社会环境可能导致误译

精神文化的生产方式与同时代的生产发展密切相关,翻译实践也受社会大环境的制约,翻译过程有可能经过经济选择、政治选择、宗教选择和伦理选择等的重重过滤,翻译的结果要通过出版、演出、播出等社会环节,才能使翻译作品的社会价值得到实现。每一个细微的因素都可能影响整个翻译过程,也可能导致翻译结果偏离原语。

---

① 黄天源. 误译存在的合理性与翻译质量评价[J]. 中国翻译,2006(4):17-22.
② 伽达默尔. 诠释学Ⅱ:真理与方法[M]. 洪汉鼎,译. 北京:商务印书馆,2007:402.
③ 陈秀. 论译者介入[J]. 中国翻译,2002(1):18-21.

1. 时代影响翻译方法

翻译方法随时代的发展而变化,多年前,在我们初识外国时将 America 翻译成"美国",将 England 翻译成"英国"。今天,我们不会再把国名 Madagascar(马达加斯加)、Mauritania(毛里塔尼亚)分别简化成"马国""毛国"。再长的国名、地名,我们一般都会用音译的方法全部翻译出来,如我们把阿根廷的 Buenosaires 译成"布宜诺斯艾利斯"等。① 这说明,随着社会的发展、人类科技进步、地球村的日益形成,译者翻译观也在进步,创作手段不断进步,译者的创作经验、形象思维和艺术构思的能力,也得到了发展。

翻译与时代紧密关联,译者的翻译能力随着时代的发展而不断进步,误译的判断标准也在动态发展,早年的"美国""英国"的音译法(取原语的一个音节+类属名词)在现在可能被视为误译,所以把翻译看成一成不变的静止过程,是不恰当的。

2. 意识形态制约翻译选择

翻译活动与其所处的社会环境、所处社会的意识形态和权力关系密切相连,翻译与原语和译语社会的意识形态、权力关系有千丝万缕的联系:译文的语言表达通过加强或削弱原文所表达的意识形态倾向,会对目的语社会带来一定影响,而译语社会中的权力阶层也"通过译文中信息的再分配突出或消减某种权力关系,来影响人们的思想意识,维护自身利益和现存的社会结构"②。

关于意识形态影响翻译有诸多的论述。勒菲弗尔认为,翻译并非在两种语言的真空中进行,它受到意识形态的影响。任何阶级都不希望引进与本土的意识形态有冲突的异域文化,古今中外概莫能外。在两种文化的冲突中,为了达到交流的目的,肯定要有一种文化屈服,使译文有意识地背叛原文。

米兰·昆德拉的代表作《不能承受的生命之轻》于 1987 年由作家韩少功和韩刚根据英文版本合译为《生命中不能承受之轻》。就此部作品的翻译,韩少功坦言:"有些错则是 80 年代政治气氛使然,有成段删掉的,也有些敏感的词语被换掉或拿掉。那时候捷克还是共产党的国家,还有个中国与捷克的外交关系的问题。出版社请示过外交部门,不能不这样……"③

---

① 陆永昌. 翻译与时代[N]. 中华读书报,2003-10-15.
② 王惠,雷艳妮. 翻译风险识别[J]. 中国翻译,2012(2):75.
③ 许钧,韩少功. 关于《生命中不能承受之轻》:新老版本译者之间的对话[J]. 译林,2003(3):202-206.

此部作品在 2000 年又经许钧教授根据法文版重译。与 20 世纪 80 年代相比较,许钧明确表示:"好在随着我国改革开放事业的不断深化,翻译的大环境变得越来越宽松,当初有的删节今天看来完全没有必要。"①从两部译作翻译的完整性可见政治意识对译者翻译策略的影响。从权力话语的角度来看,翻译是一种双重权话语制约下的再创造活动。对于同一现象在不同政治语境制约下会有不同的说法。

可见,译者作为两种语言、两种文化的中介,他的立场很难绝对中立,因为意识形态影响着他的文化、政治、宗教、道德等取向,并最终体现在翻译策略的选择上。从意识形态的角度追溯误译原因,让我们在更大的时代与文化背景下、更大的语用环境里探索误译的本质,更能透彻观察语言和翻译的社会属性。

三、翻译悖论与误译

关于翻译质量问题的讨论伴随翻译研究的始终,但是我们在诟病译者水平低、职业道德差、译作质量低的同时,应该从社会学的视角重视翻译行业中存在的多种悖论。诸如:翻译活动难,翻译报酬低;翻译很重要,译者地位低;从业人数多,翻译质量差;翻译批评多,翻译赞扬少……种种悖论说明行业发展的不健全,同时也提醒我们,翻译批评不能"只见树木不见森林",误译研究不能忽视对译者的人文关怀。

(一)翻译过程难,翻译报酬低

翻译活动不仅仅是语言形式的简单转换,它强调的是语言的创造功能,讲究译文的艺术效果,是一门需要投入心智和情感的艺术创作,也是一种创造力得到充分体现的艺术实践。中国的知名翻译家们论及"翻译之难"时有如下体会:

萧乾说过"翻译好像走钢丝,实在艰难,如果流畅了,就和原文走了样;有时忠实却不流畅"。鲁迅先生在翻译《死魂灵》时就苦于"名目"繁多,"字典不离手,冷汗不离身",只好"硬着头皮译下去"。

我国当代文学泰斗钱锺书的一段话在一定意义上解释了误译出现的可能性。他认为:

> 一国文字和另一国文字之间必然有距离,译者的理解和文风跟原

---

① 许钧,韩少功.关于《生命中不能承受之轻》:新老版本译者之间的对话[J].译林,2003(3):202-206.

作品的内容和形式之间也不会没有距离,而且译者的体会和他自己的表达能力之间还时常有距离。从一种文字出发,积寸累尺地渡越过那许多距离,安稳地到达另一种文字里,这是很艰辛的历程,"一路上颠顿风尘,遭遇风险,不免有所遗失或受些损伤。"因此,译文总有失真和走样的地方,在意义或口吻上违背或不尽贴合原文。①

余光中曾做过形象的比喻:

> 如果说,原作者是神灵,则译者就是巫师,任务是把神的话传给人。翻译的妙旨,就在这里:那句话虽然是神谕,要传给凡人时,多多少少,毕竟还要用人的方式委婉点出,否则那神谕仍留在云里雾里,高不可攀。译者介于神人之间,既要通天意,又得说人话,真是"左右为巫难"。②

翻译大师们尚且如此,更何况诸多普通译者所经历的"译难"。然而,历经苦难却换不来几个铜板。目前国内译界的现实是:信息膨胀导致译者工作量巨大,但译者的劳动报酬却并没有改善多少,甚至可以说繁重的智力、体力劳动仅换得廉价的报酬。以哈尔滨为例,目前俄汉翻译的市场价千字的报酬为50~150元,汉俄翻译每千字价格为80~200元。报酬与付出的严重失调导致双语能力好、工作经验丰富的人不愿意从事笔译工作,许多翻译公司不得不花更低的钱临时雇用在校大学生,几个或多个人分工合作,译作的术语不统一、风格不统一,质量得不到保证,误译随处可见。

国内一位著名翻译家在一次座谈会上做过简单的比较:在新中国成立初期翻译一部小说得的报酬可以在北京好的地段买一个四合院,而现在他翻译一部小说大约要花一年的时间,得到的报酬大约1万元。这1万元还不够买北京五环以外的一平方米的房子。

"翻译过程难,翻译报酬低"的悖论导致优秀的外语人才不愿从事翻译,用人单位也感叹缺少好的翻译人才。

(二)翻译很重要,译者地位低

在翻译事业蓬勃发展的今天,翻译实践早就成为译者的社会职业活动,其社会目的旨在文化交流。译者首先是人,他作为社会的个体而存在,

---

① 钱锺书.林纾的翻译[J].中国翻译,1985(11):2-3.
② 余光中.余光中谈翻译[M].北京:中国对外翻译出版公司,2002:55.

具有通过自己所从事的职业获得合理的物质报偿和人文尊重的需求。[①] 社会学理论说明,翻译工作者的社会地位、经济条件和生活状况影响翻译家群体的价值观念和他们进行的翻译活动,而这些又都受社会政治经济状况的制约。

马斯洛关于个体需要的理论说明,译者从事翻译事业,具有特定的行为动机和职业要求,翻译工作者也有不同的等级和群体。社会发展进步促使国际交流日益深广,文化"走出去"和文化引进来都要求译者承担起更加重大的社会责任。

翻译职业的回报有限,其根源还是在于长期以来社会对于翻译活动的轻视,世俗的偏见将翻译视为一件极其容易的事。1998年,韦努蒂出版了《翻译的窘境——差异的伦理学》一书,在译学界、文学界甚至整个人文学术领域都引起了巨大的反响。在该书中,韦努蒂从自身体会出发,试图从哲学的高度去探讨一个悖论:翻译这种需要译者付出艰苦劳动,对人类文明进步具有举足轻重意义的工作,却为何一直处于社会边缘的地位?

韦努蒂认为,翻译作为一种书写形式受尽了耻辱:版权法限制它,学术界轻视它,出版商和公司、政府、宗教组织剥削它。至于原因,韦努蒂给出了两个答案:第一,翻译界内部认识的不一致(翻译概念的错位)造成的自我边缘化;第二,译界以外各学科和社会力量对翻译的挤压,造成了译者的无名地位。现行版权法鼓励原创,轻视译者的创造性劳动,对翻译窘境的形成起到了推波助澜的作用,也造成原作者和出版商对译者的经济剥削。[②]

翻译职业的尴尬,译者生存的窘迫,大部分原因来自人们对于翻译职业的无知与忽视,人们通常认为会外语的人就会翻译;翻译不过是照着字典的文字搬迁。加拿大蒙特利尔市长曾说过,"认为懂外语就能翻译的想法与认为有手就能弹钢琴的想法一样可笑"。这可以作为对翻译无知者的最好回答。

(三)翻译批评多,翻译赞扬少

在呼吁提高译者社会地位和职业尊重的同时,我们也不得不面对翻译工作者的队伍建设问题。目前有些译者的专业素养低下,译本质量平庸也是值得关注的问题。译者的个人素质直接影响着翻译职业的声誉,导致翻

---

① 俞佳乐.翻译的社会性研究[M].上海:上海译文出版社,2006:15.
② 邓红风,王莉莉.翻译的窘境还是文化的窘境——评韦努蒂《翻译的窘境》[J].中国翻译,2003(4):38-39.

译批评界对译品、译作质量的批评不绝于耳,更加打击译者从业的积极性。

而翻译批评界又存在简单化的翻译批评,扬"恶"隐"善",对译者的劳动很不尊重。香港著名翻译家金圣华女士在新著《译道行》中写道:"坊间看到的译评多数是扬'恶'隐'善'的;译者犯的错误,给一一挑出来严加批评(而多数的译作,实在也不太争气);译者的成就却反而轻轻带过,不予重视。"①

一般说来,扬"恶"隐"善"的翻译批评,来自批评者错误的翻译观念。不少人(尤其没有翻译经验的人)认为翻译是不同语言的对等转换,可以尽善尽美,不应有偏差和背离,或者认为翻译是轻而易举的事情,出现误译实在不应该。

我们认为,除了粗制滥造的译作外,评价一部译作的质量,应该先看他的整体翻译水平,看译者是否把握了原作的思想内容和艺术风格,看译作是否传递了原作的语用价值。再进一步,要看译者对原作难点的理解和表达,看译者的语言是否富有创造性和可读性。一部译作,如果整体不错,仅是存在个别的误译,仍不失为一部好译作。

总之,长期以来普通大众对翻译活动的轻视不解使译者有苦难言,翻译评论的苛求又使译者无所适从。译者的劳动成果被怀疑,翻译职业也由于被看作具有模仿性、缺乏原创性的工作而受到轻视,对译者主体和翻译职业的研究在这种情况下自然得不到重视。译者的窘境在此,译者的伟大也在于此,译事之难,译者自知,然而只有愈来愈多的勇者敢于在坎坷译道中迎难而上,翻译职业才能赢得普遍的尊重与合理的地位。

综上所述,从社会学角度追溯误译的原因可见,误译并不仅仅是译者语言能力的不足,导致误译还有一系列社会学因素,这些因素在某种程度上说明误译的不可避免性。只要不同文化、不同国家、不同政权、不同意识形态存在,必然会有无意的误读和误译,以及有意的误读和变译。

本章小结

翻译错误是一个动态复杂的过程,其原因涉及自然世界、社会世界、心理世界、精神世界等诸多领域,每一条语料的错误都具有个性,要从个性中总结出共性的致误规律。抽象、复杂规律的科学论证需要多学科的理论支

---

① 金圣华.译道行[M].武汉:湖北教育出版社,2002:7.

撑,这里既有语言文化差异造成的误译,也有认知思维的民族差异导致的误译,同时,社会文化环境、主流意识形态也会间接作用于误译。我们分别从哲学、语言学、认知科学、信息学、文化学和社会学六个角度追溯误译产生的原因。

从哲学层面上讲,语言间的矛盾是误译之源,这是语言的复杂性和差异性决定的。文化间的矛盾是误译之根,原因在于不同民族文化的多样性和非对应性。主体间的矛盾是误译之本,因为译者与文本存在主体间性,作者、译者和读者也存在主体间性,转译时也存在不同译者的主体间性。而导致误译的直接因素是译者这个核心主体,因为译作质量的高低受译者翻译能力的限制,译者对原作的理解必然伴随一定程度的主观性。

从语言学角度分析误译存在的原因,要从俄汉双语语形的差异性、语义的模糊性、语用的复杂性三个角度入手。语形的差异分为语言外在形式的差异和语言的内部机制不同。语义的模糊性表现为词义的模糊性、词义的多重性、俄汉词义的非完全对应性。词义模糊、句意模糊、篇章的模糊性都会成为翻译的障碍。语用的复杂性表现在地域方言的复杂性、社会方言的复杂性、语体和语域的复杂性,以及修辞的复杂性。

从认知角度追溯误译的原因需要从心理、思维和认知三方面寻找理据,我们结合翻译过程理解、转化、表达的三环节来分析。从认知科学角度分析原语理解错误,我们按照理解的单位(词、句子、篇章)结合心理学、认知科学的相关理论来分析,如单词识别、心理词汇提取、范畴理论、框架理论、图示理论等。语际转化错误主要发生在大脑这个"黑匣子"中,要从思维学上找原因:不同民族思维模式的差异、译者的"前理解"及主观性对语际转化的影响。在译语表达环节,我们从言语计划和言语表达两个阶段分析误译产生的心理认知理据。

翻译的对象是语言,就其内容而言,是包括语义内容与文体风格在内的信息系统。从信息论角度谈误译是信息不守恒律导致。语际信息传递是不守恒的,因为原语理解是信息传递的一次损耗,译语转化是信息传递的二次损耗,读者的理解则是信息传递的三次损耗。

语言承载的是文化信息,翻译转换的是语言承载的文化信息,文化误译出现的根本原因还在于不同民族文化价值观的差异、文化预设的空缺和错位以及文化的异质性。文化价值观决定译者的"前理解"并制约译者的翻译能力,文化预设的空缺和冲突导致误解和误译,东西方文化的异质性具体体现在物质文化、行为文化、意识文化上,这三方面都为翻译设置了障碍。

翻译不是中性的、远离政治及意识形态斗争和利益冲突的行为,翻译具有深刻的社会属性,误译也与社会学有着密切的联系。原作语言的社会因素可能导致误译,译者的社会性可能导致误译,社会环境也可能是误译的诱因。

第四章　消误机制

翻译行为宏观上可分为译前、译中、译后三个阶段,即译前材料准备、翻译资源准备、术语准备、技术准备等;译中具体操作,包括原语理解、思维转化、译语表达三个环节;译后为翻译转化完成,已成的译语产品进入修改、审校、出版/交付流程,译作开始实现其社会/经济价值,接受评论家、读者、用户的评价,是价值评判阶段。结合翻译行为的三个阶段阐述消误机制更具有针对性、普适性和可操作性。

第一节　译前避误机制

译前,即翻译之前,是翻译活动开始前的时间概念。译前避误机制即在翻译活动开始之前,从外部环境到人才培养等方面采取的一系列措施,为翻译活动做的所有准备,目的是将误译发生的可能性降至最低。提高翻译质量是一个系统工程,没有立竿见影的神丹妙药,宏观上需要整个社会的关注和具体职能部门的立法管理,微观上依赖译者在具体翻译活动开始之前的长期积累和准备。

一、行业顶层设计优化机制

作为语言服务行业的核心组成,翻译服务行业发展迅猛,这与时代的高速发展紧密相关。然而,顶层规划与发展现状不匹配、不平衡的矛盾也日益凸显。一方面,全球化进程促进翻译业务倍增;另一方面,翻译质量却良莠不齐,特别是误译、劣译现象层出不穷。由此出现越来越多的声音,呼吁加强翻译行业的顶层设计,运用系统论的方法,从全局角度出发,全方位协调翻译行业内部组成要素之间的关系,从而促进行业健康可持续的发展。

(一)以国家语言战略为主线

当下,语言能力成为各国融入世界、影响世界的重要软实力。作为塑造国家形象、提升国家传播能力的重要工具,中国语言服务行业站在新的起点上。其中,翻译服务在竞争国际话语权、宣传本国理念等方面至关重要。黄友义表示,翻译学科要想发展壮大有所作为,必须与国家的战略需求紧密结合。对外翻译中国,为"一带一路"倡议服务,为传播中国理念、中国文化服务,为增强中国软实力服务,为中国国际话语体系构建服务。① 可见,新形势下,翻译服务上升至国家战略是应有之义,更是时代发展所需。

2021年5月31日,习近平总书记在中共中央政治局第三十次集体学习时强调,要下大气力加强国际传播能力建设,形成同我国综合国力和国际地位相匹配的国际话语权,为我国改革发展稳定营造有利外部舆论环境,为推动构建人类命运共同体作出积极贡献。这一重要论述,为我国新时代翻译事业发展提供了根本遵循。当下,各国文化软实力和国际话语权竞争日益激烈,翻译质量将直接影响国际传播的效果。基于翻译质量的翻译能力是国际竞争中的重要筹码,为翻译服务行业的高质量发展提供基本保障。立足国家语言战略,统筹推进翻译服务行业的顶层设计,既是对整个行业的宏观调控和指导,又是对翻译能力的重视和翻译质量的观照,进而促进形成行业发展的新格局,反向增强中华文化的对外译介。

(二)以翻译人才培养为关键

翻译服务行业的发展和繁荣离不开人才队伍的支撑。实战经验丰富、理论素养厚实的译才队伍是增强国家翻译能力、构建中国话语和叙事体系的基础支撑。译才队伍发挥着连接世界的桥梁作用,沟通顺畅与否与翻译质量紧密相关,而翻译质量又是译员能力的直接体现。因此,必须要有顶层规划的观照和支持,才能搭建满足新时代需求、符合社会新要求的翻译人才队伍。

总的来看,目前学习翻译的人并不少,但能胜任翻译工作的人却少之又少。因此,需要整合各方资源,打通翻译人才从培养、选拔到入岗的全链条,营造良好的翻译生态格局。对此,可建立翻译人才"基层队伍",通过设立翻译研究院(所)、翻译培养基地、翻译研修学院等平台,面向广大年轻译员,对他们传授翻译经验、翻译知识,以加速译员快速成长,从而形成规模适宜、素质过硬的基层译才队伍,为国家储备后援力量,加强翻译队伍的板凳深度。同时,还要建立一支翻译"国家队",目的是把翻译工作和翻译人

---

① 黄友义.把握翻译新趋势抓住翻译新机遇[J].当代外语研究,2018(5):88-89.

才培养定位为长期的、系统的、战略性工作。此外,还可聚合国内外翻译力量,建立国家间、地区间的定期交流机制,加强深化中外翻译队伍的沟通交流,深化彼此在翻译实践中的心得、经验与体会的交流,互换翻译经验,提升翻译能力。通过多轨并行,建立起语种丰富、梯次分明的翻译人才队伍,既有普遍适用的基层队伍,还有能够胜任重大翻译任务的高端翻译人才队伍。如此一来,无论是中译外,还是外译中,无论是向国内译介世界,还是对世界翻译中国,我们的翻译人才队伍都可应付自如。

(三)以翻译技术为驱动

近年来,翻译技术迅猛发展,人工智能、大数据、云计算等技术为翻译行业发展提供新的动力。目前,随着新技术的推广应用,翻译实践中人机互助的合作模式越来越普遍。各种各样的翻译平台和翻译服务技术工具,如机器翻译、语音识别、术语记忆库等不断推陈出新,涌入翻译工作和研究中。可见,谈及翻译行业的顶层设计时,已经绕不开对翻译技术的探讨。

翻译服务正经历着从传统模式向现代模式的转型。尤其是全球化、信息化时代下,以人工智能为代表的翻译技术构成了行业发展的新图景。翻译技术显著地提升了翻译效率,在部分领域的翻译质量也受到各界认可,极大地推动了翻译服务的发展。受环境影响,一些以新技术为支持的翻译方式更是成为常态,如远程翻译、线上同(交)传等,这加速形成了翻译服务的新业态。因此,行业顶层规划时,必须要密切关注翻译技术的发展趋势,大力促进新技术在翻译领域的融合应用,进一步加强翻译术语库、多语种语料库的建设。同时,要善于并合理地运用技术手段,优化翻译服务流程、强化翻译过程管理,旨在在翻译技术平台建设方面实现新的突破。同时,还要不断地开展技术创新,探索"互联网+翻译"新模式,推动翻译服务行业向数字化、智能化的更高水平迈进。

(四)以翻译研究为依托

翻译理论和翻译实践的归纳总结是行业顶层设计的重要依据。毫不夸张地说,翻译研究是顶层设计的底层逻辑和有力支撑。离开翻译研究的顶层设计则言之无物,甚至是言之无理。

翻译研究是翻译行业繁荣发展的根本保证。相关部委、社科机构、翻译协会及各大高校应大力支持翻译研究,广泛团结和凝聚翻译界力量。健全翻译科研活动的"研究链",从翻译实践活动管理、翻译资源统筹、翻译质量检查评估机制、翻译发布机制,再到翻译学科建设。翻译研究要紧紧围绕翻译事业的发展现状和趋势,深入开展翻译基础理论和翻译理论基础的研究,牢牢把握翻译研究的正确方向,从而增强翻译研究的整体性、协同性、规范性和科学性。另外,还要加强与国际科研组织的互动与合作,搭建国际化翻译研究交流平台。通过翻译研究带动顶层设计,实现顶层设计的优化与完善,达到翻译质量与国际影响力双提升。

"顶层设计"高瞻远瞩,是对整个行业的全局观照,关涉行业内的各组成要素。因此,需要有翻译市场、译才培养体系等具体措施与之配套,顶层设计结合底层实践,经过"自上而下""自下而上"的相互推动,才能形成科学规范的行业体系,让翻译服务在跨语言、跨文化中发挥最大功效。

二、翻译市场管理规范机制

翻译市场是翻译活动进行的宏观社会环境,翻译活动是在其框架内的活动,我们将之放在译前避误部分目的在于突出以下两点:第一,翻译市场管理规范了,每一个具体的翻译活动也会自觉遵守相应规则,产出相对合格的翻译产品。第二,加强翻译市场的管理是保证翻译产品质量的必要条件。但是目前的翻译市场缺乏规范,更缺乏有效的管理,无法给翻译活动提供良好的环境,我们认为有必要采取一系列措施加以改变。

(一)立法与制度规范化

市场的规范依赖制度的保障。鉴于翻译市场的混乱状况,中国翻译服务行业在中国翻译协会翻译服务委员会推动下制定了《翻译服务规范第1部分:笔译服务要求》,并于2003年11月27日获国家标准化管理委员会批准发布,成为我国历史上第一次对翻译行业制定的国家标准,是服务行业的推荐性国标。该标准是根据翻译服务工作的具体特点,以2000版GB/T 19000/ISO 9000质量标准体系为指引,参考德国DIN2345标准制定,以规范翻译行业行为,提高翻译服务质量,更好地为客户服务。

2005年,国家技术质量监督检验检疫总局和国家标准化管理委员会又共同发布《翻译服务译文质量要求》,这就形成了我国第二部翻译服务国家标准。同时,为了翻译界的有序竞争,中国译协翻译服务委员会倡导并制定了《翻译服务行业职业道德规范》和《翻译服务行业诚信经营公约》,为翻译服务提供方的职业道德和竞争提供了约束机制。《翻译服务规范第2部分:口译服务要求》也已经于2006年9月4日发布,2006年12月1日正式发行,这是我国翻译服务的第三部国标。这些国标和行业规约的发布和实施,是提高翻译质量的重要举措,将有力规范我国的翻译服务行为,是翻译事业发展的重要里程碑。

但是随着翻译市场的发展,还会出现不同的问题,这就需要与时俱进,不断制定新的或修订已有的相关制度法规,以保证翻译服务的质量。

(二)监管系统化

《翻译服务规范》和《翻译服务译文质量要求》的制定为我国翻译产业规范服务和确保服务质量提出了具体的操作规范,是避免误译的制度保障,但是我国还缺乏专门的翻译监管机构,还缺乏相关的立法来进一步净化翻译服务市场。

1.成立专门的监管机构

据了解,中国目前没有专门的翻译质量监管机构,译作出版前会受到有关部门的审查,他们重点关注的是译作的意识形态是否符合主流社会的需求,但是对于译作具体的翻译质量并不关注,认为那是出版社编辑的职责。但是编辑的外语水平能否达到为译者校对的程度则很难说,于是很多出版社借口"文责自负",把责任推给翻译机构或具体的译员,放弃对译文质量的审核与把关。结果就出现诸如"常凯申"这样的低级错误。由此看,"文责"很难"自负",需要专门的监管机构的参与。

此外,社会上还存在很多中小翻译服务企业,它们为市场提供的翻译服务质量却没有专门的监管机构,文化局、质量监督局对此似乎都没有相关的管理。而恰恰是这些市场经济催生的小实体成为生产"误译"的主要部门,因此有必要成立专门的监管部门或者明确相关部门(避免行政机构的过度臃肿),比如由文化局或者质量监督局的某个科室负责,规定这类服务企业的市场准入条件,对其提供的服务质量进行监管等。

2.制定翻译服务企业质量评估体系

所幸的是,国家已经正式颁布和实施了翻译服务的国家标准和翻译人员的职业道德准则,这为今后的翻译提供了可信赖的行为准则。但是围绕这些制度建立一套科学的翻译服务企业质量评估体系更有利于制度的实施。翻译服务企业的质量评估应涉及这样一些内容:人力资源管理,译员、译审和译评人员的职业能力,职业发展规划,质量管理,客户管理,翻译服务程序以及增值服务管理等。

评估系统可以根据公司的译员组成结构、翻译项目管理流程、质量自检措施、出现翻译质量投诉的次数等方面确定企业的服务级别,以此作为评选优秀企业的标准;质量及服务投诉次数超出行业的平均水平过高,应考虑对该企业采取一定的处罚措施;逐步建立健全各个行业的翻译质量标准;督促翻译服务机构提高翻译项目管理;倡议翻译质量审校服务;等等。

在这种宏观和微观规范体系指引下,对译员的选择以其实际翻译能力和考核评估结果为安排任务的先决条件,对翻译过程执行严格的流程管理,按照翻译质量控制流程要求完成翻译、检查、校对、审核,使翻译活动走向规范、科学,翻译质量也会因此逐步得到提高,这也是世界经济和谐发展的需求。

3. 整治翻译出版的"发包"行为

所谓"发包"就是出版社把丛书选题包给某个公司、工作室或中介人,再由后者分头找人翻译,最后用统一的译者署名。① 翻译出版搞"发包",目的是帮助出版社加快出书抢占市场,为了个人或小集团利益,"漠视严格审校制度,违背翻译伦理,就破坏了翻译生态环境的整体要求"②,导致翻译质量处于失控状态,会成为掩护抄袭者的外衣,"是人为地破坏翻译生态场的序列和翻译环境的秩序"。③

正常的出版流程规定出版社对翻译选题和质量审核把关,通过与每本书的译者的沟通与监管把控译作质量。可是"发包"式翻译,只认充当"二传手"的"发包人",出版社连每本书的具体译者是谁都搞不清,更谈不上什么审核与监督,而"发包人"很可能连外语都不懂,自然也无能力把控质量,其目的就是按时"交货",这种方式出版的"译作"很难避免类似"常凯申"的误译。所以国家新闻出版总署应该采取措施,杜绝翻译出版的"发包"行为,一经发现,应给予出版社严重处罚。

整治翻译"发包"行为可以采取"译者资质公示"及"译者实名备案",将译者的真实身份及翻译经历向出版社实名备案,并尽可能在图书上显示。将翻译图书的责编或特约编辑实名上书,供读者监督。如要出版节译本,除必须获得合法授权之外,还必须标示据以节译的原文版本;出版没有版权保护的翻译书,也必须标明据以翻译的原文版本。④

(三)译员资格认证制度化

医生、律师等专业人员,都要考核后持证才能上岗,而对于翻译,除个别地区外,全国还未建立统一的资格认证和注册制度,承担翻译任务的人员随意性很大。例如,时下有许多翻译公司、翻译社、翻译中心等,都声称自己可以提供几乎包罗万象的翻译服务,可是一旦接下任务,却层层转包,东拉西凑。在大城市,还有些掮客打着承接大型会议口译或同声翻译的牌子,漫天宰人,又完成不了任务。就译者主体来讲,既有翻译基本功不过硬,驾驭文字的能力下降这种专业方面的原因,还有利欲熏心,译德缺失,粗制滥造,甚至抄袭、剽窃等思想品德方面的原因。所以严格从业译员资

---

① 李景端. 对翻译出版搞"发包"说不[N]. 中国新闻出版报,2007-12-10.
② 方梦之. 论翻译生态环境[J]. 上海翻译,2011(1):3.
③ 同上。
④ 李景端. 对翻译出版搞"发包"说不[N]. 中国新闻出版报,2007-12-10.

格认证制度十分必要。

1. 推广翻译专业资格考试

多年来我国翻译界存在着一个从助理翻译、翻译、副译审到译审的完整的翻译职称评审和晋级制度。它在一定程度上确立了翻译行业的职业归属和专业独立性。全国翻译专业资格考试（China Aptitude Test for Translators and Interpreters，CATTI）由国家人事部统一规划，中国外文局组织实施。由国家人事部颁发的全国翻译专业资格证书分为笔译证书和口译证书，主要针对那些自由译员、在其他行业从事翻译实践的译员，以及在新经济体系中存在的中小翻译服务企业译员。应试者要根据自身的水平和优势来选择考笔译或是口译，也可以两种兼选。

从资格考试的规定看，似乎人人有机会参与，但是客观上并非如此。首先，考试费用偏高：目前 CATTI 考试英语语种每年两次，俄语每年一次，报名费在 450～500 元，相较于每年的外语专业四、八级考试报名费仅几十元而言，对于普通学生来说，CATTI 考试费用偏高。其次，从参加考试的人员年龄看，多是已经从业若干年的译员为了职称而参加，它并未成为行业的准入通行证。最后，拥有这样的资格证在毕业求职方面并未凸显特别的优势，导致在校学生参与的积极性不高。为了提高整个行业与相关行业人员的文化素质、专业素质、管理素质，有必要在资格考试方面尝试改革。

2. 促进翻译人员职业化

误译、胡译、滥译的现象在公示语行业触目惊心，达到 61.4% 的比例。[①] 而使翻译人员职业化是解决误译、胡译等问题的关键一环，只有"职业化"的译员才具备从业的基本条件。所谓"职业化"，具体而言是对应聘人员经过严格的考核、选拔后再进行严格的职业培训，使其了解并自觉遵守翻译服务行业职业道德规范，接受翻译服务规范的制度约束，熟悉翻译生产流程，掌握多种翻译工具，熟悉团队合作等多方面的技能，提高译员的职业能力。

在译者职业能力中专业能力和良好的职业态度是先要考虑的因素。译者的职业能力包括翻译能力等，我们将在下文专门论述；职业态度就是译者清楚自己的职责并乐意为此承担应有的责任，良好的职业态度对于保证项目的质量起着积极的推动作用。政府在管理翻译服务企业时，应限制翻译服务机构使用临时的、没有翻译资格证的流动人员。一流的翻译团队

---

① 吕和发，蒋璐，王同军. 公示语汉英翻译错误分析与规范[M]. 北京：国防工业出版社，2011:41-45.

始终是翻译质量得以保证的基础,否则,再好的翻译流程和管理体系也无能为力。

(四)建立翻译质量促优治劣机制

1. 建立奖励机制

有必要设立国家级翻译奖项,对优秀译作给予精神和物质的双重肯定和鼓励。我国现在文学、科技、少儿、影视、戏曲等领域,都设有政府级或全国性的奖项,唯独翻译至今尚无政府颁发的奖项。自1991年以来,新闻出版署主办过多届"全国优秀外国文学图书奖",其中获奖的文学翻译作品,实际上起到了"翻译奖"的作用,海内外反应都很好。现在连这个奖也停办了,业界人士深感遗憾。季羡林先生曾再次呼吁设立"国家翻译奖",反映了翻译界、出版界的共同心声。

2. 建立惩罚机制

鉴于文学复译的严重剽窃现象,有必要加大对劣质翻译和侵权剽窃的处罚力度,方能有效遏制滥译、误译、剽窃等现象。2001年6月21日,北京市第一中级人民法院对包括季羡林在内的11名学者、翻译家诉中国物价出版社侵犯署名权、使用权和获得报酬权一案做出了一审判决,判定被告中国物价出版社立即停止侵权,在报纸上公开赔礼道歉,向11位原告共计赔偿22万元,诉讼费由被告承担。[①] 这起译者联合维权的胜诉是翻译出版领域对侵权打假的一次胜利,说明国家对知识产权保护的支持,但是从发现剽窃到开庭历时近一年,这中间为取证、找样书、查出版时间、计算字数,以及应法庭要求提供各种材料,费时费力。我国有必要在立法和司法制度上加以完善。

三、译才培养体系完善机制

翻译产品的质量关键取决于译员的翻译能力,而翻译人才培养不是一蹴而就的事情,人才的成长需要个人主观的积极学习积累和大量的工作实践,需要他善于观察、总结、提升,还需要有一个良好的外部培养环境,科学的培养方案,高水平的翻译教师,等等。培养合格的翻译人才是翻译教学的目标,培养什么能力,如何培养,是要首先弄清楚的问题,所谓目标明确才能有的放矢。

(一)译者的必备能力

"什么样的人能够做翻译"是一直被关注的问题。著名翻译家傅雷曾

---

① 李景端. 从季羡林一场官司的胜诉想到的[J]. 中国翻译,2001(5):72.

说过:"译事虽近舌人,要以艺术修养为根本:无敏感之心灵,无热烈之同情,无适当之鉴赏能力,无相当之社会经验,无充分之常识(即所谓杂学),势难彻底理解原作,即或理解,亦未必能深切领悟。"①作为文学翻译家,傅雷先生用十分感性的语言描述了译者应具备的能力。我们再看看国内外的翻译理论家们如何研究翻译能力。

西班牙巴塞罗那自治大学翻译能力习得过程和评估专项研究小组PACTE(Process in the Acquisition of Translation Competence and Evaluation)对翻译能力的定义是"进行翻译所必需的潜在的知识和技能体系",应包括双语交际能力、语言外能力、转换能力、职业能力、心理生理能力和策略能力②。俄罗斯的科米萨罗夫认为翻译能力可细分为语言能力、文本能力、交际能力、专业能力和个性能力。德国的克里斯蒂安·诺德将翻译能力分为文本接受与分析能力、研究能力、转换能力、文本生产能力、翻译质量评估能力和源语和译语的语言能力。国内学者比较有代表性的观点有:刘宓庆的语言分析和运用能力、文化辨析和表现能力、审美判断和表现能力、双向转换和表达能力,以及逻辑分析和校正能力;文军的语言与文本能力、策略能力和自我评估能力;苗菊的认知能力、语言能力和交际能力;姜秋霞的语言能力、文化能力、审美能力和转换能力;王树槐的语言－语篇－语用能力、文化能力、策略能力、工具能力、思维能力和人格统协能力。

诸多的理论阐述貌似有很大差异,其实都是离不开知识、技术、应用三种核心能力。当然,在各自的领域中,译者又会面对许多特殊的要求。比如口译工作,尤其是同声传译,就要求译员具有迅速准确的听说反应、灵活敏捷的思维逻辑以及承受较高工作强度和较大压力的心理素质。对于从事外交、法律、经济、科技等专业翻译的人员而言,熟悉掌握该领域的术语,随时更新知识构成等都是值得注意的问题。诗歌翻译一直以来因为难度较高而成为可译不可译的争论中心,对于有勇气挑战诗歌翻译的译者来说,创造性是关键。结合多位学者的观点,我们将翻译能力具体化为过硬的双语能力、丰富的百科知识、双语转化能力、合格的职业道德修养、工具使用能力及其他相关能力。

1. 过硬的双语能力

---

① 罗新璋编. 翻译论集[M]. 北京:商务印书馆,1984:695.
② PACTE. Acquiring Translation Competence: Hypotheses and Methodological Problems in a Research Project[C]//Beeby A, Ensinger D, Presas M. Investigating Translation. Amsterdam: J Benjamins, 2000:99-106.

所谓双语能力是指母语和外语能力。过硬的语言能力是从事翻译工作的基础,翻译过程的理解、转化、表达都紧密围绕语言进行。理解阶段必须十分熟悉原语,单能理解原文的"大意"是远远不够的,还必须能把握语义的细微区别、词语的各种感情色彩以及决定文体特色的语言特点。

译语表达阶段要求译者必须精通译语。理解过程中译者对原文信息还可以通过查阅字典、注释和专业文献辅助理解,而译语表达却是带有创造性的活动,没有别的东西可以代替,难度自然很大。中国译者去做汉译俄的误译率肯定超过俄译汉,所以在欧美国家的译者一般都做外语译为母语的单向翻译,目前中国文化典籍外译的工作也不再是中国译者独自承担,而是与以目标语为母语的译员合作完成,这是避免出现大量"汉语式"表达的明智做法。

2. 丰富的百科知识

百科是各种学科的总称,是指各种文化科学知识。翻译活动除了涉及语言知识,还有相关的专业知识、社会背景知识等。译者作为两种文化的中介,必须要具有两种文化视野,对两种文化中的历史、政治、经济、风俗、社会等方面的知识有综观的了解,在翻译过程中恰当、合理地处理两种文化差异。而文学翻译之外的其他应用型翻译都是紧密结合具体专业知识的,比如石油翻译、经贸翻译、矿业翻译等都要求译者有过硬的专业知识才能完成。现实中的矛盾却是:懂语言的人专业知识弱,懂专业的外语水平弱,所以导致应用翻译的质量不高。这样的例子很多,2003年新华社报道,霍金著《时间简史》(插图本)"经专家对照后,差错至少10万字"。[①] 而所谓的"专家"是语言方面的还是物理学方面的,对误译的评判自然也会分为语言性误译和专业性误译吧。

3. 双语转化与变通能力

双语转化能力是翻译能力的体现,集中表现在译者依靠自己对世界的体验来理解原文所反映的世界,并且将原文世界在译语中重构出来。双语转化体现出译者的创造力。双语转化能力转移的是原语的语义信息、文化信息、风格、语体等语用信息,化解的是原语和译语的语形矛盾,要求译者运用翻译理论知识,选择相应的翻译策略创造性地用另一种语言实现原文的交际价值。翻译结果的好坏在一定程度上取决于双语思维是否能成功转换。"传统思维方式具有单一性的特点。这种思维方式往往表现为只有一个思维指向,一个思维角度,一个逻辑规则,一个评价标准,一个思考线

---

① 李景端.把脉劣质翻译图书症状[N].中华读书报,2005-12-28.

索,一个思维结果。"①单一化、固定化如果固定了译者的思维模式,那么在双语转化中容易跟随原语的思维模式导致欧化语言,或者受母语思维的禁锢过于"归化"。所以培养翻译能力就要求译者纠正单语思维,摆脱母语思维模式的负迁移,获得良好的翻译思维习惯,提高双语转化与变通能力。

4. 合格的职业道德修养

从事任何职业都要求相应的职业道德修养,翻译活动也如此。译员的专业能力是重要的因素,职业态度也是要考量的一个重要因素,具体而言就是译员十分清楚自己的职责并能为此承担应有的责任,具有良好的职业道德操守,能够严肃认真对待翻译的每一个细节。在《文学翻译学》一书中,郑海凌通过分析文学翻译的特性,认为译者应具备五种素质,其中前三种与职业道德修养有关,分别是:严肃认真的翻译态度;严谨细致的译风;科学的翻译观。② 翻译是一项艰苦而有挑战性的工作,严复曾用"一名之立,旬月踯躅"来描述翻译之苦,从事翻译必须要有高度的责任心和对翻译的极度热爱,译者在翻译中要严肃认真,一丝不苟,这样可以避免很多因粗枝大叶、望文生义导致的误译。译者在翻译过程中要时时想到读者/客户,对读者/客户负责,要有为自己的译品承担全责的勇气。译品反映人品,能力不足,还可以提高;态度不对,却是行业大忌。误译现象中许多非知识性错误凸显译者的工作态度马虎,译德低下。译者若欠缺踏实、认真的工作态度,翻译结果必然会不尽如人意。③ 所以,作为一名翻译工作者,应熟悉重要的相关规范性文件,如《为翻译工作者和译作提供法律保障并切实提高翻译工作者地位建议书》《翻译工作者章程》《会议口译员职业道德守则》《国际会议口译员协会职业标准》《翻译人员职业操守与商业行为守则》等。了解并遵守翻译的职业道德,如有高度责任心,严谨踏实、诚实守信,有良好的质量意识,精益求精,虚心求教,遵守工作程序,具备吃苦耐劳的精神和团队协作精神,严格保密,不泄露客户资料,承担约定的相关法律责任等。

5. 工具使用能力

工具能力指译者在翻译过程中运用相关工具的能力,包括运用双语词典、语法书、百科全书、平行文本、翻译语料库、记忆软件、网络资源(信息检索、网络字典等)的能力,以及计算机软硬件的使用能力。在全球化、商业

---

① 温建平.论翻译思维能力的培养[J].外语界,2006(3):8.
② 郑海凌.文学翻译学[M].郑州:文心出版社,2000:264-269.
③ 顾俊玲.牌匾公示语误译溯因[J].中国俄语教学,2013(1):57.

化、规模化和信息化的时代背景下,以往一支笔、一本字典、一个人的翻译模式不能适应现代化语言服务业的要求,工具使用能力成为适应市场竞争的必要保证,它能提高翻译的效率和质量,保证团队合作的流程化操作。所以时代的发展要求译者随时更新自己的工具使用能力以适应人才市场的竞争。

6.其他相关能力

翻译能力是一种综合的素质,上面列举的都是从事翻译的必要但不是唯一的要求。宏观而言,翻译是一项以满足译文读者为目标,以客户为导向,以译者为主体的社会活动,职业翻译能力涉及翻译过程中的各种人际交往和社会互动关系,即在翻译过程中,译者必须具备确定翻译目的、选择正确的翻译策略和翻译方法的能力,和其他翻译活动参与者(如赞助人、目标读者等)的沟通能力。此外,译者在翻译过程中还应具备自我控制,把握自己的立场和各种主体性因素的能力,以便有效地主导翻译过程,达到翻译目的。

总之,优秀的翻译人才是全面的综合性人才,优秀的外语理解能力、出色的中文表达能力、丰富广博的知识背景、认真细致的工作作风是对合格译员的最基本要求。具体来说,要求译员能全面理解原文,力求站在译语读者/客户的立场上,用尽可能贴切的语言提供准确流畅的译文。译完以后,还必须进行自校、他校,包括用专业质量工具检查一遍。严格遵守语言操作流程,务求完美,养成职业化的工作作风,不放过每一个疑点或难点,自己无法解决的问题,务必提交疑问或用其他方式标出,力争寻求合理解决方案。具备学而不已的好习惯,把每一次翻译实践都当成一次学习的机会。拥有良好的职业态度,对于保证翻译质量起着积极的推动作用。

(二)译才培养体系建构

当下,提升中国国际话语权,塑造新时代中国形象,推动中国文化走出去等新任务要求必须重视翻译和翻译人才。高校是人才的孵化器、培养基地和成长摇篮,理应在变局与变革中积极作为。因此,高校亟需加快推进译才培养体系的建构。体系建构是一项复杂的工程,需考量到各个环节。高校要结合行业顶层设计、翻译市场所需,推动学科、课程、教材、师资和实习五大体系的贯通融合,搭建立体架构,从而形成彰显译学特色、遵循译员成长规律的翻译人才培养体系。

1.培养层次搭建

自翻译学科成为独立学科以来,学科体系不断发展,涵盖翻译专业本科、翻译专业硕士、翻译学硕士、翻译学博士在内的各层次译才培养。如今，为匹配国家发展需求和完善翻译人才培养体系，翻译博士专业学位（doctor of translation and interpreting，DTI）已经实施。

设定不同的培养层次、制定不同的培养目标可以满足社会各界对翻译人才的不同需求。如翻译学士培养完成后，具备夯实的跨语言交流和跨文化交际能力，掌握基本的口笔译技能，胜任商务陪同、经贸谈判等工作；翻译专业硕士经过两年的专门训练，双语基础更加扎实，口笔译技巧和经验更要丰富，除完成翻译外，还可承担译审工作、高级谈判、文化外译等；翻译学硕士通过翻译实践积攒经验后，还具备一定的学术钻研能力，可以做翻译实践，也可从事翻译研究、教学等。翻译博士则是复合型人才，是既能研究翻译理论，从事翻译教学，还可提供翻译服务的高级人才。如此一来，每个教学层次的译才培养各有侧重，各具特色。通过搭建规范、专业和科学的培养层级，实现译才的各尽其用，为社会输送具备职业能力的译员。

2. 课程设置更新

课程设置是培养翻译人才的中心环节，其具体内容的制定对翻译人才培养、翻译学科建设至关重要。翻译是一门杂学，涉及很多学问，而零散的、单一的课程是无法培训出专业译员的。因此，课程设置需以权威的教学大纲为抓手，针对不同的培养层次、多样的社会需求，安排设置课程，实现课程带动译才培养的目标。

课程设置首先可根据培养层次依次递进，即由本到硕再到博；也可本硕、硕博两两结合；还可本硕博一体化，打通课程设置。但要遵循总的课程建设原则：基础性、层次性和连贯性。按照上文培养层次的特点和要求，设置相关专业课，突出不同阶段的学习重点，明确核心课程。其次，根据社会需求设置课程。目前，从社会反馈来看，翻译人才的培养质量还存在着同质化和单一化的问题，人才培养局限于听说读写等外语技能和翻译技能，知识领域局限于文学、文化和语言。翻译本身具有跨学科性质，翻译人才的培养也应放宽视野，综合部署。高校可结合自身学科优势、地域特征和资源特色等设置"翻译＋专业知识"的混合式课程，推进立体化人才培养。这就要求在设置课程时，既要注重知识传授等专业素质，更要注重课程内涵的人文素养。

3. 教材选编跟进

教材作为教学工具，在译才培养体系中具有不可替代的作用。它是教学的直接依据，旨在解决"培养什么人""怎样培养人""为谁培养人"的根本性问题。教材的选编始终是翻译教学的热点问题，尤其是社会发展对翻译人才提出了新要求，已有的翻译教材需随之更新优化。

不少中外学者都认为,翻译教材的编写不是一件容易的事,特别是实践课程的教材,既要考虑到理论输出,还要结合素材的实用性等。这就要求教材编者自身具备综合能力,吃得透理论,又做得了实践,还具有开阔的视野,只有各方面都考虑周全才能编出一本让师生双受益的教材。教材的选用也存在着诸多需要考量的因素,如使学生具备扎实的外语基本功和专业知识能力,掌握相关专业知识,形成全面均衡的知识架构。另外,还要注重教材编撰的相互贯通,观照教材的衔接问题,避免不同培养阶段教材叠用的问题,如本科的教材再用以研究生培养。总的来说,教材选编要符合学科特色,要体现学科特点,聚焦于教材体系的立体化建设和一体化贯通,从而发挥作为翻译教学核心的应有作用。

4. 师资队伍建设

人才培养离不开师资建设,师资建设需以人才培养为目标。随着国家语言战略的实施,对翻译人才的需求愈加迫切,加强翻译师资队伍建设是提高翻译专业教学的有效途径。培养高素质翻译师资队是翻译学科健康发展的基础,也是翻译行业和翻译产业快速发展的前提。

新时代下,翻译领域呈现出新的特点,如翻译实践的技术化转向,翻译研究的超学科模式,翻译模态的多元化趋势等,这些都对教师队伍提出了更高的要求。传统师资已远远不能满足翻译教学的需要,尤其是在信息技术背景下,受人工智能等影响,翻译行业发生了翻天覆地的变化。教师作为授业解惑的教学主体,理应认真思考如何将这些变化融入教学课堂,以使学生较早地适应行业变化。鉴于此,院校可大力加强翻译专业师资的培养,可选送翻译教师赴国内外知名高校翻译院系进修或攻读学位,也可采取公开课及授课比赛的方式促进翻译技术进课堂,还可通过组织教研活动的方式交流翻译教学经验。只有师资建设达标,翻译教学质量才能得以保证,从而满足社会各界对翻译人才的需求。

5. 实习环节完善

实习是译才培养效果的提升和检验环节。目前,高校翻译专业人才和社会需求出现脱节,特别是翻译扩招的情况下,企业仍然抱怨招工难,译员技能与岗位不匹配等问题。因此,高校可提前打通实习机制,设立校内实习,扩大校外实习基地,开拓校企联合实习等措施,为社会输送真正的职业化翻译人才。

目前,一些高校提供校内实习的机会,如设立翻译工作坊、课堂模拟实战、学生授课等,是对传统课堂教学的一种有益补充,提前帮助学生熟悉翻译流程,了解翻译服务的过程。相对来说,由于校内条件有限,往往实习效果不佳。因此,高校开始扩展校外培训基地,或开展校企合作。尤其是在当前形势下,许多院校意识到学生要走出去,与企业进行项目合作,学习翻译项目管理、本地化和计算机辅助翻译等新技能,帮助学生在实际工作中积累经验。通过多种实习方式,不仅能够在实践中夯实双语语言基础和应用翻译技能,扩宽知识领域,更重要的是了解翻译项目生产流程、养成团队协作精神和人际沟通技巧等职业化能力。通过深入企业,亲身实践积攒经验,为将来就业做好准备。

第二节　译中消误机制

"译中"即翻译的具体操作阶段,包括原语理解、语际转化、译语表达三个环节,是翻译的微观过程,也是最复杂、最难以确切描述和解释的过程。正如霍姆斯所言:"译者大脑这个小黑匣子里面所发生的情况,恐怕是人类历史上最为复杂的事件。"[1]"机制"泛指一个复杂的工作系统。[2] 消误机制则是消解错误的复杂运行系统,即如何在翻译过程中消解可能误解、误换、误译的智力活动。

在本书的第二章开头我们已经阐明:语言的形、义、用本是密不可分的整体,为了便于分析误译的表层和深层特点,我们根据错误的特点将其分为语形误译、语义误译和语用误译。同样的道理,翻译过程的理解、转化和表达之间也没有十分明确的阶段划分标志,译者在阅读原文过程中已经伴随转化和初步表达,只是侧重点有所不同。我们在研究消误机制时,主要着眼于每个阶段的主要思维活动。针对翻译过程的理解、转换、表达三个环节的不同特点,本节尝试提出译中消误机制,包括原语理解错误消解机制、语际转化错误消解机制、译语表达错误消解机制。

一、理解错误消解机制

原语理解是收码与解码的过程,是破解原语的语形障碍获得语里意义和语用价值的活动。理解的第一步是接受语言信息码,话语信息负载于语音或文字,通过光或空气传至译者的视听觉器官,经过神经的生理活动转

---

[1] Holmes J S. The Name and Nature of Translation Studies[C]//Venuti L. The Translation Studies reader. London and New York: Routledge,2000:172-185.
[2] 现代汉语词典(第6版)[Z].北京:商务印书馆,2012:523.

化为可供大脑双语中枢处理的语言码。第二步是解码,即通过语言码的转换或恢复获取信息,掌握信息的内容,是理解过程的主体。① 可见理解阶段主要涉及感觉系统、知觉系统、记忆系统、认知系统。

全译理解策略可分为两种:自下而上式理解策略和自上而下式理解策略。② 译者听/读到原语的各级语言单位,开始自下而上式理解,指由小到大,由部分到整体,即从单词→词组→句子→句群逐层累积获取语言信息,原文的字面义由此获得。理解阶段,译者工作的通常步骤是心理词典检索→语法结构识别→语里意义获取,这三个过程可能出现的语形识别错误是单词识别错误、词类误解、语法分析错误;可能出现的语义获取错误是词汇义项选择错误、多义词义项引申错误、句义、句群义理解错误;可能出现的语用错误是修辞错误、文化理解或意象置换错误、语境理解错误。针对可能出现的每一种错误,我们尝试逐一给出解决对策。

(一)语形识别错误消解

语形,是语言作品的外在形式,是言语的物化状态,包括其发音、书写规则、组合规则。原作由语音符号或者文字符号所承载,译者听读到的首先是一串语音符号或一串文字符号,感知其形式,并识别、分析符号的所指和组合关系,这是理解的第一步。语形识别错误通常包括误看词汇、误判词类、误解语法结构等。这些错误并非复杂的智力性问题,译者只需认真细心,勤于查阅工具就可以避免其中的大部分。语形识别错误可试用复读识误机制、查阅消误机制、逻辑分析机制、主干提取机制来消误。

1. 复读识误法

在语形识别中,常出现眼误、上假朋友的当等现象。因为这些假朋友在外形上和某些高频词汇相似,译者很容易将其误认为高频词,从心理词典中迅速检索出来。因为译者在接受语码时,首先要从原语词典中检索所听读到的词汇,而心理词典的排序大致按词的使用频率排列,频率高,检索就越快。检索工作凭记忆检索,需查词典时,才去查词典。如本书第二章第一节用例:

[1] Эта материя хорошо красится.
原译:这块布很漂亮。
改译:这块布很容易上色。(徐燕 译)

---

① 黄忠廉,李亚舒.科学翻译学[M].北京:中国对外翻译出版公司,2004:243.
② 黄忠廉.小句中枢全译说[M].武汉:华中师范大学出版社,2008:30.

原译将句中的 красится 当成 красивый，这两个词在构成上有相似之处，很容易导致误看、误辨而产生误译。语形识别错误并非译者语言能力差，而是识别过程的疏忽或者眼误。译者原语感知过程通常按照右向推进为主，左向回逆为辅，由单词感知到短语感知，再到小句感知，直到句群感知的顺序，有效避免错误识别可通过左向回逆和再次右向逐一推进的方法，反复识别原文，即可避免这种非智力错误。也由此可见，从事翻译活动必须严肃严谨、仔细认真，这种职业习惯可以有效降低语形误译的比例。

2. 查阅消误法

印欧语言有丰富的形态变化，可以利用形态来确定句法成分的性质，如性、数、格、时、体、态等。翻译时，译者按原语的外在形式（主要是句法成分或句法特征）作出预测或判断，把握原文的意义。但是并非所有的判断都是正确的，从事翻译工作还应该手勤、脑勤、腿脚勤，勤于查阅、勤于请教，避免一些简单错误。见下例：

[2] Ключ к дальнейшему улучшению станков заключается в автоматизации.

原译：要得到更好的机床在于钥匙。（王亚彬 译）

试译：进一步改进（改良）机床的关键是自动化。

人类对单词的识记始于基本义项，在外语阅读时通常以熟悉义项来翻译。原译者在记忆单词 ключ 时是和义项"钥匙"对应，所以会出现原译这样的错误。这种误译的消解很简单，译者只要具备严肃认真的职业修养，避免主观推测臆断不认识的词汇，勤于使用翻译工具，就能解决这类低级的错误。

3. 逻辑分析法

功能词在组成语言形式中具有特定的语法功能，对其进行逻辑分析，能提供有用信息，如英、俄、汉三语的代词、连词等，英语的冠词、汉语的量词、俄语的前置词等。译者据之可判定句中信息的起始和类型，有助于译者理解原文。如英语冠词 a(an) 和 the 表明名词短语的开始，俄语前置词 к 接第三格，汉语的量词"（一）辆"表示后面可能接名词，构成数量名结构。同时，翻译还是逻辑活动，译文必须合乎逻辑。译文是否符合逻辑是判断误译的标准之一，通常，语法误译的结果也会导致译文逻辑不合理。如本书第二章第一节的例句：

③ Я на помощь к несчастным иду.

原译：我向苦难寻求帮助

试译：我去帮助不幸者。/我向不幸者提供帮助。

俄语的语序变化比较灵活，通过其形态我们可以判断它在句中充当的成分。原语的实际语序应该是 Я иду к несчастным на помощь。同时还应注意前置词 к 的功能，如果按照原译回译过去，应该是 Я иду к несчастным за помощью，而根据逻辑分析，"不幸者"如何还能给"我"提供"帮助"？显然，联系词前后的主、宾概念运用不合理，搭配不恰当。再反观原语的语法结构就可以看出自己的误解了。可见，用逻辑分析法可以帮助译者判断自己是否译错，译文如果逻辑不通就说明没能正确理解原文。

4. 主干提取法

俄语中不乏长句，尤其是在书面语体中，这是译者容易出错的地方。遇到这种情况，运用提取主干法，厘清句子的主要成分和次要成分是正确理解原文的前提。例如：

④ В основу проекта авиационно-космической системы "М-55-С-XXI", создаваемой на Экспериментальном машиностроительном заводе, положены уникальные технологии, которыми располагает сегодня российская авиация и космонавтика.①

原译：在航空航天系统"М-55-С-XXI"基础上设计，并由实验机械制造厂制造的独特技术在俄罗斯航空航天领域独有。

改译：实验机械制造厂制造的航空航天系统"М-55-С-XXI"是在当今俄罗斯航空航天领域具有的独特技术的基础上设计的。

剔除原语的次要成分可见，此句的核心成分是 Системы "М-55-С-XXI" положены уникальные технологии，其余部分都是修饰限定成分。而学生翻译的错误在于没有找对主语，并且思维受原语的顺序影响，直接传译为汉语。

所以，避免语形误译就是要提高外语和母语能力，原语收码阶段认真辨别语符，理解阶段要细致分析原文的语法关系、逻辑关系，最大限度避免语言性错误。

---

① 何红梅，马步宁. 最新大学俄语 3[M]. 北京：高等教育出版社，2009：10.

(二)语义理解错误消除

语里意义,指原语与译语的各种语表形式所承载的内容,是客观世界在人脑中的反映或人们对客观世界的认识。语里意义包括词义和句义,词义分为语言义和言语义,句义包括逻辑意义、语法意义和语用意义。① 在对原语的理解过程中,译者首先解读出的是原语词的本体意义,其他可能的语义都是基于本体意义之上的引申和转化。语义理解错误是指译者错误选择词汇义项,错误理解句子的逻辑意义、语法意义和语用意义。

1. 分析排除法

词汇是句子的血肉,正确理解词汇是正确理解句子的保证。词义的理解主要来自实词,其次来自虚词。虚词都由实词而来,有的虚词处于虚实之间,它们都可以填充语义关系网中的每一个结点,与语义关系相得益彰,使整个句子的意义丰满起来。避免词汇误解除了要增强工具应用能力以外,还要丰富自己的百科知识,而结合微观语境运用分析排除机制是确定多义词义项的有效方法。

(1)逻辑分析。语言中的一个词,尤其是常用词,往往能聚合几个乃至几十个意义。而它实际运用时,由于上下文思维活动的制约,通常使用的只是其中的一个意义。两种语言的翻译不能在任何情况下都照搬双语词典的释义,导致译者应有的创作思路被堵塞。词典中的概念释义可随语境的改变进行引申,译者可以结合特定语境具体,合理地、动态地揭示原文语言现象所要表达的真正思想内容,解决双语词典中多义词所列若干词义的合理取舍问题。见下例分析:

⑤ Характер у этой девушки капризный, то без всякого повода она вдруг засмеётся, то неизвестно почему начнёт плакать.

原译:这个姑娘很任性,一会儿无缘无故地突然发笑,一会儿又不知为什么痛哭流涕。(顾霞君等 译)

改译:这个姑娘变化无常,一会儿无缘无故地突然发笑,一会儿又不知为什么痛哭流涕。(赵为等 译)

капризный 的词典义项是①任性的,好耍脾气的;②(转)变化无常的,变化莫测的;③(转)奇特的,独出心裁的。原译没有结合下文内容,就选择

---

① 邢福义,吴振国.语言学概论[M].武汉:华中师范大学出版社,2002:110 - 113,138 - 140.

了 капризный 的常用义项"任性",而下文的"突然发笑"和"痛哭流涕"不能是"任性"的表现,很显然不符合逻辑。义项选择误,导致句子不合逻辑,而依靠句内语境就可以避免这样的错误。一个人思维活动中对某一词语意义的排除机制,受制于上下文的逻辑联系。

(2)排除+引申。排除机制是针对某语言现象通过上下文的逻辑分析排除其他领悟只能有一种理解的一种语言机制。语言中不乏一些积极词汇,双语词典中没有列出也无法全部列出其全部词义,这些成为翻译的难点,如果译者不具备对词义自动排除机制的意识,照搬词典释义,容易导致误译。如果利用语言的排除机制,从逻辑上深入研究,确定语境中词语的运用规律,便可合理地揭示出双语词典中没有列出的众多词义。以常用词жизнь 为例,它的常用义项是"生命""生活",但是下例已经超出其词典释义,套用所有词典列出的义项,译文都不合逻辑,一一排除后要适当引申。

[6] Мы не ожидали, что до такой жизни и дошли.
原译:没想到,我们竟回落到这种地步。
试译:我们没想到竟落到这步田地。(阎德胜 译)

原译用了"回落"这个词,笔者以为不妥,因为原语没有上下文语境可以判断"他们"是否有"低谷→高峰→低谷"这样一个往复的过程,所以将 дошли до… 直接译为"落到"更符合原语语义。

2. 语境作用法

语境策略的作用很多,它可以明确词的语境意义,从多义中确定单义,把抽象意义明确为具体意义等。戴镏龄说过,"通观上下文以求得综合的理解,而不是在只词片语上作无益的支离破碎的考证,这是译者行之有效的方法"。① 多义词义项的确定只有在句子中,在上下文语境中才可多中选一,因此译者在翻译时要十分清楚,推理出原语表达的概念意义后,还要根据具体的语境及原语的语法规则和修辞范式,弄清楚原语词的具体语境意义,最后才根据原语篇的具体语境获得原语词在特定语篇中的含义,因为语境限制了可能语义项的选择。例如:

[7] Надо, чтобы жизнь реки не нарушалась: по ней должны плавать суда, в ней должна жить рыба.

---

① 戴镏龄.《新英语圣经》的翻译及其经验[J]. 翻译通讯,1981(3):13.

原译：应当使河里的生物不被破坏；河里可航行船只，河里也应该有鱼虾。

改译：河流的生态应保持平衡；河道能通行，河里有游鱼。（阎德胜 译）

结合原句的后半部分，它是一个限制语境，原译将 жизнь 处理为"生物"显然不对，因为后面的"船只"并不是"生物"。改译为"生态"才符合后面的语境。

在具体语境中一个词或者词组其他词语一起构成一个有机的语义系统，它就成了整个语篇结构的一部分，和特定的语境相关联，也给了词语隐性意义。原语概念进入译语系统时，可能会有多种表现形式。准确理解原语的概念意义和隐性意义，才能确保译语传达的正确性。

3. 逆向推敲法

逆向推敲消误机制适用于句子理解错误的消解。句义理解错误往往表现为：误译句中的成分导致整个句子误译；不能完整正确理解原句的语法关系导致误译；没有结合上下文把握句中所隐含的附加意思，导致曲解原文；句义重复；误译原语逻辑结构等。这些误译的消解并没有统一的对策，但是逆向推敲或者回译，能判断我们的理解是否正确。

还是上面的例子：Я на помощь к несчастным иду。我们将原译的"我向苦难寻求帮助"回译为俄语 Я иду к несчастным за помощью，比较原语就能轻易发现原译理解错误。

换一种方式，根据语义与现实的关系进行推敲，这个句子的理解只需加工句中的实词：Я，помощь，несчастным，иду，仅凭生活经验就能将四者意义联系起来，几乎不用句法分析，从"施事—动作—受事"语义规则上看，也会发现原译不符合语义与现实的正常逻辑关系。可见，翻译过程的理解、转化、表达都要紧扣原作的逻辑结构，并且要根据译语的特殊性做适当调整。

(三) 语用误解的对策

语言进入交际就被赋予语用意义，以完成言说者的某种交际目的。"翻译是一种语用过程，是运行着逻辑思维的机制，概念、判断、推理贯穿在原文的解读过程当中，最终的语用推理是译作成形（表达）的关键。语用推理依据于话语，语境意义的推理就是话语，它的形式可以是句子，也可以是词语。"①语用误解,就是译者没有正确理解原语作者的交际意图,误解了原语包含的修辞意义、文化意义、语境意义等。语用意义的误解直接会导致误换和误译,很多情况下,这三个环节是同步的,在错误消解机制上我们也不做细致区分。

1. 忠实兼调适法:修辞误译消解

修辞意义是辞格和其他语言单位在运用中产生的特定修辞效果。修辞意义误解主要由于译者对原语的辞格及相关修辞手段不了解,没有正确理解原作者的用意。

原语修辞的翻译方式有归化与异化,其修辞值是保留原有还是替代为本土,一般而言,为了增进不同文化间的交流和了解,译界同仁们基本达成共识:以异化为主,归化为辅,必要时可加注释。

[8] Лучше умереть стоя, чем жить на коленях.
原译:宁为英雄死,不为奴隶生。(顾霞君等 译)
改译:宁可站着死,也不跪着生。(赵为等 译)

原语用"站立"和"跪着"的对比作为修辞手段强调"尊严"的重要性,但原译却过度夸大原语的修辞意义,在语形和语义上虽然与原句相似,但语用价值却过度偏离,这是原译的不妥之处。在翻译研究领域,理论派和实践派争论的焦点之一就是翻译的忠实度问题,"宁为英雄死,不为奴隶生"我们不能判断为误译,但译者在译语中增加了主观的创造性,导致语用价值的过度翻译,这不符合全译"求极似"的目标。

修辞学是一门复杂的学科,我们很难归纳出某种消误机制针对所有的修辞误译,修辞本身属于语用学的范畴,语言的应用灵活百变,因不同的语境、不同的使用者而不同,"忠实兼调适机制"这也恰恰是跨文化交际和全译活动的要求,以"忠实"为前提,必要时适当调整,以照顾译语读者的需求。

2. 异化兼补偿法:文化误译消解

翻译是一种跨文化、跨语际的信息传播和交际活动,是将一种语码所承载的文化信息用另一种语码表达出来,而文化误译就是对原作中应该处理的文化信息未作处理或处理不当,导致译语读者不解、错解或误解原语文化信息。文化误译主要是由于异域文化的异质性导致,针对这一点可采

---

① 张志毅,张庆云. 词汇语义学[M]. 北京:商务印书馆,2001:263.

用异化兼补偿机制来消解。

杨仕章认为"文化能力是文化翻译能力的基础,指的是基于译语文化而对原作中文化万象的认知与准确把握"。[①] 语言是文化的载体,原文语言单位承载的文化价值有的可以转移,有的则不能。译者应正确发挥其主体性,让译语读者有机会认识原汁原味的异域文化,而不应该一味地用译语文化替代原语文化。如:中国人用"蒜头"形容圆鼻头,而俄罗斯人则用"土豆"做喻体(нос картошкой),因为中国的土豆和俄罗斯的土豆形状类似,所以可以直接异化而不会导致译语读者误解。汉语用"冬瓜"形容人的体型又矮又胖,而俄语用"黄瓜"做喻体(Его фигура как огурец),因为俄罗斯本地产的黄瓜是短粗的旱黄瓜,6~7厘米长。所以俄语中用黄瓜形容人的体型时是指其"矮胖",这样的句子如果直译,会给中国读者造成误解,因为在中国人的认知域里黄瓜都是细长苗条的。所以翻译时可适当调适:他的体型如(矮胖)的黄瓜。这样的例子不胜枚举,因为语言来自生活,人们生活的物质环境、生态环境不同,产生的词汇、文化意象也不同。俄译汉时,如果将全部意象改成汉语的冬瓜、竹子、大蒜等,我们的读者失去了解俄罗斯文化的机会,这其实并不是读者的愿望,对国际文化交流也无益处。我们不妨也看一个英译汉的例子:

⑨ A siege mentality is developing. Within these troubled walls, Samuel P. Huntington's essay "The Clash of Civilizations?" is bound to resonate.

原译:于是一种四面楚歌的心态便因之而起。在这围城中心神不宁的西方人一读到亨廷顿《文明的冲突?》一文当然就产生共鸣。(叶子南 译)

译者用汉语典故"四面楚歌"译 siege,夸大了美国的处境言,把中国文化强加给了美国文化,这在严格的全译中一般不允许。

对于异域的陌生文化的翻译,有必要采取补偿机制,可用文本内注释或文本外注释等补偿方法,消除译语读者的陌生感,向译语读者传递原语的陌生文化,实现文化交流价值。

3. 重构还原法:语境误解消除

关秀娟在她的博士论文中将"全译语境划分为上下文语境、情景语境、

[①] 杨仕章. 异化视域中的文化翻译能力[J]. 解放军外国语学院学报,2013,36(1):101.

文化语境三层"①,我们在第二章第三节归纳的与误译研究相关的语境有:语篇语境、背景文化语境、历史文化语境、社会文化语境,与关秀娟所言"语境"有重叠之处,但论述的角度不同。重构机制是针对语篇语境误译对策,还原机制是对背景文化语境误译的消解。

(1)重构。情景语境误解表现在译者没能把握原语作者的创作意图,虽然理解了字面意思,却忽略了言外之意。话语的意义主要来自字面意义,而言外之意取决于语境,是以字面表达出来的语言结构的意义为根据,依靠特定语境思维活动的分析和逻辑上概念、判断、推理等推断出来的意义。不同语境中,一句话可能产生不同的言外之意。如 Мой муж скоро вернётся 可以表示允诺、恐吓、警告等。语境误译通常是译者没有理解原文的情景语境,只传译了语言的字面意思,而忽略了作为"活的"言语的言外之意。例如"这个外科大夫是屠夫",如果没有具体的情景语境,读者很难判断这个外科大夫的医术是高明还是拙劣,因为屠夫也有庖丁这样的精英。所以解决情景语境误译要求译者在译语环境中重构原语的语境,表达原语作者的交际意图。

(2)还原。人们在语言运用中总是有许许多多的不言自明的预设(前提),否则彼此交际就会发生困难。正是由于说话人和听话人心中都有这样不言自明的预设,我们才可以把话说得简单、凝练。在翻译时有必要还原原语省略的预设,使译语读者明白交际双方的意图。通常的预设只需联系它的前言后语就能明了,而有些特殊的情景则需要联想该话语的历史文化背景或社会文化背景才能揭示出来。

综上所述,在原语理解阶段,只有正确分析语法关系,找出句子中的主要成分和次要成分、主句和从句,判明各个成分和各个小句之间的关系,尽量准确判断原文文本的词汇、句法和修辞等各方面的意义,译者才算完成原语理解的过程。原语理解的过程也伴随着语际转化的过程,不过是以语言为主、思维为辅的活动。

二、转化错误消解机制

语际转化是以思维为主、语言为辅的活动,旨在转移原作的语里意义和语用价值,它前涉原语理解,后涉译语表达。在理解阶段,虽然有部分内容转换为思维形态,也有零星内容可用译语表达,但主体仍处于由原语转向思维的过程。只有到了转换阶段,信息脱离了原作的语言形式,进入译

---

① 关秀娟.全译语境作用机制论[D].哈尔滨:黑龙江大学,2012:22.

者的思维领域,获得了思维的形态,以概念体系和意象体系而存在。即转换阶段将理解阶段辨识的语码符号串换成抽象思维的概念、判断、推理,或者形象思维的意象、组象、群象。这三者分别对应语言学的语汇、句子、句群。

不同语言的民族之间,思维单位是共性的,语言形式是特性的。在跨文化翻译中,译者进行语码转换的起点是原语词所表达的低层基础概念。也就是说,译者应该首先做到概念对概念,或者意象对意象的转换,这是实现翻译的基本条件。对原语语义的基本义项或原型概念的理解和把握是成功的跨文化翻译的第一步。思维转化可能是同级转化,也可能是跨级转化。通过对大量误译语料的分析,我们发现错误多集中在思维单位同级转换中。每一种转化的错误还可以进行符号学的划分,即表现为语形的、语义的或者语用的错误转化。消误机制旨在探索具有普遍意义的操作指导,鉴于本节第一部分已经按照符号学的分类提出理解错误的应对机制,本部分我们不再进行雷同的分类研究,我们按照转化的思维单位划分。

(一)概念/意象转化错误消解

如果双语间在语言、文化上是亲属关系,那么它们的同级转化比较容易,不会影响到译语表达,如果相对应的语言中出现词汇、概念等的空缺,则容易导致概念/意象转化的错误。原语的概念/意象是译者面对的基本翻译单位,可通过查阅判定机制和文化补偿机制消解转化的错误。

1. 查阅判定法

概念转换包括对等概念转换和非对等概念转换。对等概念转换多见于绝大多数的单义词、单义短语、科技术语、专有名词等,查阅各类词典基本能解决转换的问题,而非对等概念的转换容易误译。双语间词汇或者概念的空缺是转换的难点,例如:сарафан(俄罗斯妇女套在衬衫外面的无袖长衣,又译萨拉凡)、Дума(杜马)、Совет(苏维埃)。是采取音译法还是意译法则需要译者多方面查阅、思考、判定。双语中表达概念在许多时候并不对应,如:俄语中表示亲属关系、身体部位的概念通常要比汉语的宽泛,дядя对应汉语的叔叔、伯伯、舅舅、表叔、表舅等;рука对应汉语的胳膊、手、臂。表达概念的语词形式有词和短语,概念构成了词义的基本内容,但词义除概念意义之外,还包含主体对事物的各种主观感受,即主体对事物的褒贬等意。原语概念与译语概念间转换的错误往往体现在对其语用意义的漏转。例如:指称人的面部有不同词汇 лицо,лик,рожа,转换为汉语也要注意"概念意义+语用意义"的组合,否则就是转换错误。一般来说,词汇掌握得越多越牢,全译实践越多,双语间表达概念的词或短语之间的转换越频繁,就越容易形成模式化,也就越能生巧,越能找到对等概念,越能将非对等概念变为对等概念,全译的速度就越快,译文的质量也就越高。

2. 文化补偿法

概念的形成基于不同的经验和视角的类推理据,概念转化错误通常集中在文化负载词上。世界上每一种语言都有自己特定的"文化负载词",它们所反映的事物、观念和典故具有固定的、独特的,有异于他民族的含义,反映特定的文化意象。不同语言中都有大量的文化意象词,如汉语的"羌笛何须怨杨柳"中的"杨柳",在西方人看来不过是个普普通通的植物名,但在中国人眼里却是一个饱含互文积淀的文化符号,能够引起汉语读者丰富的想象。俄语的 со своим самоваром в Тулу не едете 中的"图拉"也不只是个地名,而是一个文化概念。这样的特殊概念在转化时需要特殊处理,或者加注释,或者在译文中巧妙表达出译语的特殊文化含义。如杨仕章教授将 хлопанье по рукам(拍巴掌的声音)处理为"拍巴掌成交的声响",将俄语中的隐性文化显现在译语中,避免加注释的累赘。

因此,翻译过程中,我们要时时调整自己的思维,兼顾原语和译语的文化特点,否则容易遁入母语负迁移的"陷阱"中;或者不顾异域文化的特殊性,一味照字译字,照搬原文,成为"形式对等"的"伪翻译"。

(二)判断/组象转化错误消解

思维单位的"判断/组象"对应的语言单位是"句子",判断与句子的关系,更体现了思维与语言的关系。判断是句子的思想内容,句子是判断的语言形式。判断靠句子表达,并非所有的句子都表达判断。操不同语言的民族之间,判断是共性的,句子形式是特性的。由原语的句子转化为思维的判断,这个过程既可能出现语形转化的错误,也可能出现语义、语用转化的错误。

1. 回译验证消误法

原文的句子可能含有简单判断,也可能含有复合判断,向译语转换时,有的可以直接变为译语的判断,有的则有可能按译语的要求重新拆分组合,形成新的判断。无论如何变换,都应遵循全译标准——在语用、语义、语形三方面与原语求得极似。小句作为全译的中枢单位,是比较容易操作的翻译单位,验证其转换正确与否的有效机制是回译验证机制。通过回译,检验语用、语义、语形的相似度。以第二章第二节的例子说明:

⑩ Истина жизни всегда найдётся в обычной и скучной

повседневной жизни.
  原译：人生的真理只是藏在平淡无味之中。

  如果回译原译会发现"平淡无味"是形容词，无法充当状语，再对照原文会发现漏译"日常生活"这个词组。
  2. 事理逻辑分析消误法
  事件的表征以行为或性状为中心。事件是施事—行动/性状—受事等构成的场景。译者的记忆是以事件为中心的思维活动，概念与意象都只是事件的组分，同一事件可用判断展现，也可用组象展示，二者可以转换。只要原语意义理解正确，在思维中就会转换为正确的判断或组象。如 Он читает книгу, он 是施事，читать 是行动，книга 是受事，表示简单判断，描述为一组意象。通常不包含丰富语用价值的句子不易转化错误，结合上下文，运用事理分析机制，可将句子向判断/组象的转化错误降至最低。且看下例：

  ⑪ Старься вместе со мной, лучшее ещё впереди.
  原译：和我一起变老，比走在我前面好。
  改译：和我一起变老，最好走在我前面。
  试译：与我同老，未来更好。

  此例是本科俄汉翻译课上的练习。从原译和改译的错误特点可见：不同的人甚至同一个人从不同的角度、以不同的方式理解同样的一件事、一个情景，可以获得不同的意义。不同知识储备、人生阅历的译者误译的特点也不同。原句很简单，初读此句教师的直觉与人生阅历促成第二种译文，但是对照原文的语法结构发现小句 лучшее ещё впереди 中其实省略了系词 будет 和名词 будущее，原句直译为"和我一起变老，更好的未来还在前面"更符合事理逻辑。
  可见高质量的译文是改出来的，综合运用回译验证、事理分析机制，可在"判断—句子"以上层面消除误译。
  (三) 推理/群象转化错误消解
  将原语的句群转化为思维单位的推理/群象其实是一个隐性的过程，译者如果能正确理解原语句群，即能获得一个合理的推理，反之，则是没有正确理解原语的语形、语义和语用价值。
  在以句群为单位翻译时，不能忽视发生在单个句子层面之内（如单词或短语)的局部问题,但是解决这些局部问题是以整个句群为参照系。也就是说,在翻译中寻找一个合适的词或短语时,往往包含在对整个句群的处理之中,而不是刻意考虑以词为单位的对应或是以短语为单位的对应。所以说由句群向推理/群象的转化需要整体的翻译观,但是解决句群向推理转化错误的机制却需要译者的微观分析能力,我们认为条分缕析机制、句法结构提炼机制能有效应对句群→推理/群象转化的错误。

1. 条分缕析消误法

条分缕析消误机制即分析句群的语形,观察句群的语义,推敲句群的语用价值,在正确理解原语句群的基础上再进行思维转化的过程。意象与意象可以构成事件/命题,事件与事件可以构成情景,描述情景的言语单位包括复句和句群,主要是句群,句群的关系无论松与紧,都显现为组象群。句群误译主要体现在其构成单位的误译导致推理不合理,群象成乱象。如下例:

⑫ Не плачь, потому что это закончилось. Улыбнись потому что это было. (课堂译例)

原译1:不要因为一切结束而哭泣,微笑吧,为了你的曾经拥有。(史东升 译)

原译2:不在乎天长地久,只在乎曾经拥有。(刘欢 译)

试译:不要哭泣,因为一切已经结束。微笑吧,因为曾经经历过。

此例是学生自己找的例句拿来课堂讨论,没有对原语仔细分析,很多同学都犯了语义错误。对原语进行条分缕析可见其是由两个单句组成的句群,原译之误在于忽略了 потому 在句中充当的成分和意义。

一些译者有一种不好的习惯:一打开原文,马上着手翻译。这样的分割处理会破坏原文的整体结构,扰乱整体的有机联系。正确的方法是应该通读全文,再精读2~3遍,确保已经全部读懂,然后着手翻译。笔译时需要在小句和句群间往复关照,为避免误译还需要对每个小句的句法、语义结构条分缕析。

2. 句法结构提炼法

句法提炼消误机制即提取句群或复句的句法构架,区分已知信息和未知信息,进而正确理解句群意义的过程。俄语是形态丰富的语言,冗长的复句和句群是书面语体的常见现象,也是翻译的难点。在翻译这样的句子时,译者应仔细分析语法关系,找出句子中的主要成分和次要成分、主句和从句,判明各个成分和各个小句之间的关系,在提炼出原文句法结构的基础上,根据汉语表达习惯,按照逻辑顺序逐一将原文的信息转化为译语,化解原语和译语的矛盾,使译文内容准确、条理清晰、层次分明、上下连贯。再看第二章第一节译例:

⑬ Бессмысленно было надеяться на спасительность военного переворота, когда сам военный верх не имел какой-либо политической идеи, кроме разве что анахроничного «титовского» коммунизма, вкоторый действительно верили одиночки, и который потерял популярность в югославском обществе еще в 80-ых годах с развитием в нем капиталистических отношений и политических свобод.

上面几个事件按时空关系组合可以构成情景,时间表明事件发生的顺序,空间表明事件发生的格局。一个简单命题附入另一个简单命题,构成复杂命题,形成复句。提炼出这个句子的句法结构可见:原文是一个由 когда 引导的时间状语从句,时间状语从句中又包含两个 который 引导限定从属句。构成事件的词语均能激起意象,而这些意象又会按其大小、方位、时间、顺序等要素排列,构成组象。几个组象又有自己的序列,不同的组象群序列对推理过程的作用不同,组象群序列与推理序列不一致时(如上例),就易出现误译。

按照预先设想的翻译单位固定不变地进行翻译只是一种假想,有过翻译实践的人都了解,翻译过程中所依据的翻译单位其实是不断变化的,为了确定一个词语的意义,我们通常会根据上一级(甚至上几级)语言单位来判断。文章中的任何一个句子、句群、段落和段群这些大小的语言单位都是依靠其自身组成要素的有机联系来表达相对完整思想。译者只有树立整体翻译观,根据上下文的有机联系全面处理各语言单位各等级、各层次系统内部的交代与照应,才不会出现以偏概全或者遗漏的情况。只有这些问题处理得当,译文中的句子、句群、段落和段群才能构成一个多级有机整体,整篇文章自然就构成一个大的有序的逻辑整体。

三、表达错误消解机制

在完成原语理解、语际思维转换后,进入译语建构阶段,即从概念、判断、推理到译语的词汇、小句、句群的语言产出阶段。全译活动最终目的就是要转化原文的语言形式,创立译语的语言形式,传递原语的语义,完成原语的交际价值。译语最终在语形上与原语既有相似,更有相异,也不乏误译。因为原语属于另一种语言,会有新的词汇概念、新的表达式。而且译作经过译者的加工,必然携带译者的言语特点。但是无论如何,译语的表达要符合译语体系的规范,针对俄译汉而言,就是要遵守汉语表达的规范,恶性欧化的语言、翻译腔、翻译症都不可取。但是译作毕竟不同于创作,我们在引进国外精神文化时也要尊重原语民族的思维特性,所以在表达阶段既要遵循译语的规范,也应兼顾原语表达形式,把握一个合理的平衡。

译语表达错误还可划分来源,其一是原语理解错误导致错误的译语表达;其二是译者虽正确理解原语,但受原语形影响生成不符合译语表达规范的译语。第一类为错误的消解机制可见"原语理解错误消解机制";第二类错误的消解机制是我们在此讨论的重点。

研究语法的学者,把冗长视为语病,周长秋在《现代汉语病句类释》一书特立"重复多余"一章,罗列了主、谓、宾、定、状、补等在语法方面出现重复多余的例子,要写作者警惕。① 翻译作品出现言语啰嗦冗长(除非这是原作的语言风格),同样不能得到宽恕。陈淑华认为:"冗言使用比实际需要更多的词,可能是有意地这样用,但是一般是自己掌握,约束不了的。其实,说冗言是辞格,还不如说它是一种常见的错误。"② 俄译汉表达不规范之处表现在:照搬俄语的句法结构导致译语句义不明、文义模糊(句法);硬译俄语表达法导致译语噎塞不通、佶屈聱牙(语用);照搬俄语标点的特殊使用;过分归化失去译作的特点;篇章逻辑失衡等等。针对这些失范典型,我们尝试提出小句铺陈机制,避繁趋简机制,入乡随俗兼洋为中用机制,保存洋味与避免洋腔的辩证机制来解决。

(一)小句铺陈机制

小句铺陈机制是探索使用汉语流水句解决俄语长句汉译的句义不明、文义模糊、滥用关联词等恶性欧化的问题。"恶性欧化"即按照印欧语言的语法结构死译成佶屈聱牙、不符合译语表达习惯的汉语。译者似乎要把原文的前置词、代词、复数、时、体都译出来才能体现其译语的忠实完整。而汉语是最简练、最富表现力的语言,要想使译语可读,必然要按照汉语的规范进行调整。印欧语句有时句式重叠,限定修饰成分很长,译为中文,如果恰当分解为小句,既简练又好懂。具体可采用截长为短机制、拆散重组机制、变"被"为"主"机制。结合例子分析如下:

---

① 周长秋. 现代汉语病句类释[M]. 济南:山东教育出版社,1990:123-149.
② 陈淑华. 英语修辞与翻译[M]. 北京:北京邮电学院出版社,1990:120.

1.截长为短法

⑭ Партия вела одновременно большую работу по развёртыванию строительства тяжёлой индустрии, по организации социалистического соревнования…

原译:党同时又做了开展重工业建设、组织社会主义竞赛……的大量工作。

改译:党同时又做了大量工作,开展重工业建设,组织社会主义竞赛……(阎德胜 译)

改译将原文过长的定语截为两个小句,与原来的句子主体并列构成三个流水句,完整表达原语的语义,实现其语用价值,而语形的变化是应译语的表达规范而变。

2.拆散重组法

⑮ Город лежал в красноватой дымке, позолотевшей от солнца. (Паустовский)

原译:城市沉浸在被金黄色的太阳照耀成粉红色的烟雾之中。

改译:在金黄色的太阳照耀下,城市沉浸在粉红色的烟雾之中。(赵为等 译)

形动词是俄语书面语体的常见形式,若按照原文直译,同样会出现一个冗长的前置定语(如原译),改译将被动性动词短语处理为小句,避免欧化句。

3.变"被"为"主"法

⑯ Фотоны, проникающие в листья растений, вызывают различные химические реакции, в разультате которых выделяется кислород и поглощается углекислый газ, а само растение растёт.

原译:光子透入植物的叶片,引起各种化学反应,二氧化碳被吸入,氧气被排出,植物本身生长发育。

改译:光子透入……,引起各种化学反应,吸入二氧化碳,排出氧气,促使植物生长发育。

大量使用被动句也是俄语书面语体的标志之一,汉语中偶尔使用尚可,若在同一个句中一连串被动式就是典型的翻译腔了,改译适当地变被动为主动,使译语更加符合汉语规范。

(二)避繁趋简机制

避繁趋简机制是探讨用简洁的汉语主动句、中动句、介宾短语等句式简化俄语被动句,使用定中结构断开、浓缩、调整等手段破解俄语冗长的前置、后置定语造成的"的的不休"。"避繁趋简"机制与普通语言学中的"经济原则"这一术语本质相同,它是各民族语言中典型的共有属性。俄语译为汉语,采用更多的是减译,省略原文有关语言形式。邢福义主编的《文化语言学》一书中所讲"汉语语法形式的简约性特色"①使汉人讲话习惯于这种省略用法,避繁趋简机制可见以下三种情况:

1. 语法省略法

俄语属印欧语言系,是形合语言,前置词、连词等用得十分频繁。汉语属意合语言,这几类虚词尽量不用,而"采用直接体悟的思维方法……把握事物的实质而不是形式上的东西,注重意义的关联"。② 所以,俄译汉时这些虚词常常需要省略。请看下例:

⑰ Если тело нагревается, оно расширяется.

原译:如果物体被加热,它就会膨胀。

改译:物体受热就会膨胀。

⑱ Необычна была у него любовь к науке. Взявшись за опыт. Он отдавал всего себя и незнал, что такое усталость.

原译:在他那里对科学的热爱是非常的,做起试验来他总是全力以赴,并且不知道疲劳是什么。

改译:他非常热爱科学,做起试验来总是全力以赴,不知疲劳。
(阎德胜 译)

原译完整传递了原语的语义信息,但是有欧化的痕迹,改译省略了不必要的虚词(原文的三个前置词、一个连词,还有一个关联词语"是什么")。改后的译句才合乎汉语语法规范。

---

① 转引自阎德胜.语言的机制与翻译[J].外语学刊,1999(1):87.
② 邢福义.文化语言学[M].武汉:湖北教育出版社,1990:274.

2. 修辞省略法

语言实践中的经济原则在许多情况下是组词造句、建构篇章的修辞原则。[①] 因为言简意赅能避免烦冗罗嗦的视听负担。俄汉两种语言修辞的语用规范不同,在俄译汉时,多数情况需要运用经济原则处理原文,该省略的省略,该合并的合并。例如：

⑲ Тело, что находится в покое, не может само начать двигаться.

原译：处于静止中的物体不能自行开始运动。

改译：物体静者恒静。（阎德胜 译）

3. 逻辑省略法

钱歌川先生在《翻译的知识》中讲："西洋人的逻辑,并不一定合乎我们东方人推理的标准。"[②]因此,直译、死译、硬译原文语言得出的译文,未必合乎汉语逻辑。汉译文中通过省略或合并以减少译文词句的用量是为了满足译文上下逻辑联系的需要。

⑳ В не очень далёком будущем все тепловые двигатели на земле, на воде и в воздухе будут работать на атомном топливе.

原译：在不太远的将来,无论是陆地、水面还是空中的一切热机,都将使用核燃料。

原译：在不太远的将来,陆海空中的一切热机都将使用核燃料。
（阎德胜 译）

以上两种译文都合乎汉语语法规律,原译根据本例上下文的逻辑关系译出了词的概括意义（陆地、水面、天空）,改译省略了"无论……还是"这样的强调句式,用汉语"陆海空"这一紧缩形式表达出了原文三个概念的综合概括意义,译文简洁凝练。

（三）入乡随俗兼洋为中用机制

标点符号是语言书写体系的重要组成部分,也是书面交际的一种重要手段。只有将语言和标点有机结合才能构成完美的语言形式。不规范甚至错误使用标点符号不仅会影响达意,甚至能导致信息、情感等的误差。

---

① 阎德胜.语言的机制与翻译[J].外语学刊,1999(1):84-88.
② 钱歌川.翻译的基本知识[M].北京:北京联合出版公司,2015:36.

俄语的标点符号系统有别于汉语标点体系,我们既要肯定共性,也要区别俄汉,避免标点照搬,依据文气限制句中标点使用,同时在读者接受范围内也可引进俄语点号功能丰富汉语表达。

1. 引号之用

俄语引号除具有与汉语引号相同的引导直接引语的功能外,还可用于各类文艺作品的标题(书名、报纸、杂志、文件、名称一般用下画线、斜体或大写表示)。在文本中,它的书写形式可以是«»,也可以是"",还可以是""。翻译成汉语时,不能照搬照抄,而要根据汉语的要求,或去掉、添加或转成汉语的引号(通常为双引号,必要时为单引号),或转成书名号(通常为双书名号,必要时为单书名号)。例如:

㉑ Китайские кинематографисты закончили на Студии Довженко съемки дваддатисерийного телевизионного фильма "Как закалялась сталь".

原译:中国的电影工作者在杜甫仁科电影制片厂完成了二十集电视连续剧"钢铁是怎样炼成的"的拍摄。

改译:中国的电影工作者在杜甫仁科电影制片厂完成了二十集电视连续剧《钢铁是怎样炼成的》的拍摄。(杨仕章 译)

目前在经贸应用文中常见引号混用的情况。俄汉对照合同文本的汉语部分可见到公司名称用《》,这是仿照俄语引号的用法。在这种特殊的语境中,文本读者也能接受和理解,也算是"洋为中用"的特例。

2. 破折号之用

俄语破折号在表示解释或转折意义时与汉语用法相同,主要用于表示①下文是解释或说明(作用相当于括号);②意思的递进;③意思的转折。但俄语破折号还可用于句子中间表示迟疑犹豫的叙述或未讲完的话语,这时相当于汉语的省略号。俄语的对话中也常常用到破折号,翻译时要根据汉语标点适当调整,如:

㉒ «Вы хотите быть профессором истории?» — спросила Елена.

原译:"您想成为历史学教授吗?"——叶列娜问。

改译:"您想成为历史学教授吗?"叶列娜问。(杨仕章 译)

此外,俄语破折号也常用于对话开始句前,相当于引号。现在我们在汉语文学作品，尤其是诗歌创作中也可见破折号用在对话开始句前，或者表示意思的转折或递进。这也可许可作为标点符号翻译对本土创作影响的假想。

3. 逗号之用

逗号表示一句话中间相对较短的停顿，无论是在汉语里还是俄语里它都是使用频率较高的符号。由于俄语中没有顿号，所以逗号的使用频率高于汉语的逗号。俄语中用逗号分隔句子内部的多个同等并列成分，包括主语、谓语、表语、补语、定语、状语（定语、状语间也可不用）。而在汉语里，若并列成分为主语、宾语、定语时，一般要用顿号；若并列成分为谓语、状语时，则多用逗号，也可不用标点。俄语用逗号分隔非限定从句或各类短语、独立成分、同位语等，而汉语中一般不用。俄语标示日期和地址时也常用到逗号，而汉语一般不用。在俄文信函里，开头称呼语和结尾敬语后常用逗号（也可用感叹号），而汉语一般用冒号。这些区别是译者应该掌握的基本知识，要避免被原作控制了思路。

此外，俄语句中逗号也用于插入语前后，翻译时要适当调整语言，如第二章第一节之例：

23 Эти разряды —молнии— сопровождаются осадками в виде ливня, иногда с градом, и сильным ветром (иногда до шквала).

原译：这种放电就是闪电，并伴随有暴雨形式出现的降水，有时候还伴随有冰雹和强风（有时候可以达到雪崩风）。

改译：该放电现象（闪电）伴有暴雨这种降水形式（有时夹杂冰雹）和大风（有时达到飑的强度）。

上面这个例子中，иногда с градом 前后都有逗号，表明它是一个独立短语，实际说明的对象是 осадками。原句中 осадками（降水）与 сильным ветром（大风）是同等成分，都是伴随 эти разряды（该放电现象）产生的。而译文则让读者误以为，大风只是时有时无的现象。这是因为忽略逗号而误解独立短语 иногда с градом 造成的。

(四) 保存洋味与避免洋腔的辩证机制

译作毕竟不同于本土作品，我们要避免"恶性欧化"，也要注意"过犹不及"的问题，因为把一个"金发碧眼的欧洲美女"整改成一个"亚洲美女"，毕竟不是译语读者所愿意接受的。诗人、翻译家卞之琳在谈到穆旦的译诗时曾说过："……他的译诗很有想象力，既有洋味又不洋化，追求这一点我们两个很相似。"①"有洋味而不洋化"可以作为文学翻译的标准之一。茅盾也说过,文学翻译的任务就是"用另一种语言,把原作的艺术意境传达出来,使读者在读译文的时候能够像读原作时一样得到启发、感动和美的感受"。简而言之,译文要充分保存原作的"风味"。② 但是,鉴于汉语和西方语言在词法和句法上存在巨大差异,译者在传达"洋味"的过程中,又要随时注意克服不受中国读者欢迎的"洋腔洋调",使之读起来不像翻译出的东西。因此文学翻译要寻找"洋味"和"洋腔"的黄金分割线。

1. 保存洋味法

所谓保存"洋味",就是要忠实地传达原作的内容和风味。特别是原文中带有异国情调的概念,翻译中应尽可能地移植,以保持作品的民族色彩。这种民族色彩,既不能随意削减,更不能给它涂上中国色彩。苏联莫洛卓夫说:"……译者决不能斩断所译作品的民族根子,把它移植到美国或英国的土壤里去。"③叶君健在谈到翻译《安徒生童话》的体会时写道:"但是在语言上,我却不愿意把安徒生中国化。……它还应该保留一点安徒生气味,丹麦味。如果它读起来具有像赵树理的文字那样的中国味,或像宋人话本的语言那样流畅,我觉得对原著来说总未免有点不公平。"④(《关于文学作品翻译的一点体会》)茅盾就不赞成用"莲步"形容欧洲贵族小姐的碎步,因为这容易使人想到缠足女人。草婴指出:"文学翻译好比烧西菜,而西菜烧成中国味道就不好。"⑤

译者在传达"洋味"的同时,一定要避免逐字逐句地硬译,因为西方的拼音文字表达方式与汉语规范差异巨大,如果按照原文的句式特点硬译,势必佶屈聱牙,没有可读性。钱锺书认为,"文学翻译的最高理想可以说是'化'。把作品从一国文字转变成另一国文字,既能不因语文习惯的差异露出生硬牵强的痕迹,又能完全保存原作的风味,那就算得入于'化境'。"⑥要做到这一点,译者必须在忠于原文的前提下,尽量发掘汉语的韧性和潜力,做出晓畅自然的传译,即使移植一些"洋味"很浓的词语,也要做到通达

---

① 李景端. 翻译编辑谈翻译[M]. 武汉:湖北教育出版社,2009:12.
② 茅盾. 为发展文学翻译事业和提高翻译质量而奋斗[C]//翻译研究论文集(1949—1983). 北京:外语教学与研究出版社,1984:245.
③ 转引自王育伦. 俄译汉教程[M]. 哈尔滨:黑龙江教育出版社出版,2002:44-45.
④ 同上.
⑤ 同上.
⑥ 钱锺书. 林纾的翻译[J]. 中国翻译,1985(11):2.

自如,不露生硬拗口的痕迹。①

2. 避免洋腔法

翻译在交流信息的同时必然也给语言带来影响,因为语言接触出现大量的外来词、外来表达式在各民族的语言发展史上都有浓重的一笔。这也是目前各国语言的共同面对的现实。即使是非常注意维护语言纯洁性的法语,也无可避免地受到英语的明显影响,许多英语词汇逐步渗透其中。同时,许多汉语词汇也逐步进入英语、俄语等语言系统,汉语中也不乏直接借自英语、俄语的词汇。无论是汉语欧化还是印欧语汉化,适度的、良性的改变能为受众接受,但是死译、硬译而成的让读者不知所云的恶性欧化语总归不利于原语交际价值的传递,成为翻译批评者诟病的缺点。

(五)语篇逻辑建构机制

任何一篇文章都是一个有机统一的整体,其中的任何一个句子、句群、段落和段群这些大大小小的语言单位,都是依靠其自身组成要素的有机联系而表达自身层次相对完整的思想。译者也必须树立整体翻译观,根据上下文的有机联系来全面句子内部的各有关词语、句群和段落内部各独立句、段群内部各段落里的有关语言现象,保证篇章逻辑结构的合理性和完整性。要做到这一点,关键的问题就是要处理各等级、各层次系统内部的交代、照应与衔接,综合、关联地分析考察每一个翻译对象,采用恰当的翻译手段处理原文语言形式,使汉译文做到合理地协调整体与部分的关系,求得最优的汉语译文。如本书第二章第三节之例:

[24] Однако, проверка этой таблицы, проведенная в 1840 году, показала, что планета эта движется по несколько иной орбите, отличающейся от расчетной. Оказалось, что на уран действует какая-то неизвестная сила притяжения, которая и вызывает отклонения планеты в ее движении.

Встала задача: найти местоположение этой неизвестной планеты на основе закона всемирного тяготения, или небесной механики.

原译:但是,1840年校准这张图时发现,天王星的运行轨道与计算稍有偏离。原来,天王星受到另外一种未知的引力的作用,使它在运行过程中偏离轨道。

---

① 孙致礼.坚持辩证法,树立正确的翻译观[C]//许钧主编.翻译思考录.武汉:湖北教育出版社,1998:529-530.

出现一个新的研究课题:利用万有引力定律,即利用天体力学规律,找到这颗未知星球的位置。

改译:但是,1840年校准这张图时发现,天王星的运行轨道与计算稍有偏离。原来,受到某种未知引力的作用,天王星在运行过程中偏离轨道。

于是提出了一个新的研究课题:利用万有引力定律,即利用天体力学规律,找到这颗未知星球的位置。(阎德胜 译)

总之,一个合格的译者,不仅要双语水平高,而且还要了解其社会、历史、文化、专业知识、相关作者的性格特点及成文风格等。虽然说,精通翻译所涉及的所有内容是最好的翻译条件,但是,由于翻译内容包罗万象,翻译本身又需要多方面的知识和技能,而事实上每个人的精力有限,不可能做到样样通,这就决定了翻译是一种集体行为,需要集体的共同努力。对于具体的翻译任务,翻译的程序应该是通读全文、领略大意、根据语境全面进行理解,逐段、逐句、逐词地推敲;开始逐段、逐句、逐词地翻译,译完一段后检查该段,包括意思和风格,然后是较大单位的检查,即一章一章地检查,再全文检查。检查的次数和翻译质量成正比,检查次数越多,出现的错误或不准确之处就会越少。

第三节 译后勘误机制

译后,即翻译之后,是指翻译主体完成翻译活动的理解、转换、表达环节,最终形成翻译作品之后的时间概念。翻译活动本身是一颇为复杂的系统工程:从确定选题、阅读理解、表达加工、印刷出版到进入社会,它们之间并不是一个简单递进式,而是一个不断反馈的修正结构,每一环节既具自身的重要性,同时又对下一环节产生影响,对上一环节具有反馈作用。[1]译后勘误机制是指翻译主体在译语表达形成之后采取各种系统化的方式进行有效勘误的过程,包括译者自己的修改以及编校者的修订两种。译文定稿出版后,读者、评论者、翻译批评者还会对译作有或褒或贬的评论,这些批评会对译作的修订再版有参考价值。按照时间先后,译后勘误包括自校、他校、合作勘校、译评勘校四个环节。

---

[1] 文军.科学翻译批评导论[M].北京:中国对外翻译出版公司,2005:155.

一、自校消误机制

译者需要艺术家的灵感和良知,也需要工匠的技巧和汗水,译完后反复验证、校改是保证译文准确性的关键。译文形成以后,必须进行全面检验,看其是否合格。检验的范围包括翻译的准确性、可懂性、文体的对等性等等。检验时应把注意力放在译文是否做到了与原文功能对等而不是词语对等上。译者自己的修改是对译文作最后的润饰,其情形往往因译作的不同、翻译要求的差异以及译者个人的态度而千差万别。通常在这个阶段,译者要检验翻译的准确性,避免"欠额"翻译和"超额"翻译;注意去除"翻译腔",进行必要的文字润饰;校对标点和文字,避免误看、误写等低级错误。自校勘误阶段可采用回译验证机制、通读加工机制、大声朗读机制、抽词检验机制、语句频率检验机制。

(一)回译验证法

回译验证机制即译者将译语回译为原语以检验翻译正确性的过程。将一部作品从一种语言译成另一种语言,然后以译本为蓝本,再译回第一种语言,这第二个翻译过程就叫回译。译文形成以后,必须进行全面检验,看其是否合格。检验的范围包括翻译文体的对等性、风格的吻合性、语言的准确性、可读性等。对翻译的检验,遵照语用价值对等第一、语义准确第二,语形对应第三的原则,通过回译验证法首先判断译语是否传达了原语的交际价值,推测译语读者是否能获得与原语读者极似的语用价值;其次对照原语和译语,检验语义传达的准确性;最后对照原语和译语的形态,在句式、组词上是否与原语对应。检验时应把注意力重点放在译文是否做到与原文语用价值对等而不是词语对等上。将回译的译文与初始原文相比较,其间异同可以反映出两种语言的差异和译者本身的一些因素对翻译过程所起的种种作用。原文→译文→原文,形成了一个完整的"回译链"。这三个文本之间的差异可以清楚地显示出相对于原文的"偏移"是如何在两个翻译过程中被"逐级放大"的,分析其中原因可以说明很多问题。

事实上,将译文再回译为原文很难与初始原文等同,因为译中所失是必然现象,在原文→译文→原文的过程中经历两次信息损耗,原文和原文在语形、语义上可能有所偏离,但是只要二者传达的交际价值基本等同,译语就可视为是合格的。

(二)通读加工法

通读加工机制即译者将译文从头到尾阅读一遍并进行适度文字加工的过程。译作完成后,就着新鲜印象译者一般应通读一遍译稿,从篇章整体上检查译文的质量,例如全文风格是否一致,上下文承接过渡是否自然,文气是否贯通,如果不通,马上对照原文,研究清楚是原作的问题还是译语表达的问题,并区分各种不同的话语文体,如会话体、叙述体、争论体、描写体等。

译者应将每一个修改后的译本文档做好识别命名,给通读样每一处需要修改的内容做好醒目、明确的标注,然后再将通读后改出的校样与通读样再核对。这样的过程以此类推,直到译者自己满意为止。这个过程在编审领域的术语叫"校红"。减少误译发生的有效做法是增加对比校对的次数,用细致和耐心将失误降到最低。所以身为译者,要具有耐静、耐苦、耐折磨的心理素质。

(三)朗读勘校法

大声朗读机制即译者采取出声朗读的方法来感受、体验译文和谐性的过程。读,总的来说有三种方式:一是朗读,二是阅读,三是默读。朗读是通过声音形成一定的节奏和旋律,将心理语言显现化,通过发音器官、口腔肌肉的联合作用,将静态的、视觉的语言动态化,并对其产生感性认识。在验证译文规范方面,朗读比阅读和默读更具优越性,更容易发现译语的问题,例如搭配是否合理,节奏是否和谐,是否有笔误,可能的读者对译文的反应如何,是否能满足读者的期待视野等。所以,译文完稿后译者最好自己大声朗读一遍,设想自己就是译作的真正读者,感受译作的优点与不足,趁对原作有深刻印象之机及时修正译作的缺点。朱生豪为了译出莎士比亚戏剧的神韵和意趣,先自拟为读者,查阅译文中是否有暧昧不明之处;再自拟为舞台上的演员,审辨语调是否顺口,音节是否调和,一字一句推敲,为达到目标,常常苦思累日。

(四)语词频率检验法

我们还可以对某些语法和词汇特征的使用频率进行粗略的估计,以此来检验译文。例如,在一般情况下,译文语言中可能只采用5%的被动结构和95%的主动结构,如果译文中被动式的使用率出现了20%,那么可以断定译文在这一方面是不自然的。此外,我们还可以对句子的长短,从句的多少,主从结构和并列结构的比例,名词、形容词活用为动词和动词正常使用的比例,前置定语和后置定语的平均使用量等问题进行数据分析,然后对分析的结果加以比较。如果译文与正常的译文语言要求之间出现了10%的误差,译者就应该区分这是原文的特殊风格,还是译文译得不自然。需要注意的是,用数据统计法检验翻译,检验者必须掌握大量的语言材料,否则,量化的参考价值会大打折扣。

对翻译的检验类似市场调查,测验公众对市场产品的反映。对译文的内容可以有人反对,但是译文本身却不应当体现出文体拙劣、结构累赘、语言别扭、语义偏误难懂等毛病,除非原文信息和形式本来就有这些毛病。

二、他校改误机制

虽然上面我们列举了四种勘误机制,但是都是译者个人的行为。我们常说"当局者迷,旁观者清",译者由于长时间面对一部作品,因而对其十分熟悉,也正因为太"熟悉",会使得译者自己失去了应有的锐觉和敏感,常常会在一些细小的、很不起眼的地方犯错误,例如一些常用字的误写等。有些错误即使是自己校对时也很难注意到,而旁观者的介入会弥补这一缺陷。正如翻译家冯世则在译完美国国家地理学会出版的《透过镜头》一书后的译后感《一处误译,两点希望》一文中坦言:"……无论怎样看来看去,其中有一误译若非他人改正,我自己是注意不到的。"[①]所以他校勘误的阶段不可省略,具体可区分为:同行勘校机制、译审勘校机制、编校勘误机制、合作勘误机制。

(一)同行勘校法

文学翻译工作是独创性很强的活动,资深译者都是有自己的语言特色,也就是所谓译者的风格。为了保证全书风格的统一,一般很少分工合作。但是译者完成自校后,如果能请同行、家人或者朋友帮助一起勘校译文,以旁观者之"清醒"更容易发现译者的笔误甚至误译。

而对于非文学的应用性翻译,同行合作勘误更是行业特色。因为"全球化和信息技术的飞速发展催生了语言服务行业,单打独斗的传统翻译模式已经无法适应多语言、多领域、多工种的市场要求,现代翻译服务必须依赖商业化运营的企业,以专业化、流程化、团队化和项目化的方式完成翻译任务",[②]以项目形式完成的翻译有严格的校对、审核分工。首先是根据项目类别和性质,确立项目负责人,按照项目翻译流程挑选合适译员,确定校对、审核专家,合理分工,译审层级递进,级级给予严格负责。采取有效的一译→二改→三校→四审的工艺流程以保证质量,分别由三名资深翻译分工完成,监督和控制各自项目的质量。审校会特别注重可能会带来高风险的细节翻译,比如数字、专有名词、敏感词语等。这些细节直接关系到翻译相关人群的利益,如果出错,就会最终影响到译者的翻译收入,重译则带来

---

① 冯世则.翻译匠语[M].上海:文汇出版社,2005:1.
② 崔启亮.本地化项目管理[M].北京:对外经济贸易大学出版社,2017:47.

翻译费用的增加,或者因损害他人利益带来损失。项目组的审校还会特别注意翻译用词和行文是否符合目的市场的语言需求,术语使用是否一致,以方便目的读者的接受。通过这样逐级的校对、检查、审核、综合校对,翻译质量可以得到最大限度的保证。①

(二)译审勘校法

现在出版社对图书的政治倾向、民族关系、色情渲染以及编校质量等,一般都较重视,而且也有一套监管机制,这一套机制当然也适用于外文图书的出版。在完成个人校对、同行校对后,译作出版前必须经过译审校对和编辑校对。有些出版机构的编辑就身兼译审、校对的多种职能。但是即使是懂外语的编辑,他在翻译质量勘校方面的能力也可能差强人意,所以为了提高翻译图书出版质量,出版应该配备懂翻译理论、有翻译实践经验的译审为翻译图书出版的质量把关,或者至少应该有专业能力过硬的外文编辑。

出版社的译审通常都会按照国家出版总署的总体要求和本出版社的具体规定来审稿,译审的翻译质量勘校的标准一般是关于评估译文质量的共识性准则,是以译文的阅读品质,也就是译文的语言质量为首要的评估对象。所谓"共识性准则"也只是粗线条的约束,而非察细入微的量化计算手段,实行起来仍然是因人而异。所以译评阶段对译作提出的种种建议和意见可能成为译作修改的参考,但并非绝对正确的方案,最终的决定权还在译者手中。但是因为译审通常具有丰富的翻译评估经验和读者市场的预测能力,译者也应该认真考虑其修改意见,以提高译作的可读性和适应市场的能力。所以说译审和译者应该在译文校勘阶段勤于沟通,争取达成共识。

译审和翻译家的校勘有所不同,翻译家因为有感性的译作经验,着眼点也只是原作和译作的对比,而译审考虑更多的则是市场因素、读者因素。著名翻译家刘文飞曾主持翻译编辑过几部《普里什文文集》,在谈到自己如何校对别人的译文时说:"我通常是把原文和译文对照看一遍,只会改译者错的地方,不会改动译者语言个性(即所谓语言风格)的东西。"②译审作为翻译的"主体"之一,是译作面世的关键关卡,他们的严格审核和批评意见一定程度上帮助译者提高翻译水平和翻译理论修养,限制粗制滥造、质量低劣的译作出版,扩大优秀译作的影响,促进译事繁荣。

---

① 王华伟,王华树.翻译项目管理实务[M].北京:中国对外翻译出版有限公司,2012:11.
② 该观点源自刘文飞教授 2012 年在黑龙江大学举办的一场讲座。

(三)合作勘误法

1. 合作朗读法

除了自己朗读可检验译作质量,合作朗读也是一种行之有效的方法。组织几个不同的人对译文进行朗读,并安排专人聆听,以使朗读者感到是在进行语言交际。朗读时,译者必须仔细记录朗读者在什么地方打结巴,停顿,迟疑,转换语法形式,插入别的词语或出现任何形式的语流障碍。当然,有些问题可能是由于朗读者缺乏当众朗读的经验和技巧而引起的,但如果几个人都在译文中的同一地方出现问题,那就说明译文有问题。问题也许是语法形式别扭,也许是语义结构难懂,也许是语序不对,但不管是什么毛病,都必须对疑难之处仔细分析。

2. 抽词检验法

抽词检验机制是在信息论的基础上按照一定的规律从译文中删除一些词后,再让读者猜测并阅读,以检验译文的可懂程度的过程。抽词检验机制需要读者的参与才能完成,具体的方法是:拿一篇作品,每五个词中删去一个,再让读者猜测所删去的词是什么,读者猜得越准,就说明作品的可懂程度越高,反之,则说明译文还需要在可懂性方面再加工。一般说来,要判断一个作品的可懂程度有多高,无论是口头还是书面,都只要让读者猜五十个删去的词,便能得出比较准确的答案。

这种检验机制经过实践被认为是行之有效的,可以广泛用于译后的合作勘误阶段。合作方可以是译者+同行读者,或译者+非同行读者。两种读者的检验数据可能有差异,因为二者对语言的感受和经验不同。同行读者至少是双语人,懂得翻译或有翻译经验,会从双语比较的角度去猜测,准确度可能会高一些;而非同行读者因为没有翻译的感性经验,只会从单语出发推测删除的词,准确度可能低一些。同时借助这两种读者来验证,更有利于译者对译文的调整。

3. 合作校对法

作者单独校对的不足,前面已经说过。编辑单独校对也有缺陷,我们姑且不去判断外语编辑的外语能力,他从译语规范角度提出的修改意见也需要和译者商量,并结合原文仔细斟酌,因此译者和编辑之间互补性很强,所以编辑与译者合作校对机制成为必要。

译者和编校人员都是校对主体,"在校对活动显示出相对的独立性和各自的长处……充分发挥各自的作用,相互配合,各展所长,优势互补,以便较好地体现校对的整体功能,从而保证了书刊的质量"。① 经过自校勘误和他校勘误两个环节,误译的数量和几率会大大降低,诸如北京大学副教授刘华杰所撰《AAAS 如何成了"美国艺术与科学研究院"——谁造成了是人都敢译的格局》的情况应该不会出现。②

三、译评指误机制

译评即翻译批评,包括对译者的批评、译作的批评、翻译过程的批评等等。本书讨论的是译作公开发表/出版进入市场,或者翻译服务的产品交付给客户,批评主体对译作/产品的批评。译作的批评可以说是翻译批评最为关注,同时也是成果最为显著的领域。按最保守的估计,整个翻译批评所涉及的领域中,译作批评的成果至少占了80%。③ 翻译批评阶段通常是专家或普通读者指出译作质量的优点或不足,这些意见或建议可以作为译作再版或修订的参考。而对于语言服务企业,客户对翻译产品的意见会在后续服务中立刻修正,因为客户的满意度决定服务费用结算的顺利和未来的合作,所以翻译服务企业通常会非常重视客户的反馈意见。按照批评主体的不同可将译评指误机制分为同行(专家)批评指误机制、读者批评指误机制、客户批评指误机制。

(一)同行批评指误法

"同行"一般指学界同仁,即翻译家、普通译者、翻译研究者、翻译编辑等,这些批评主体通常都深谙翻译之道,有较深厚的理论基础或翻译实践经验,能对译作提出较中肯的意见,具有较大的参考价值。

同行批评者因为深谙翻译之道,他们批评的标准一般设定得比较具体、清晰,具有可操作性,而且一般不会脱离语篇去检验具体细节的翻译状况。同行对译作批评之前会仔细研究原文和译文的,然后就典型的文字进行对照分析,如标题、句子结构(包括段落划分,句子之间的连接词)、词类转换、比喻、专有名词、新词、语义模棱两可的词、音韵效果。通过译文质量的评估,发现和最后确定所谓的"误译"(当然"误译"只是同行批评的一个方面),其他的还有译作的文学价值、社会价值、翻译技巧等多方面。

值得一提的是,在翻译批评领域也不乏翻译编辑的声音。翻译编辑因

---

① 李伟国. 出版专业理论与实务[M]. 上海:上海辞书出版社,2001:200-203.
② 其文批驳《科学的制造:在自然界与社会之间》一书译者的基本专业知识的缺乏,比如译者将美国《科学》杂志的版权是人们熟悉的"美国科学促进会"(AAAS)竟然译成了"美国艺术与科学研究院"。
③ 文军. 中国翻译批评百年回眸[M]. 北京:北京航空航天大学出版社,2005:2-5.

为长期和翻译作品的出版打交道,也慢慢成为翻译的行家。《译林》的前编辑李景端多次在《中华读书报》《中国翻译》等期刊、报纸上就翻译质量、翻译文学出版质量、翻译与知识产权、翻译批评等问题撰文,所有这些论文最后集结为《翻译编辑谈翻译》出版,成为编审翻译批评的代表性作品。

(二)读者批评指误法

就文学翻译作品而言,翻译专家的评论关注译作作为翻译作品的价值,而读者评论关注的既有译作作为文学作品的价值,也有译作的可读性。如 2020 年韩烨翻译的乌拉圭作家马里奥·贝内德蒂的小说《休战》在豆瓣上被读者批为"机翻痕迹太重",引发各方争论,最后导致该书在豆瓣的 1 星率高达 90% 以上。从这个意义上看,读者的接受状态决定译作在接受语文化中的生存价值。读者的意见通过译者之手决定译作作为一种文化产品或文学产品的生存状态。①

调查读者对译作/译文的反应如何,从某种意义上说,好比是进行市场调查,测验公众对产品的反映。当然这并不是说判断译文质量的好坏只在于检验读者喜不喜欢译文的内容。对译文的内容可以有人反对,但是译文本身却不应当体现出文体拙劣、结构累赘、语言别扭、语义偏误难懂等毛病,除非原文信息和形式本来就有这些毛病,因为译者的任务是在译文中为原文找出最切近、最自然的对等语,而不是修正或改写原文。

从读者的角度检验译作的质量,最好的方法是判断:①译本的销售量有多大;②人们阅读译本所花的时间有多少;③阅读译文时读者卷入的程度有多深,即阅读了多久才放下,阅读时是否真有兴趣,是否经常与人议论所读译本,等等。从指误角度而言,普通读者很难就语形、语义、语用等微观层面指出翻译的不足,但是作为汉语使用者,他们能从译语表达的层面感受译者语言驾驭的能力,从译语是否可读、是否好懂等角度提出批评和建议。

消费者是上帝,检验译文质量的最终标准在于大众读者,译作能否在以下三方面满足读者的需求决定译作的消费情况:①能使读者正确理解原文信息;②译文语言易于理解;③译文形式恰当,吸引读者。

(三)客户批评指误法

客户批评指误机制是指客户收到翻译服务企业提交的产品样稿,就翻译产品的质量进行评估、指误的过程。客户的评估一般要看译文的风格是否符合自己提交给翻译公司的样本;术语是否符合本行业的标准;语言是

---

① 杨晓荣.翻译批评导论[M].北京:中国对外翻译出版公司,2005:54.

否流畅;数据是否准确;文件的命名、文件夹的结构是否符合要求等。译品的严重错误则包括:具有潜在冒犯性的表述(措辞或内容严重不适当);与当地政治、法律、宗教、习俗等发生冲突,触犯禁忌等;出现在醒目和重要位置如封面、大标题上的错误;破坏数据完整性和危害用户健康与安全的表述错误等。

客户指出的错误通常在译后服务阶段进行修正,关于修改的程度和范围,可参照合同规定条款执行。服务中要将所有意见及修改记录在册,以避免因为意见不同而导致的译文质量纠纷。修改如果不及时到位、服务态度欠佳,都可能影响到客户能否顺利接纳译文,翻译费用的结算和未来再次合作的可能性。

在语言服务领域,客户就是上帝,为了避免客户因为翻译知识的缺乏提出不合理要求,引发未来的服务纠纷,双方在制定服务合同时,应就翻译产品质量评估标准的制定充分讨论,达成共识,确定可操作性强的标准,即尽可能采用可量化的标准。

翻译服务不是一锤子买卖,与客户之间的良好关系最终还是基于优质译品的提交而建立起来的。无论业务经理向客户做出过怎样的许诺,客户最终看重的还是翻译产品的产出质量。而要长久地维系好客户,项目经理就务必以一种严谨的态度来管控项目,以向客户提交优质的最终产品来证明不负所托。只有如此,新的项目才会源源而至,业务也才能不断壮大。

综上所述,译后勘误机制说明翻译不是一个线性的一次性的过程,而是一个循环往复、穿插的过程,译后还有一个反复修改的过程。译文同样也体现"文不厌改"的特点,好的译作是改出来的。

(四)作者批评指误法

作者批评指误法是指原著作者对译作的审读和批评。这种方法适用于作家健在而且是懂得译入语的情况。

作品于作者而言如同自己的孩子,有些作者非常介意作品在翻译时被译者修改、删减,感觉如同自己的孩子被砍去手脚。而有些作者并不在意。如葛浩文在翻译莫言的作品时根据国外市场、英语读者的阅读偏好对作品进行很多删节、改译、整体编译。莫言表示并不在意,说反正自己也看不懂英语。而与之相反,有的作者宁愿作品不被翻译,也不能接受作品被删减。有些双语作家如林语堂、张爱玲甚至自己亲自翻译,这样能按照自己作品的创作意图凸显重点。

作者对译作质量的影响可在翻译的整个过程发挥作用。在译前,译者可与作者直接沟通,了解作品的创作背景、构思特点、重点章节等。同时译者阅读原文发现的难点可以请教作者。译中,可就翻译的难点与作者沟通。译后可将译作交给作者把关原文信息传递的质量。

本章小结

确立切实可行的消误机制是研究误译的应用价值所在,研究误译是为了避误,为了建立可行性消误机制。基于全译过程我们建立译前多个主体避误机制、译中中枢主体主动消误机制、译后间性主体勘误机制和译评边缘主体参考消误机制。

译前避误策略表现为宏观的,需要从规范翻译市场管理、优化译才培养体系两方面做起。具体而言,立法与制度规范翻译市场,制度实施与监管是关键,严格从业译员资格认证制度,建立翻译质量促优治劣机制。优化译才培养要从办好翻译专业、培养合格翻译人才两方面入手,针对市场需求确定科学的翻译教学目标,设置合理的翻译课程,编写适用的翻译教材,培养称职的翻译师资;针对译者的必备能力,要培养学生对翻译的兴趣,夯实学生的外语水平,培养其跨文化意识,提高其母语能力,培养其工具应用能力。

译中消误机制要结合翻译活动的具体环节有针对性地制定。原语理解错误消解机制具体分为语形识别错误消解,语义理解错误消除,语用误解的对策,可采用复读识误机制、逻辑分析机制、主干提取机制、重构还原机制等;语际转化错误消解机制结合思维的单位(意象、组象、群象)分别探讨,可采用查阅判定机制、回译验证机制、文化补偿机制;译语表达错误消解可采用小句铺陈机制、避繁趋简机制、语篇逻辑建构机制等。

译后勘误机制分为自校消误机制、他校改误机制、译评指误机制。自校阶段可采用回译验证机制、通读加工机制、大声朗读机制、语句频率检验机制;他校阶段可采用同行勘校机制、译审勘校机制、编校勘误机制、合作勘误机制;译评指误机制包括同行批评指误机制、读者批评指误机制、客户批评指误机制。

结　语

　　本书以翻译存在的特殊形式——"误译"为研究对象，基于俄汉笔译语料分析，从符号学角度给误译分类，建立误译类型体系；以多学科视角深入探究致误因素，兼顾语言哲学的高度、思维认知的深度、民族文化的宽度剖析误译的原因；结合翻译活动的不同阶段确立译前、译中、译后消误机制，尝试建立误译研究体系。

一、厘清误译的内涵和外延

　　明确误译的内涵，圈定其外延是整个研究的基础。语言学是翻译学的母源学科，对"误译"概念的界定也应采用语言学方法，语形、语义、语用是抽象、复杂的概念，自身有多层上下位概念，认识其内涵、外延，划分层次，对相应领域的误译进行描写和本质考察是研究的关键。本书运用义素分析法将"误译"定义为人或机器在将甲语转化为乙语的过程中偏离、遗漏或歪曲甲语文化信息，导致译语与原语信息量不等，译语受众无法获得与原语受众极似的交际效果的活动。误译研究划分全译与变译语境才利于诸多相关概念的辨析，本书尝试厘清全译语境中的佳译、正译、直译、硬译、死译、误译这个连续统中各项的细微差别；变译语境中的译介学、有意误译、无意误译、创造性叛逆、改写、重写等术语概念。

二、确立误译判断标准

　　学界对误译的判断标尺一直无法统一，误译的评判会因人、因时、因地而变，标准也因此而调整。翻译批评的内容之一是考察译语和原语是否在语里意义和语表形式之间建立相应的关系，是否最终在语用价值上实现功能对应，是否考虑受众的接受能力等。基于上述内容来判断译者处理"形、义、用"关系得当与否。从这个批评过程的反面，本书推导出误译判定标准：译文对原文在语用、语义、语形的偏离低于翻译标准的最低极限，即译语在语用、语义、语形三维度的偏离超出译语读者的接受能力，影响交际的正常进行,无法达到对应的交际效果。三维度误译判断参考的标准又有差异,判断语用误译兼顾原语和译语交际价值的实现度;判断语义误译以原语语义信息量为参照系;判断语形误译参照译语表达规范,兼顾原语的表达形式。根据语形、语义、语用在交际中的作用排列,误译的评判也将语用偏离度放在首位,语义、语形次之。

三、划分系统的误译类型

双语转化的过程很复杂,误译也必然相伴而生。翻译活动包括原语理解、思维转化、译语表达三个环节,这三个环节都可能出现偏差或谬误,所以本书以翻译活动的过程为对象分为动态的理解错误、转化错误和表达错误;翻译活动的直接客体是语言,笔译的结果是静止的语言,误译也是以静态语言存在于译品中,从语言学学理角度划分误译顺理成章,所以本书将误译分为静态的语形误译、语义误译、语用误译。从过程到结果,符合翻译活动的逻辑顺序,两种分类在研究体系中相互呼应、各司其职。

四、揭示误译的多维原因

翻译错误是一个动态复杂的过程,其原因涉及自然世界、社会世界、心理世界、精神世界等诸多领域,每一条语料的错误都具有个性,要从个性中总结出共性的致误规律。抽象、复杂规律的科学论证需要多学科的理论支撑,这里既有语言文化差异造成的,也有认知思维的民族差异导致的,同时,社会文化环境、主流意识形态也会间接作用于误译。其中语言、思维的差异是误译产生的内因,体现在译语上主要是语义、语形之误,二者既会单独出现,也会同时出现;文化的、社会的、意识形态的差异和影响是误译产生的外因,体现在译语上主要是语用误差,它与"转化错误"关系密切。

五、确立全面的消误机制

确立切实可行的消误机制是研究误译的应用价值所在,研究误译是为了避误,为了建立可行性消误机制。消误机制的建立也要结合误译的动态分类,基于全译过程我们建立译前多个主体避误机制、译中中枢主体主动消误机制、译后间性主体勘误机制和译评边缘主体参考消误机制。译前中枢主体要注重双语能力培养、百科知识积淀、翻译道德修炼;译中结合认知、思维、语言三个层面提出消误策略;译后必须要经过自校、他校、编审批评、同行批评等环节才能最大限度避免误译。

总之,误译是与翻译相伴而生客观存在的现象,它的存在也有其价值,在一定程度上它关系到译作的生命力及在主体文化中传播的广度和深度。我们不应简单地视误译为翻译的败笔而大加口诛笔伐,而是可以通过误译反观翻译的思维过程,各民族认知的差异,以及探索如何才能更大限度地避免误译等。文学作品随着其读者而发展,译作随着翻译批评而完善,这是一个互为相长的过程,译无定本,评无止境。

参 考 文 献

[1] 巴尔胡达罗夫.语言与翻译[M].北京:中国对外翻译出版公司,1985.
[2] 白立平.文化误读与误译[J].外语与外语教学,1999(1):50-52.
[3] 蔡龙权,戴炜栋.错误分类的整合[J].外语界,2001(4):52-58.
[4] 曹国维.翻译:信息的接收和处理[J].中国翻译,1986(6):7-12.
[5] 陈道明.翻译中的"部分功能对等"与"功能相似"[J].外国语,1999(4):63-68.
[6] 陈光祥.英汉互译时标点符号的变通使用[J].上海科技翻译,2003(1):26-29.
[7] 陈明瑶.误读误译现象认知探析[J].上海翻译,2008(2):37-40.
[8] 陈淑华.英语修辞与翻译[M].北京:北京邮电学院出版社,1990.
[9] 陈秀.论译者介入[J].中国翻译,2002(1):18-21.
[10] 戴镏龄.《新英语圣经》的翻译及其经验[J].翻译通讯,1981(3):11-14.
[11] 邓国栋.框架理论对误译的阐释力[J].淮北师范大学学报(哲学社会科学版),2012(3):117-122.
[12] 邓红风,王莉莉.翻译的窘境还是文化的窘境:评韦努蒂《翻译的窘境》[J].中国翻译,2003(4):38-39.
[13] 董秋斯.翻译批评的标准和重点[J].翻译通报,1950(4):2-5.
[14] 段连成.呼吁:请译界同仁都来关心对外宣传[J].中国翻译,1990(5):2-10.
[15] 方梦之.论翻译生态环境[J].上海翻译,2011(1):1-5.
[16] 方梦之.中国译学大辞典[Z].上海:上海外语教育出版社,2011.
[17] 冯华英.俄汉新词词典[Z].北京:商务印书馆,2005.
[18] 冯世则.翻译匠语[M].上海:文汇出版社,2005.
[19] 冯一涵.翻译批评标准的多维度思考[J].海外英语,2010(8):241-242.
[20] 弗兰克.俄国知识人与精神偶像[M].徐凤林译.上海:学林出版社,1999.
[21] 傅惟慈.我译的第一部英国小说《问题的核心》//郑鲁南.一本书和一个世界[C].北京:昆仑出版社,2004.
[22] 高宇征.动态多元的翻译批评标准探索[D].保定:河北大学,2009.
[23] 戈宝权.漫谈翻译问题[J].外国文学,1983(11):53-62.

[24] 戈宝权.谈谈高尔基的《海燕》[J].北京师范大学学报(哲学社会科学版),1978(4):55-64.

[25] 辜正坤.翻译标准多元互补论[J].中国翻译,1989(1):16-20.

[26] 顾俊玲.从拆字诗的翻译看"可译性"[N].中国社会科学报,2013-09-30.

[27] 顾俊玲.牌匾公示语误译溯因[J].中国俄语教学,2013(1):54-57.

[28] 顾俊玲.牌匾公示语误译探查[N].中国社会科学报,2012-08-27.

[29] 顾俊玲.释"误译"[J].杭州师范大学学报(社会科学版),2014,36(2):91-95.

[30] 顾俊玲.释误译[J].杭州师范学院学报,2014(2):91-95.

[31] 顾俊玲.误译哲学溯因[J].中国科技翻译,2013(4):37-40.

[32] 顾霞君,冯玉律.俄语时间修辞学[M].上海:上海外语教育出版社,1998.

[33] 关秀娟.俄语语气词汉译语用分析[J].外语研究,2011(2):84-87页

[34] 关秀娟.全译语境作用机制论[D].哈尔滨:黑龙江大学,2012.

[35] 桂诗春.新编心理语言学[M].上海:上海外语教育出版社,2000.

[36] 郭建中.当代美国翻译理论[M].武汉:湖北教育出版社,2000.

[37] 郭建中.韦努蒂及其结构主义翻译策略[J].中国翻译,2000(1):49-52.

[38] 郭锦桴.汉语与中国传统文化[M].北京:商务印书馆,2010.

[39] 韩民青.文化论[M].南宁:广西人民出版社,1989.

[40] 何红梅,马步宁.全新大学俄语综合教程3[M].北京:高等教育出版社,2009.

[41] 何丽云.《围城》英译本中的文化误译探析[J].兰州交通大学学报,2017,36(5):14-16.

[42] 何三宁,唐国跃.模糊语言的客观性对翻译的影响[J].广东教育学院学报,2004(4):109-114.

[43] 何善芬.英汉语言对比研究[M].上海:上海外语教育出版社,2002.

[44] 何自然.语用学概论[M].长沙:湖南教育出版社,1998.

[45] 何自然.语用学概论[M].长沙:湖南教育出版社,1987.

[46] 何自然.语用学与英语学习[M].上海:上海外语教育出版社,1997.

[47] 河盛好藏,刘多田.正确对待误译[J].中国翻译,1986(3):57-58.

[48] 胡鹏林.翻译与误读[N].中华读书报,2005-03-09.

[49] 黄淳浩 编.郭沫若书信集[C].北京:中国社会科学出版社,1992.

[50] 黄国文.语篇分析概要[M].长沙:湖南教育出版社,1988.

[51] 黄沛真.论翻译活动的主体间性[J].韩山师范学院学报,2011(1):92-95.

[52] 黄天源.误译存在的合理性与翻译质量评价[J].中国翻译,2006(4):17-22.

[53] 黄霞.基于关联理论的误译考察[D].北京:北京外国语大学,2020.

[54] 黄友义.把握翻译新趋势抓住翻译新机遇[J].当代外语研究.2018(5):88-

89.

[55] 黄忠廉,白文昌.俄汉双向全译实践教程[M].哈尔滨:黑龙江大学出版社,2010.

[56] 黄忠廉.变译理论[M].北京:中国对外翻译出版公司,2001.

[57] 黄忠廉.从中俄边贸谈外国地名的译写[J].上海科技翻译,1996(1):28-29.

[58] 黄忠廉.汉译:捕捉原作的生命气息[J].外语教学,2011(1):86-93.

[59] 黄忠廉,李亚舒.科学翻译学[M].北京:中国对外翻译出版公司,2004.

[60] 黄忠廉.两个三角的译评体系[J].外语学刊,2006(5):91-95.

[61] 黄忠廉.小句中枢全译说[M].武汉:华中师范大学出版社,2008.

[62] 季羡林.翻译的危机[J].语文建设,1998(10):45-46.

[63] 贾焕杰.阐释学关照下的复译和误译[J].前沿,2010(6):154-156.

[64] 金惠康.中国人名英译理据讨论[J].科技术语研究,2002(2):28-30.

[65] 卡特福德著,穆雷译.翻译的语言学理论[M].北京:旅游教育出版社出版,1991.

[66] 柯文礼.文学翻译与哲学[J].南开学报(哲学社会科学版),1999(4):78-81.

[67] 科米萨罗夫著,汪嘉斐等译.当代翻译学[M].北京:外语教学与研究出版社,2006.

[68] 乐黛云,勒·比松.独角兽与龙:在寻找中西文化普遍性中的误读[M].北京:北京大学出版社,1995.

[69] 黎维平.关于禾本科的一些误解:植物学教材质疑(八)[J].生命科学研究,2022,26(03):276-282.

[70] 李长栓.非文学翻译理论与实践[M].北京:中国对外翻译出版公司,2004.

[71] 李春芳,吕俊.复杂性科学观照下翻译标准问题的再探讨:论底线翻译标准的必要性和多样性[J].上海翻译,2013(3):8-13.

[72] 李建盛.理解事件与文本意[M].上海:上海译文出版社,2002.

[73] 李捷.预设与误读:翻译之文化解读[J].河北工业大学学报(社会科学版),2012(1):82-86.

[74] 李景端.把脉劣质翻译图书症状[N].中华读书报,2005-12-28.

[75] 李景端.从季羡林一场官司的胜诉想到的[J].中国翻译,2001(5):72.

[76] 李景端.对翻译出版搞"发包"说不[N].中国新闻出版报,2007-12-10.

[77] 李景端.翻译编辑谈翻译[M].武汉:湖北教育出版社,2009.

[78] 李景端.综合治理劣质翻译的呼吁[N].文艺报,2006-04-08.

[79] 李磊荣.论民族文化的可译性[D].上海:上海外国语大学,2004.

[80] 李明秋.口译能力要素对译员素质培养要求分析//邱鸣,潘寿君,张文.同声传译与翻译教学研究(第二辑)[C].北京:中国传媒大学出版社,2009.

[81] 李青.新编英汉汉英翻译教程翻译技巧与误译评析[M].北京:北京大学出版

社,2004.

[82] 李伟国.出版专业理论与实务[M].上海:上海辞书出版社,2001.

[83] 李锡胤.词典的广度—深度—词义层次及体系//李锡胤集[C].哈尔滨:黑龙江大学出版社,2007.

[84] 李锡胤.语言.词典.翻译论稿[M].哈尔滨:黑龙江人民出版社,2007.

[85] 李永明.针灸界对"浅筋膜"的误译、误读和误解[J].针刺研究,2018,43(5):294-295.

[86] 利科.翻译与语言哲学[M].刘宓庆,译.北京:中国对外翻译出版公司,2000.

[87] 林穗芳.标点符号学习与应用[M].北京:人民出版社,2000.

[88] 林学诚.俄语长句翻译浅说[J].外语与外语教学,1994(2):40-44.

[89] 刘介民.类同研究的再发现:徐志摩在中西文化之间[M].北京:中国社会科学出版社,2003.

[90] 刘宓庆.当代翻译理论[M].北京:中国对外翻译出版公司,1999.

[91] 刘宓庆.文化翻译论纲[M].武汉:湖北教育出版社,1999.

[92] 刘宓庆.新编当代翻译理论[M].北京:中国对外翻译出版公司,2005.

[93] 刘明东.图式在翻译过程中的应用[J].外语教学,2002(11):55-58.

[94] 刘绍龙,肖善香.认知.元认知与第二语言习得[J].西安外国语学院学报,2002(4):37-41.

[95] 刘心怡.关联理论视角的《带灯》英译本误译现象探析[J].现代交际,2021(17):99-101.

[96] 刘雅峰.译者的适应与选择:外宣翻译过程研究[M].北京:人民出版社,2010.

[97] 刘永红.俄汉语对比方法论[M].武汉:华中师范大学出版社,2009.

[98] 鲁伟,李德凤.误译的概念界定[J].广译,2012(6):113-127.

[99] 陆永昌.俄汉文学翻译概论[M].上海:上海外语教育出版社,2007.

[100] 陆永昌.翻译与时代[N].中华读书报,2003-10-15.

[101] 吕和发,蒋璐,王同军.公示语汉英翻译错误分析与规范[M].北京:国防工业出版社,2011.

[102] 吕俊.后现代文化语境下的翻译标准问题[J].外语与外语教学,2002(3):41-45.

[103] 吕俊.谈翻译批评标准的体系[J].外语与外语教学,2007(3):52-56.

[104] 吕叔湘.现代汉语八百词[Z].北京:商务印书馆,1981.

[105] 吕叔湘.语文常谈[M].北京:三联书店,2008.

[106] 罗进德.谈谈误译的文化背景[A].郭建中.文化与翻译[C].北京:中国对外翻译出版公司,2000.

[107] 罗薇.简论翻译批评标准与翻译标准差异[J].经营管理者,2012(18):316.

[108] 罗新璋.翻译论集[M].北京:商务印书馆,1984.

[109] 马立杰.《乌托邦》汉译本浅析[J].福州大学学报(哲学社会科学版),2016,30(4):22-26.

[110] 毛澄怡.翻译批评标准应该多样化、多视角、多层次[J].伊利教育学院学报,2005(1):77-79.

[111] 毛小丽.翻译中的误译类型及其解释:《爱玛》翻译对比研究[J].郑州航空工业管理学院学报(社会科学版),2009(5):85-87.

[112] 茅盾.为发展文学翻译事业和提高翻译质量而奋斗//翻译研究论文集(1949—1983)[C].北京:外语教学与研究出版社,1984.

[113] 孟志刚,熊前莉.翻译研究的认知语言学途径[J].现代语文,2011(11):123-126.

[114] 聂明方.误译与英语词汇教学关系之研究[J].琼州学院学报,2009(6):142-144.

[115] 牛丽红.文学翻译中的文化误译[D].洛阳:中国人民解放军外国语学院,2005.

[116] 牛丽红,易绵竹,杨志强.俄汉误译的心理语言学分析[J].解放军外国语学报,2012(5):85-89.

[117] 牛晓莉.浅析《孙子兵法》英译本(贾尔斯)的几处误译[J].海外英语,2010(8):311-313.

[118] 彭朝忠,成彩云.跨文化翻译中误译的原型认知解读[J].老区建设,2009(22):49-50.

[119] 彭聃龄.普通心理学[M].北京:北京师范大学出版社,2004.

[120] 彭聃龄.语言心理学[M].北京:北京师范大学出版社,1991.

[121] 彭泽润,刘英玲.汉语拼音应用的优势、局限和问题[J].长沙电力学院学报,2002(2):105-108.

[122] 皮亚杰.发生认识论原理[M].王宪钿,等译,胡世襄,等校.北京:商务印书馆,1985.

[123] 濮清泉.我所知道的陈独秀[A].陈木辛.陈独秀印象[C].上海:学林出版社,1997:135.

[124] 钱歌川.翻译的基本知识[M].北京:北京联合出版公司,2015.

[125] 钱冠连.语言全息论[M].北京:商务印书馆,2002.

[126] 钱锺书.林纾的翻译[A].罗新璋.翻译论集[C].北京:商务印书馆,1984:697-705.

[127] 饶小炜.误译的阐释学解读[J].现代商贸工业,2010(24):251-252.

[128] 芮廷先.信息科学概论[M].上海:上海财经大学出版社,2000.

[129] 尚晓明,张春隆.语用文体文化[M].哈尔滨:黑龙江人民出版社,2002.

[130] 施志贤,陈德民.从学生误译看翻译中逻辑思维转换的意义[J].集美大学学报(哲学社会科学版),2006(1):87-92.

[131] 宋德生.认知的体验性对等值翻译的诠释[J].中国翻译,2005(5):21-25.

[132] 宋庆伟.葛译莫言小说方言误译探析[J].中国翻译,2015,36(03):95-98.

[133] 孙圣勇.四位一体的语用翻译观[J].宁夏大学学报,2008(6):151-163.

[134] 孙致礼.坚持辩证法,树立正确的翻译观//许钧主编.翻译思考录[C].武汉:湖北教育出版社,1998.

[135] 谭载喜.奈达论翻译[M].北京:中国对外翻译出版公司,1984.

[136] 托尔斯泰.复活[M].草婴 译.上海:上海译文出版社,1983.

[137] 汪庆华.误译现象的认知解读[J].广西民族大学学报(哲学社会科学版),2009(6):172-174.

[138] 王秉钦,李霞.简明俄汉翻译教程[M].天津:南开大学出版社,1999.

[139] 王宏印.新译学论稿[M].北京:中国人民大学出版社,2011.

[140] 王宏印.英汉翻译高级教程[M].大连:大连海事大学出版社,2010.

[141] 王华伟,王华树.翻译项目管理实务[M].北京:中国对外翻译出版有限公司,2012.

[142] 王惠,雷艳妮.翻译风险识别[J].中国翻译,2012(2):73-77.

[143] 王建平.语言交际中的艺术:语境的逻辑功能(修订本)[M].北京:中共中央党校出版社,1994.

[144] 王金安.论模糊语的文体功能[J].外语学刊,2008(3):79-81.

[145] 王金波,王燕.从信息论的角度看汉英翻译的冗余现象[J].中国科技翻译,2002(4):1-5.

[146] 王力.我的治学经验[J].河南师范大学学报,1983(5):39-103.

[147] 王玲.翻译错误分析的体系化解读[J].牡丹江师范学院学报(哲社版),2012(2):74-75.

[148] 王甦,汪安圣.认知心理学[M].北京:北京大学出版社,1992.

[149] 王晓东.西方哲学主体间性理论批判:一种形态学视野[M].北京:中国社会科学出版社,2004.

[150] 王晓利,杨燕翔."青"译为"blue"还是"green":庞德的误译美之外[J].北京第二外国语学院学报,2013(10):35-38.

[151] 王寅.认知语言学探索[M].重庆:重庆出版社,2005.

[152] 王玉英.两种变异类比观:文化变异与译语变异[J].中国翻译,2003(3):22-25.

[153] 王育伦.俄汉翻译教程[M].哈尔滨:黑龙江大学出版社,2002.

[154] 王育伦.俄译汉教程[M].哈尔滨:黑龙江教育出版社,2002.

[155] 王忠.俄语标点符号的演变[J].中国俄语教学,1989(3):39-41.

[156] 维纳.人有人的用处[M].北京:商务印书馆,1978.

[157] 魏璐瑶.认知视角下翻译过程误译现象的实证研究[D].济南:山东师范大学,2019.

[158] 温建平.论翻译思维能力的培养[J].外语界,2006(3):7-13.

[159] 温秀颖.翻译批评:从理论到实践[M].天津:南开大学出版社,2007.

[160] 文军.翻译课程模式研究:以发展翻译能力为中心的方法[M].北京:中国文史出版社,2005.

[161] 文军.翻译批评:分类、作用、过程及标准[J].重庆大学学报(社会科学版),2000(1):65-68.

[162] 文军.科学翻译批评导论[M].北京:中国对外翻译出版公司,2005.

[163] 文军.中国翻译批评百年回眸[M].北京:北京航空航天大学出版社,2005.

[164] 吴邦驹.最新标点符号用法[M].北京:华艺出版社,1991.

[165] 吴国权.误译现象的多角度剖析[J].郑州牧业工程高等专科学校学报,2006(1):68-70.

[166] 吴家荣.比较文学新编[M].合肥:安徽教育出版社,2004.

[167] 吴任玉.运用关联理论试析误译与创造性叛逆[J].长春理工大学学报(社会科学版),2012(2):66-68.

[168] 吴锶.从翻译目的论角度分析口译中的误译[D].沈阳:辽宁大学,2013.

[169] 现代汉语词典(第6版)[Z].北京:商务印书馆,2012.

[170] 肖辉.语言文化翻译之误译[J].中国科技翻译,2001(4):38-41.

[171] 谢葆辉,蔡芳.从关联角度看误译[J].外语与外语教学,2008(5):57-60.

[172] 谢天振.翻译研究新视野[M].青岛:青岛出版社,2002.

[173] 谢霞.翻译的最低标准[D].长沙:湖南师范大学,2002.

[174] 邢福义.文化语言学[M].武汉:湖北教育出版社,1990.

[175] 邢福义,吴振国.语言学概论[M].武汉:华中师范大学出版社,2002.

[176] 徐珺.文化内涵词:翻译中信息传递的障碍及对策[J].解放军外国语学院学报,2000(2):77-81.

[177] 徐琳.功能翻译理论框架下的翻译批评标准体系[D].北京:北京邮电大学,2010.

[178] 许丹凌,陈红.俄语翻译的认知心理过程研究[J].哈尔滨工业大学学报(社会科学版),2006(4):153-156.

[179] 许钧.翻译论[M].武汉:湖北教育出版社,2003.

[180] 许钧,韩少功.关于《生命中不能承受之轻》:新老版本译者之间的对话[J].译林,2003(3):202-206.

[181] 薛恩奎.俄语中多义现象和语义构词[J].中国俄语教学,2009(4):27-32.

[182] 阎德胜.俄汉翻译过渡手段的运用[J].山东外语教学,1989(1):68-73.

[183] 阎德胜.俄汉翻译与系统思想[J].外语学刊,1995(3):18-23.
[184] 阎德胜.翻译过程是思维活动的过程[J].中国翻译,1989(2):22-27.
[185] 阎德胜.汉语知识在大学俄语培养翻译能力教学中的作用[J].外语学刊,1994(2):56-62.
[186] 阎德胜.语言的机制与翻译[J].外语学刊,1999(1):84-88.
[187] 杨芳,何慧英.试论语言与思维及文化的关系[J].前沿,2006(3):194-195.
[188] 杨俊峰.语境顺应与语用翻译[J].外语与外语教学,2005(11):51-54.
[189] 杨仕章.俄汉军事翻译[M].北京:军事科学出版社,2004.
[190] 杨仕章.俄语篇章汉译研究:回顾与前瞻[J].中国俄语教学,2010(2):56-60.
[191] 杨仕章.翻译教学中的误译分析[J].解放军外国语学院学报,2005(6):73-77.
[192] 杨仕章,牛丽红.文化误译图式分析[J].解放军外国语学院学报,2007(2):73-77.
[193] 杨仕章,孙岚,牛丽红.俄汉误译举要[M].北京:国防工业出版社,2008.
[194] 杨仕章."所知障"[J].俄语学习,2009(1):45-48.
[195] 杨仕章,郑敏宇.《翻译的理论与方法》述评[J].外国语,2000(3):73-77.
[196] 杨晓荣.翻译批评标准的传统思路和现代视野[J].中国翻译,2001(6):11-15.
[197] 杨晓荣.翻译批评导论[M].北京:中国对外翻译出版公司,2005.
[198] 杨志红.有意误译的阐释学思考[D].苏州:苏州大学,2006.
[199] 叶芳来.俄语谚语俗语误译直译妙译一百例[M].郑州:大象出版社,2007.
[200] 余光中.余光中谈翻译[M].北京:中国对外翻译出版公司,2002.
[201] 俞佳乐.翻译的社会性研究[M].上海:上海译文出版社,2006.
[202] 俞佳乐.翻译的社会语言学观[J].中国翻译,2000(6):40-44.
[203] 俞佳乐.翻译的文艺社会学观[J].外语与外语教学,2004(5):45-49.
[204] 喻旭东,傅敬民.国外翻译理论著述汉译中的失范现象探析:以 The Scandals of Translation 汉译本为例[J].外国语文,2021,37(2):83-90.
[205] 袁锦翔.略谈篇章翻译与英汉篇章结构对比[J].中国翻译,1994(6):4-8.
[206] 袁晓宁.在具体语境中对词义的把握与翻译[J].外语教学,2004(2):79-83.
[207] 昝飞,马红英.言语语言病理学[M].上海:华东师范大学出版社,2005.
[208] 张必隐.阅读心理学[M].北京:北京师范大学出版社,2004.
[209] 张光中.社会科学学科词典[Z].北京:中国青年出版社,1990.
[210] 张华.文化预设视角下的误译现象透析[J].长江师范学院学报,2011(3):69-71.

[211] 张家骅.俄罗斯语义学[M].北京:中国社会科学出版社,2011.

[212] 张家骅.新时代俄语通论[M].北京:商务印书馆,2006.

[213] 张琳.关于翻译主体间性的现象学阐释[J].世界哲学,2011(1):150-156.

[214] 张美芳.译有所为:功能翻译理论阐释[M].北京:外语教学与研究出版社,2005.

[215] 张仁民.误译探析及其对策[J].安徽电子信息职业技术学院学报,2006(6):60-62.

[216] 张森,张世瑾.葛译《生死疲劳》中的误译现象与中国文化译介策略[J].河北大学学报(哲学社会科学版),2016,41(5):111-116.

[217] 张婷婷.从目的论视角看有意误译[J].南昌高专学报,2010(6):41-42.

[218] 张新红.语用翻译:语用学理论在翻译中的应用[J].现代外语,2001(3):285-293.

[219] 张泽乾.翻译百思[A].许钧.翻译思考录[C].武汉:湖北教育出版社,1998.

[220] 张志毅,张庆云.词汇语义学[M].北京:商务印书馆,2001.

[221] 章宜华.语义学与词典释义[M].上海:上海辞书出版社,2002.

[222] 赵卫.目的论视角下《酒国》文化负载词的俄译研究[D].哈尔滨:黑龙江大学,2020.

[223] 赵彦春.关联理论对翻译的解释力[J].现代外语,1999(3):273-296.

[224] 郑海凌.文学翻译学[M].郑州:文心出版社,2000.

[225] 郑海凌.误译问题[J].外国文学动态,2003(5):47-48.

[226] 郑敏宇,杨仕章.科米萨罗夫的翻译思想:《现代翻译学》评介[J].外语与外语教学,2001(4):51-53.

[227] 中国翻译工作者协会《翻译通讯》编辑部.翻译研究论文集(1949—1983)[C].北京:外语教学与研究出版社,1984:40.

[228] 周长秋.现代汉语病句类释[M].济南:山东教育出版社,1990.

[229] 周方珠.翻译多元论[M].北京:中国对外翻译出版公司,2004.

[230] 周方珠.英语词汇的语义辐射与词义选择[J].中国翻译,1993(4):8-12.

[231] 周冶金,陈永明,杨丽霞.词汇歧义消解的研究概况[J].心理科学,2002(2):208-211.

[232] 周玉忠.英美文学与翻译研究[M].银川:宁夏人民出版社,2007.

[233] 朱达秋.再谈学术著作翻译的常态性批评:以《俄罗斯思想》的中文译本为例[J].中国俄语教学,2013:3-8.

[234] 朱宪文.日本人的色彩意识的实证研究[D].湘潭:湘潭大学,2007.

[235] 朱晓莉,汪立荣.文化框架与广告词翻译策略[J].广州大学学报(社会科学版),2010(7):86-89.

[236] 朱伊革.林纾与庞德误读和误译的解构主义理据[J].上海师范大学学报,

2007(6): 126-130.

[237] Bock J K, Levelt W. Language Production: Grammatical Encoding[M]. Handbook of Psycholinguistics. Sandiego: Academic Press, 1994.

[238] Fromkin V A. Speech errors as linguistic evidence[M]. The Hague: Mouton, 1973.

[239] Holmes J S. The Name and Nature of Translation Studies[A]. Venuti L. (ed.). The Translation Studies reader[C]. London and New York: Routledge, 2000. p.172-185.

[240] Firth J R. Papers in Linguistics 1934—51[M]. Oxford: Oxford University Press, 1957.

[241] Mona B. In Other Words: A Coursebook on Translation[M]. Foreign language Teaching and Research Press, Routledge, 2000.

[242] Newmark P. Approaches to Translation[M]. London: Prentice Hall International Ltd, 1981/1988.

[243] Newmark P. A Textbook of Translation[M]. New York: Prentice Hall, 1988.

[244] Newmark P. About Translation[M]. Clevedon: Multilingual Matters, 1991.

[245] Newmark P. A Textbook of Translation[M]. Shanghai: Shanghai Foreign Language Education Press, 2004.

[246] Nida E A. Sign, Sense, Translation[M]. Cape Town: Bible Society of South Africa, 1984.

[247] Nida E A. Toward a Science of Translating: With Special Reference to Principles and Procedures Involved in Bible Translating[M]. Leiden: E. J. Brill, 1964.

[248] Nida, E A. Language, Culture, and Translating[M]. Shanghai: Shanghai Foreign Language Education Press, 1933.

[249] PACTE. Acquiring Translation Competence: Hypotheses and Methodological Problems in a Research Project[A]. Beeby A., Ensinger D. and Presas M. Investigating Translation[C]. Amsterdam, John Benjamins, 2000. pp.99-106.

[250] Petruck M, Ostman J O, Blommaet J, et al. Frame Semantics[M]. Handbook of Pragmatics Amsterdam: Benjamins, 1996.

[251] Гарбовский Н.К. Теория перевода: Учебник. 2-е изд.. М.: Изд-во Моск. ун-та, 2007.

[252] Егоров Т.Г. Психология овладения навыками чтения. М.: АПН РСФСР, 1953.

[253] Комиссаров В.Н. Лингвистика перевода. М.: Международные отношения, 1980.

[254] Комиссаров В.Н. Современное переводоведение. М.: ЭТС, 2001.

[255] Комиссаров В.Н. Теория перевода (лингвистические аспекты). М.: Высшая школа, 1990.

[256] Кочеткова Н.Д. Библиография трудов Ю. Д. Левина // Res Traductorica: Переводы и сравнительное изучение литератур. СПб., 2000.

[257] Латышев Л.К. Технология перевода. М.: Академия, 2008.

[258] Лурия А.Р. Язык и сознание. М.: Ростов-на-Дону: Феникс, 1998.

[259] Максютина О. В. Переводческая ошибка в методике обучения переводу. Вестник ТГПУ. 2010. № 1: 49-52.

[260] Маслинн М.А. Русская идея: антология. М.: Республика, 1992.

[261] Миньяр-Белоручев Р. К. Теория и методы перевода. М.: Московский лицей, 1996.

[262] Миронов Б.Н. Социальная история России периода империи (XVIII-начало XX в.). М. 2-е исправл. изд., Т. 2, СПб., Дм. Буланин, 2000.

[263] Никитин М. В. Членение семиотического акта и задачи семиотической дефектологии. Проблемы обучения иностранным языкам. М.: Владимир, 1962.

[264] Селиванов Ф. А. Поиск ошибочного и правильного. М.: Тюмень: изд-во Тюменск. ун-та, 2003.

[265] Селиванов Ф. А. Классификация ошибок и её значение для теории деятельности. Диалектический метод и этика. М.: Тюмень, 1973.

[266] Сорокин Ю. А. Переводоведение: статус переводчика и психогерменевтические процедуры. М.: ИТДГК, 2003.

[267] Фёдоров А.В. Основы общей теории перевода (лингвистические проблемы). М.: Высшая школа, 1983.

[268] Фесенко Т.А. Специфика национального культурного пространства в зеркале перевода. М.: Тамбов: Тамбовский гос. ун-т, 2002.

[269] Цатурова И. А., Каширина Н. А. Переводческий анализ текста. СПб.: Перспектива, Изд-во "Союз". 2008.

[270] Швейцер А.Д. Перевод и лингвистика. Москва: Наука, 1988.

[271] Шевнин А.Б. Переводческая эрратология как инструмент научного познания. Вестник НГЛУ, 2009 № 5:36-44.

[272] Шевнин А.Б. Эрратология и межъязыковая коммуникация. Вестник ВГУ. Серия Лингвистика и межкультурная коммуникация. 2004. № 2:36-44.

[273] Шевнин А. Б. Эрратология и языковая личность. Вестник Тюменского государственного университета. 2006. №1:26-33.

[274] Шевнин А. Б. Эрратология. Екатеринбург: УрГИ. 2004.

[275] Шульга Н. В. Переводческие ошибки при передаче редупликативных образований (на материале английского языка). Сборник «Актуальные вопросы переводоведения и практики перевода», 2010.

[276] Яковлев А. А. Эрратология и перевод. Альманах современной науки и образования. Тамбов: Грамота, 2010. № 4(35):211-212.

索 引

避误策略　245
标点符号误译　68,125
词汇义误译　78,125
词组义误译　86,125
翻译悖论　193
翻译标准　2,15,16,29,38－41,44－46,48－50,246
翻译的社会性　188
关联理论　9,10,166
句群义误译　32,51,95,125
句义误译　32,51,88,89,125
勘误机制　17,21,236,239,244,245,247
框架理论　9,10,161,165,167,168,197
篇章义误译　78,97,125
前理解　27,130,136,170,176,179,180,191,197
思维模式　169,170,176,182,197,209
图示理论　9,167,197
文化价值观　180,182,187,197
文化误译　10,11,13,29,32,33,48,51,104,121,122,124,125,162,163,165,167,180,197,220
文化预设　8,11,117,180－184,187,197
误译判定标准　16,43－46,48－50,124,246
消误机制　14,16－18,21,33,199,201,203,205,207,209,211,213－215,217,219－221,223,225－227,229,231,233,235,237,239,241,243,245－247
信息不守恒律　175,179,197
信息论　173,174,178,197,241
信息损耗　1,45,95,125,129,175－177,179,237
修辞误译　32,33,48,51,104－106,108,111,125,220
语法误译　32,51,58,125,215
语境误译　32,33,51,104,116－118,120,125,222
语形误译　16,17,29,32,33,46,48,50,51,104,125,180,213,215,216,247
语言变体　190

语言的社会性 188

语义误译 8,10,16,17,29,32,
 33,46－48,50,51,78,83,89,
 90,104,125,180,213,247

语音误译 32,51,52,58,125,149

语用误译 16,17,29,32,33,46,
 48,50,51,104,108,113,124,
 125,180,213,247